学术期刊的探索与反响

——《山东师范大学学报（社会科学版）》发展侧记

李宗刚 等著

《山东师范大学学报（社会科学版）》文粹书系

山东人民出版社·济南
国家一级出版社 全国百佳图书出版单位

图书在版编目（CIP）数据

学术期刊的探索与反响：《山东师范大学学报（社会科学版）》发展侧记/李宗刚等著. -- 济南：山东人民出版社，2022.11

ISBN 978－7－209－13981－6

Ⅰ. ①学… Ⅱ. ①李… Ⅲ. ①高校学报—发展—历史—山东 Ⅳ. ①G237.5

中国版本图书馆 CIP 数据核字(2022)第 184871 号

学术期刊的探索与反响

——《山东师范大学学报（社会科学版）》发展侧记

XUESHU QIKAN DE TANSUO YU FANXIANG

——《SHANDONG SHIFAN DAXUE XUEBAO(SHEHUI KEXUE BAN)》FAZHAN CEJI

李宗刚　等著

主管单位　山东出版传媒股份有限公司
出版发行　山东人民出版社
出 版 人　胡长青
社　　址　济南市市中区舜耕路 517 号
邮　　编　250003
电　　话　总编室（0531）82098914
　　　　　市场部（0531）82098027
网　　址　http://www.sd-book.com.cn
印　　装　山东新华印务有限公司
经　　销　新华书店

规　　格　16 开（170mm×240mm）
印　　张　23.5
字　　数　360 千字
版　　次　2022 年 11 月第 1 版
印　　次　2022 年 11 月第 1 次
ISBN 978－7－209－13981－6
定　　价　48.00 元

总　序

《山东师范大学学报（社会科学版）》（以下简称“山师学报”）已经走过60多个春秋。回顾山师学报的学术建设历程，我们不会忘记开拓者筚路蓝缕的艰辛，也不会忘记几代学报人的勤奋耕耘。正是由于一代代编辑的努力，学报逐渐形成了“传承学术，弘扬真理”的优良传统。为了不忘初心、砥砺前行，我们决定出版这样一套能够体现学报学术水准的论文选，以表达对这份学术期刊的敬意。

《山东师范大学学报（社会科学版）》最早可以追溯到1954年，当年，山东师范学院成立了校刊编辑委员会，编辑出版了《山东师院》（内部刊物）。1956年5月，上级部门同意山东师范学院出版“‘教与学’学报”。随后，学校成立校刊编辑室，正式出版了《教与学》。1957年12月，学校成立学报编辑委员会，以《山东师范学院学报（人文科学）》为名，正式出版了学报第1期（总第1期）。之后，学报的现代文学版、历史版、地理版不定期地出版。1967年，《山东师范学院学报》改名为《黄河评论》。1971年，又改名为《教革简讯》。次年，又改为《山东师院》。1976年，改为《山东师院学报（社会科学版）》。1981年，山东师范学院更名为山东师范大学，《山东师院学报（社会科学版）》改为《山东师大学报（哲学社会科学版）》。2002年，学报由《山东师大学报（哲学社会科学版）》改为《山东师范大学学报（人文社会科学版）》。2020年，学报由《山东师范大学学报（人文社会科学版）》调整为《山东师范大学学报（社会科学版）》。

面对这样一份有着60多年历史的学术期刊，我们计划对其历史渊源进行系统的梳理，彻底厘清其发展轨迹。然而，在实际工作中，却发现存在着不少难以逾越的障碍，主要是历史资料的散佚。有鉴于此，我们一方面继续通过图书馆、网络渠道搜购缺失的学报文本。另一方面，启动了作为基础性建设工程的资料搜集和整理工作：一是搜集整理了学报1978—2021年被《新华文摘》和“复印报刊资料”转载复印的较为详尽的数据，二是编辑出版了这套文粹书系。

或许有人认为，学术论文在学报发表后再编辑出版会给人以“叠床架屋”之感，似乎没有太大的必要。其实不然，山师学报作为综合性的学术期刊，其栏目涉及人文社会科学的方方面面，其论文来自人文社会科学的不同学科，这犹如一个拼盘，其中盛放的诸多蔬菜水果品类大不相同，效能也大不相同，自然也难以满足读者的专业化阅读需求。尽管随着大数据时代的到来，诸多的数据库为读者查阅资料提供了便利，但由于数据库呈现给读者的只是单篇论文，读者无缘窥视学术期刊的栏目设置及其刊发论文的整体面貌。为了保持期刊的学术风貌，也为了满足读者专业研究的需求，把发表在学术期刊上的论文进行分类梳理，从中精选出一些代表性的论文，按照学科专业或专题出版便显得很有必要。

其实，把学术期刊上发表的论文编选出有代表性的论文再次出版早已是一些名刊的惯例。《文史哲》就有与著名出版机构合作，将刊发过的文章按专题结集出版的传统。早在1957年，该杂志曾与中华书局合作，以《〈文史哲〉丛刊》为名，推出了一系列研究专集；近几年，《文史哲》编辑部又与商务印书馆合作，推出了一系列研究专集。《中国社会科学》编辑部2017年推出了四卷本的《〈中国社会科学〉创刊三十五周年论文选（1980—2014)》。这些名刊的实践经验充分说明，分门别类编选的论文集能够集中展示一份学术期刊长期以来的学术坚守，其学术影响力也会随之扩大，产生叠加效应。

正是基于这样的考虑，我们编选了这套《山东师范大学学报（社会科学版)》文粹书系。我们或辑录60多年来学报刊发的优秀论文，或编撰学报发展历史，为读者全面直观地了解历史做好铺垫。我们希望这套重新编选的文粹书系，既能体现作者的学术创新水平，又能承载编辑的学术愿景，在唤醒老读者阅读情感体验的同时，也能够满足新读者的阅读期待，从而为我国学术事业的繁荣发展发挥积极的作用。

李宗刚

2017年11月22日

(2022年4月30日修订)

莫让峥嵘成往昔　扬帆复兴看今朝

——《山东师范大学学报(社会科学版)》改革发展侧记

李宗刚

古人云："生于忧患，死于安乐。"先忧者少患，知患者无忧。这样一种辩证的大历史发展思路在《山东师范大学学报（社会科学版）》的发展史上得到了充分的体现。作为一份历经60多年峥嵘岁月的大学学报，她在历史上的每一次浴火重生，都是在知忧患而后奋起中实现的。从20世纪50年代新中国较早的学报到北京大学中文核心期刊（以下简称"中文核心期刊"）的入选，从中文核心期刊到1999年首届南京大学中文社会科学引文索引（CSSCI来源期刊，以下简称"C刊"）的突破，从高位震荡到风光不再的普通期刊到再度跃入国内知名的"C刊"和中文核心期刊，山师学报深深扎根于齐鲁文化沃土，每当它把耕耘的犁铧深深地插入泥土并以孺子牛的新生之勇屏息前行时，那板结了的泥土便开始了艰难的松动，那片古老的土地因此而散发出焕然一新的生命活力！这既是宝贵的经验，也是沉痛的教训：若无忧患意识，若无坚韧不拔的毅力，安能谋求前程远大的发展？

今天的山师学报，又一次站在这样的历史节点，不在忧患中前进，便在安乐中倒退。昔E的峥嵘岁月已成为过去，迎接中国"双一流"大学和"新文科"建设的新浪潮，打造中国人文社会科学一流期刊，山师学报任重而道远。

一、"'C刊'之问"起新忧

2010年，时任山东师范大学党委书记商志晓在学报调研时发现一个意料之外的现实："山师学报"竟然不是"C刊"！这不仅与向来以文史研究见长的山东师范大学文科实力极不相符，而且与正在举全校之力以求实现的"省部共建"现实需要极不相符。追溯学报的发展历史，她并非没有昔日的辉煌岁月：1992年，学报编辑部被"全国高校文科学报研究会"常务理事会接纳为理事单位，成为中国学报建设的重点单位之一；1998年，学报同期入选第二届北京大学《中文核心期刊要目总览》，进入中国期刊的"核心"圈；1999年，学报入选首届南京大学中文社会科学引文索引（CSSCI-1999），成为"双核心"期刊。然而，走在时代前列的山师学报很快就遭遇了一点尴尬。本来应该迎着新世纪朝阳奋力开启新征程的山师学报，却面临了"倒春寒"。随着山师学报与"CSSCI来源期刊""中文核心期刊"等"无缘"，山师学报这只"旧时王谢堂前"的"燕子"，已经不知道如何选择她的栖落之处。"王谢堂前"没有了机会，寻常人家又非久留之地。山师学报在这样的一种历史现实面前独自彷徨起来，这一彷徨就是十余年。商志晓书记的"C刊"之问，激起学报人久违的"危机意识"。无论是从中国整个人文社会科学期刊的序列来看，还是从高校学报期刊序列来看，山师学报的排名已经不容乐观，这样一个曾经业绩辉煌的"学术重地"，转眼落入普通学报的尴尬境地。很难想象，一个曾经有过辉煌发展史的老牌学报，如今却面临"沉舟侧畔千帆过"的现实，我们已经被甩在了航程之后。如果说山师学报还有什么值得炫耀的地方，那只能是"过去我们学报曾经很辉煌"的精神安慰。口头上的自我认同决不能掩饰现实中的学报排名，这种令人担忧的发展现状，不得不让一些山师[①]文科的资深教师发出质

① 为行文方便，将山东师范大学简称"山师"。

疑:“过去和我们学报在同一阵营的有些学报,为什么那样快速地超越了我们?我们到底是怎么了?”

二、追溯历史显问题

与其“躲进小楼成一统”,不如“忍痛翻身敢碰头”。历史或许会记住2011年5月这个特殊的月份。山师学报开始真正面对现实中的严峻问题,试图以“却顾所来径”的态度梳理学报的历史,厘清问题的症结所在,确立新的学报发展方向。作为新任主编的我,本着“不避问题、不怕困难、不畏挑战、不失信心”这样一种勇于担当的“四不”理念,带领着学报人正视历史与现实,在对照和镜鉴中确立起新的发展思路。每一位学报人认领了自己的一份任务,郑重地开启了学报问题查摆的工作。经过三个月的努力,本来模糊的山师学报面貌逐渐变得清晰起来。当我们分析这些历史数据和一项项清单时,蓦然发现山师学报辉煌的历史与今日的发展现状对比竟是如此尖锐。山师学报曾经的历史已经填得密密麻麻,荣誉数不胜数,而山师学报的当下现实却辉煌不再。如果不是查摆问题我们不会知道山师学报已经远离南京大学的“C刊”阵营十余年了,甚至从北京大学中文核心期刊阵营“名落孙山”,从1999年的“C刊”变为普通省级期刊,人大复印资料转载的排名数据已经接近历史低点——一份期刊从“学界知名”期刊变成了“学界普通”期刊。

历史上的山师学报,励精图治,坚守制度和原则,坚持审稿统稿的科学化,以质量作为学报刊发的核心指标,这使得学报在1995年时就创下人大复印资料转载65篇的奇迹,为学报进入“核心”圈奠定了坚实基础。然而当时的山师学报,由于仍然沿袭传统的办刊思路,在激烈的学术期刊竞争中渐渐落伍,以致稿件质量和转载率都明显下降。如此之大的差距,不能不使我们意识到这既有管理上的原因,也有学报人自身的原因。更令人忧虑的是,由于学报缺乏科学完善的管理制度和开拓创新的办刊理念，办刊经费极度紧张，以至于寅吃卯粮，编辑根本没有“走出去、请进来”的物质基础，山师学报的未来之路也变得模糊不清。情形如此，学报也就难以为学校大局建设发挥应有的效能。

在历史和现实面前，在所有人都认为学报离核心期刊遥不可及的时候，我作为山师学报的“掌门人”，为之心忧憔悴，彻夜难眠。我的脑海中来回盘旋的只有一个问题：“如何破解‘重返C刊’这个难题?”然而时间紧迫，可选择的道路又是那么曲折、逼仄，如果我们不好好把握时代契机，实现山师学报综合实力的飞跃，那么山师学报这一学术平台就会在其他大学学报的异军突起中从第一梯队退到第二梯队，一些原来根本不是山师学报竞争对手的学报就会乘势而上，实现对山师学报的赶超。种种情况表明，这是一次输不起的战役。然而，要赢得这场战役实属艰难。此时，学报连基本的期刊达标都很难实现，又谈何跨越与腾飞呢?

三、奋起直追克难关

如果没有正视历史的勇气，就不能产生逐梦未来的决心。也许，山师学报的成长之路注定不是笔直的，这正如钢铁注定要经过千锤百炼一样。作为曾经创造过辉煌历史的学报，山师学报怎么就不能绝地反击、重返“核心”? 生活不是因为有了希望才去努力，而是因为努力了才拥有希望。辉煌成就不是等来的。山师学报永不服输、敢争一流，要敢于面对困境，义无反顾地主动出击! 2011年9月，一个周四的开学例会上，在学报编辑部那间狭小的办公室，我与因即将退休而退出学报领导岗位的学报原主编李小虎等四位学报人认真研究了现实问题，果断确立了学报的“重返C刊”计划，大家一致认为“取法乎上得其中，取法乎中得其下”，与其得其中不如取法之极致，得之最上。屋外秋风萧瑟、黄叶飘零，但屋内人心思进，充满壮志豪情。

现实之路注定坎坷不平、荆棘丛生。冰冻三尺非一日之寒，学报的发展“一落千丈”并非偶然。它和政策、机制与理念等多种因素息息相关，任何一个环节把握不好都可能造成改革戛然而止，甚至是实力倒退。面临种种风险和考验，学报人拿出了不达目的誓不罢休的决心与勇气，开始朝着“C刊”的高峰一步步艰难跋涉。山师学报面临的问题实在太多了，既有政策因素也有经济因素，既有制度局限也有理念滞后，要破解学报运行的“僵局”，必须兼顾“大局”和“细节”。在大局上，一方面，跟进国家政策，将“名刊”“名栏”计划作为学报学术竞争力提升的着力点；另一方面，结合山东师范大学“省部共建”申报计划，乘风起航打造坚强的学术后盾。在细节上，一方面注重期刊制度建设，确立严格的用稿程序和细致的用稿原则；另一方面注重锻炼编辑的“内功”与“外功”，既要细致规范地校对稿件，也要积极寻求畅通的约稿渠道。在这两项浩大工程之下，我开始了与时间赛跑的历程：现实中的跑是真抓实干，跑经费、跑设备、跑稿件支持，我带着山师学报的编辑人员辗转南北各地，尽可能地参加各类学术会议并以“推销员”的精神主动向名家约稿；精神中的“跑”是不放弃、不放松，立新规、开新局，无时无刻不心系学报的发展。为了弄清楚学报的发展历史，我带着编辑们在布满灰尘的期刊仓库中一期一期地找寻，学报资料库没有的就设法从国家图书馆和各类旧书渠道购买；为了获得学报最优质的稿源，我们集体立下新规，顶着各种压力和干扰坚持“一把尺子量到底”；为了获得学界的重新认同，我在人手不够的情况下亲自上阵，反复校对稿件，有时密密麻麻的修订稿让作者感动乃至震撼！渐渐地，学报悄然发生了变化，埋头工作的学报人也许没有意识到，在短短的两年间学报已经取得了实质上的发展。2012年，学报开始冲出重围，在“复印报刊资料”全国高校文科学报转载率排行中获得第46名的好成绩。2013年跃进转载率的前12名。自此之后，学报一直保持着较高的转载率排名，在2014年和2017年两个年度进入“复印报刊资料”重要转载来源期刊前列。跑，固然是累的，然而不认输的精神才是奔跑永恒的动力。每当人们享受着周末的闲暇时光时，我们却伏在办公桌上一篇一篇地审阅稿件。事实证明，正是我们在精神和现实中的双重“奔跑”，让学报赢得了最佳的发展时机。在努力奔跑5年后，学报迎来新的转机。2017年这一年，学报喜讯频传：先是成功地接过期刊界重点会议的“接力棒”，并高质量地举办了“第三届学术期刊文学编辑论坛”，获得了期刊界的一致好评；接着，又在沉寂了近10年后重新回到北京大学“中文核心期刊”的行列；不久后，一个更令人鼓舞的消息传来——《山东师范大学学报》进入“C刊”扩展版，位列第1位，高校文科学报总排名第76位。

回眸流逝的岁月，遥想我们曾经创造的那些辉煌成就，令人不禁感慨。当年，作为普通省级期刊的山师学报提出要实现重返“C刊”的梦想，谁会有绝对的把握？横亘在学报人面前的是一条人们曾以为近乎无法穿越的湍急河流，是一叶孤舟独楫近乎无法抵达的彼岸，但我们学报人硬是凭着永不服输的精神，最终实现了“C刊”扩展版和中文核心期刊的突破。出现问题并不可怕，可怕的是没有面对问题的勇气和改革的决心。

四、站稳脚跟创新机

“好风凭借力，送我上青云。”这是山师学报原顾问朱德发教授在我读博士期间常用来鼓励我进步的一句名言。趁着学报进入“C刊”扩展版和北大中文核心期刊的契机，山师学报并没有止步，而是本着站稳脚跟再出发的理念，一点一滴地巩固现有的成果，一步一步地朝着“C刊”目标继续努力。在朝着梦想中的王国进发时，山师学报人并没有为眼前的美景陶醉，而是更加自觉地汲取历史经验，强化了学报用稿的“三关”：一是把好编辑部内审关，严格按用稿标准处理稿件，杜绝“关系稿”“职称稿”等不良现象；二是把好学术专家外审关，刊发稿件均经校内外学者评审专家盲审程序，避免用稿中出现导向偏差、学术性不强、学术水平不高等问题；三是把好用稿编校关，提升论文的编校质量。在珍惜眼前取得成果之时，山师学报并没有停止探索的脚步。在众多学报依然停留于纸媒时代的思维模式时，山师学报主动应对数字化时代的机遇与挑战，不断扩大学报的知名度。自 2011 年开始，山师学报便在学术期刊界较早地开始了数字化传播历程，先后共计发出电子期刊 20 余万份。在积极“推陈出新”之时，山师学报也不忘“继承传统”。2018 年，历时 5 年整理的山师学报过刊实现了全部的数字化。在山师学科发展史上，学报可以称得上是一座“富矿”。它既是山师学术实力的见证，也是山师学科发展的见证。学报人不仅成为这座富矿的发现者和开掘者，更是无私的分享者。我们将山师学报最厚重的学术资源按编年顺序上传到学报网站上，供所有的研究者浏览学习。通过几年的努力，切实扩大了山师学报的知名度。

“君子谋时而动，顺势而为。”作为山师学报的主编，我的奔跑始终没有停歇。自从担任学报主编，我就习惯了上紧发条的“钟表式”生活，每天不知疲倦地运转着。从策划选题到栏目设置，从约稿到审稿，从编稿到通稿，一期又一期，周而复始，总有干不完的事情。寒来暑往，学报的内外工作，无一不成为我心头最重要的牵挂。每一期刊物出版后，我都不忘与作者们沟通交流，开诚布公地谈问题论得失。在那间并不宽敞的主编办公室里，我时而冥思苦想，时而奋笔疾书，忘记了窗外的草木发芽，忘记了绿树成荫，忘记了黄叶飘零。在那些寒冬冰雪覆盖的日子里，我的内心始终奔腾不息的是一个热切的期待：让山师学报重返“C 刊”行列！

山师学报入选“C 刊”的那一刻，激起了多少山师学报人久违的“峥嵘岁月”梦！可是，又有谁知道山师学报在追求“C 刊”道路上所面临的艰辛与困苦？当许多人陷入悲观时，我们凭借着一种“有条件要上，没有条件创造条件也要上”的永不服输的劲头，在最后时刻终于迎来了曙光。这一天是 2019 年 3 月 25 日晚，当那耀眼的星辉洒满美丽的山师校园时，没有人知道指挥着这场战役的指战员们正在各自的电脑前急切地等待着最新版南京大学中文社会科学索引来源期刊（CSSCI）的发布。当晚的23：00，山师学报迎来了近20年来期待已久的荣光时刻，成功入选“C刊”！山师学报人迎来了久违的鲜花与掌声！当第二天的曙光降临时，山东师范大学网站上迅即以“重磅消息”推出报道，山师人奔走相告学报的这一喜讯，每一个人都为之感动，为之振奋！人们欣喜地看到，山师学报人在曾经以为没有希望的原野上持续耕耘，播撒希望的种子，在今天终于迎来了丰收的硕果。

五、创新路径再出发

面对这一场胜利，山师学报人完全可以举起香槟酒，庆祝这一伟大的自我超越。然而历史的辩证法告诫着我们，新机总是蕴含着危机。客观地说，山师学报进入新时代以来，尤其是实现了“中文核心”“C刊”以及“人大复印资料”重要转载来源期刊等一系列重大突破之后，我们站在了历史的一个新起点上。举目望去，我们在山东高校学报的队列中已经走在了前列。这表象的繁荣却很容易使我们自我满足、忘记初心。在新的形势面前，如果仅仅满足于学报的成功，而忽视学校整体大局的发展，那么所有的工作可能会陷入“舍本逐末”的误区，“成小家”而不“立大业”又容易导致事业的停滞不前。2017年9月21日，教育部、财政部、国家发展和改革委员会联合发布《关于公布世界一流大学和一流学科建设高校及建设学科名单的通知》，这是中国高等教育领域继“211工程”“985工程”之后的又一国家战略。在一流大学和一流学科的政策指引下，山师开始了自“省部共建”后新一轮的奔跑。在成为一流大学之前，一流学科应该成为高校建设的重中之重。一流学科是一流大学的先锋队和排头兵，一些世界顶尖大学，都是通过率先建设一流学科，从而成就享誉全球的一流大学的。但不能忘记的是，一流学科建设需要学校行政部门和学院的共同协作。学报作为一所高校学术竞争力的核心标志，更不应该置身事外，而应该深度参与到一流学科建设的热潮中去。山师学报发展的历史经验告诉我们，所谓“祸兮福之所倚，福兮祸之所伏”，当我们沉浸在20世纪90年代拼搏胜利的喜悦之时，那些被我们反超的学报，那些距离我们甚远的学报则开始了艰难的起飞。而那时的我们却没有及时地警觉，以致其他学报已经踩着我们的脚印迅疾地赶了上来。也许造物主是公平的，当我们用足了力量赶超别人时，我们能够实现赶超；然而，我们又怎么能阻挡人家同样用足了力量赶超我们呢？山师学报人经历过重返“C刊”的艰辛之后，清醒而自觉地意识到：“变则通，通则久”。站在新时代“双一流”高校建设和“新文科”建设的大背景下，山师学报必须主动找到一条对接梦想蓝图的新道路——一条实现山师学报再次辉煌的新路。这条路，应该是一条山师学报再次崛起、回报学校整体建设的新路。从一流学科建设出发，朝着一流大学迈进，最终将“小我”汇入“大我”的洪流，为社会的进步、为国家的发展作出应有的贡献！

六、持续探索新问题

山东师范大学党委书记唐洲雁到山师学报调研时曾指出，山师学报要对接学校的宏伟蓝图，把握“双一流”高校建设和“新文科”建设的思路，做好期刊建设的科学规划。这无疑为山师学报发展指出了新方向。其出发点是提升当前山师学报在全国学报中的学术竞争力，终极目标则在于用一个科学的体系为山师学人营造一个严谨而开放的学术环境，促进山师综合科研教学实力的提升，真正实现大学服务社会、回报国家的效能。

在探索的道路上，只有一种声音，没有其他声音，那不是一种正常的现象。在制定新的学报刊发制度时，山师学报以谦虚包容的心态倾听着来自各方面的声音。对于科学的发稿制度与山师学科建设相融合的思路，我们听到了不同的声音。有人认为学报是大学学术的堡垒与重镇，必须坚持学术的立场；也有人认为学报是大学建设的重要平台和支撑，应该顺应时代需要服务高校整体建设。在学术发展与高校进步的双重要求下，学报不能固守成规，而应该本着与时间赛跑的态度，尽最大可能为学校“双一流”建设贡献力量！通过梳理山师学报既往的历史，我们能够从中汲取再出发再奔跑的力量，在培根铸魂上下足力气，在开拓创新上谱写新的篇章！为了对接山师“双一流”建设目标和“新文科”教学改革，学报积极谋划。我们从两个方面开启了学报工作的探索：一是对学报已有的学科史料进行整理出版，二是对学报当下如何对接一流学科建设广泛地征求意见。在一流学科建设具体目标的指引下，学报率先推出了“学报文粹”系列丛书。该系列丛书以扎实的学报史料呈现为经，以反映山师学术历史变迁大势为纬，为山师的学科发展和学术交流提供了翔实的第一手研究史料。为了使研究者能够从纷繁复杂的史料中迅速查到本学科建设的历史信息，学报编辑部开始着手编选《山东师范大学学报（社会科学版）》文粹书系。近5年，我们编选出版的文粹书系已有18部，这些工作都是在业余时间、没有任何报酬的情况下完成的。其中有李宗刚编《〈山东师范大学学报（人文社会科学版）〉目录摘要汇编（1978—2018）》（贵州人民出版社2019年出版），时晓红编《教育学心理学新论》、寇金玲编《马克思主义与中国社会运行》、李宗刚编《多维视阈下的中国现当代文学》、孙昕光编《文艺学的探索与建构》（以上四本均由山东人民出版社于2019年出版），李宗刚编《山师学人与山师学报：教育学心理学研究卷》（山东大学出版社2020年出版）和《山师学人视阈下的中国现当代文学——“山师学报”论文选：1959—2009》（山东大学出版社2022年出版）。这些书籍从学科史的角度，为山东师范大学文科知名学科马克思主义理论、文学、教育学、心理学学科史的研究提供了依据。在此基础上，又汇聚成《〈山东师范大学学报（人文社会科学版）〉发展纪略》（山东人民出版社2020年出版），纲目并举，让山师的“学科史”在学报这一特定空间中绽放出动人的光彩。在推出学科史料的同时，我们还不忘结合当下一流学科建设，广泛征求学科对学报平台的意见，以期达到“学界—期刊—学科”的良性互动。新问题需要新思路，制定科学的、可持续发展的期刊建设体系，不是闻风而动，在单纯的指标和数量上追求片面的完胜，而是要采取一个更加科学合理且兼具人性化的政策，来保护山师一批应该成为大师的学者不受到当下学术浮躁的冲击，树立正面形象，延续山师正统的血脉，让更多优秀的学术人才充分施展自己的才华，为那些有能力成为顶级学者的人创造更好的平台。要完善科学的期刊建设体系，必须依据山师学报师资的实际情况，在制定政策时采用自下而上和自上而下的往复过程，倾听来自山师学人的声音，与学校的“顶层设计”形成合力。面对“双一流”和“新文科”的机遇与挑战，山师学报更应该围绕愿景、责任、使命、战略目标，展开头脑风暴式的讨论，在充分研讨的基础上进行归纳总结，形成共同愿景、使命、战略目标的新发展方案，再由上而下地贯穿实施。如果没有展开广泛讨论，没有在研讨的基础上形成共同的愿景，没有将战略目标制定与高校整体建设充分联系起来，那么一份学报不过是高校的“学术过客”；反过来，倘若没有学报这一学术平台的支持，大学的学科和综合实力发展也很难实现腾飞与跨越。

结语：好风扬帆正当时

“知不足，然后能自反也；知困，然后能自强也。”山师学报从觉醒到重生，一路上充满了艰难和坎坷，也伴随着荣誉与掌声。纵观山师学报发展史，危机与辉煌并存，经验与教训并重。当习惯于当“排头兵”的山师学报变成了“中间兵”时，当昔日的学报“标兵”变成了学报“追兵”时，山师学报在忧患和困厄中迸发了攻坚克难的开拓热情，开启了涅槃重生的求索历程。山师学报的历史告诉我们，“羡”不如“学”，“等”不如“行”，“守”不如“创”，生活从不眷顾因循守旧、满足现状者，从不等待不思进取、坐享其成者，而是将更多的机遇留给了勇于和善于创新的人们。历史的发展表明，当山师学报人以追兵的姿态横空出世时，再湍急的河流我们也能够强渡，再泥泞的道路我们也能够跋涉！展望将至的日子，山师学报人从历史回眸中再次汲取了前行的力量，那就是我们要创造山师学报的新历史！山师学报要放下荣誉的包袱，告别过去，轻装上阵，在新的竞技场上再次书写新的辉煌！先哲王阳明说过：“只说不做，不如不说；知而未行，还是未知。”凭着埋头苦干、拼命硬干的精神，山师学报不仅完成了从普通期刊到“C 刊”的跨越，也完成了从纸媒时代向数字时代的跨越，其背后是整体办刊理念从狭义的期刊建设到广义的学科建设、高校文化内涵建设的转变。“创品牌，出精品，办顶级学报；争时效，促发展，建一流学科。”知耻而后勇，知忧患更知责任。山师学报在经历了阵痛之后，再次把目标定位于全国人文社会科学一流期刊！

（原刊于《山东领导科学》，2022 年 4 月 30 日）

目　录

第二编　山师学报文粹书系书影与述评

第三编　山师学报作者发表论文感言

附　录

第一编

编辑理论探索与学报文粹书系编感

建构中国特色学术期刊评价体系之我见

李宗刚

学术期刊作为学术研究最新成果发表交流的公共空间和传播平台，不仅受到学术界的特别重视，也得到社会的普遍关注。相对于西方国家较为完善的学术期刊评价体系而言，中国的学术期刊评价体系还处于不断探索和发展的阶段，这既与中国学术期刊起步较晚、发展不成熟有关，也与学术期刊评价体系的理论探讨不够深入有关。尽管已有不少学者或评价机构对此进行了理论和实践的探索，并取得了诸多阶段性成果，但是，中国的学术期刊评价体系并没有真正得到学术界的普遍采纳和使用。在改革开放已经40多年后的今天，我们依然未能建构起具有中国特色的学术期刊评价体系，中国学术依然围绕着西方学术期刊体系展开，这一问题亟待解决。2020年2月，教育部、科技部印发了《关于规范高等学校SCI论文相关指标使用　树立正确评价导向的若干意见》，提出要破除论文“SCI至上”，以此为突破口，拿出针对性强、操作性强的实招硬招，破除“唯论文”痼疾，树立正确的评价导向。但是，怎样才能在“破”的基础上建构起具有中国特色的学术期刊评价体系？换言之，学术期刊评价体系的出发点到底在哪里？学术期刊评价体系的终极性价值追求是什么？这正是本文所要探讨和破解的问题。

一、“索引”与“评价”：中国学术期刊评价体系的探索成果

从学术期刊的发展来看，随着期刊刊载学术研究成果的增多，文献数

量呈现出几何级的增长，从便于文献检索出发，侧重于“引文索引”的来源期刊便应运而生。如“科学引文索引”（即 Science Citation Index，简称 SCI）来源期刊、“社会科学引文索引”（Social Sciences Citation Index，简称 SSCI）来源期刊和“艺术与人文科学引文索引”（Arts & Humanities Citation Index，简称 A & HCI）来源期刊，便是在世界上具有代表性的来源期刊。

在西方这种引文索引来源期刊的影响下，中国开始建立自己的引文索引来源期刊数据库，如中国科学院文献情报中心早在 1989 年便建立了中国科学引文数据库（Chinese Science Citation Database，简称 CSCD）。中国科学引文数据库内容丰富、结构科学、数据准确，系统除具备一般的检索功能外，还提供新型的索引关系——引文索引。使用该功能，用户可迅速从数百万条引文中查询到某篇科技文献被引用的详细情况，还可以从一篇早期的重要文献或著者姓名入手，检索到一批近期发表的相关文献，对交叉学科和新学科的发展研究具有十分重要的参考价值。中国科学引文数据库还提供了数据链接机制，支持用户获取全文。① 严格说来，这仅仅是一个数据库，而没有像 SCI 来源期刊那样蜕变为学术期刊的评价体系。

从国内学术期刊来看，我们在自然科学类学术期刊方面除了有 CSCD 来源期刊数据库之外，还有北京大学图书馆的中文核心期刊。北京大学图书馆的中文核心期刊的功能从原初的检索功能逐渐地向学术期刊评价功能转变，甚至还在一段时间内发挥了学术成果评价功能。正是基于 CSCD 来源期刊数据库的影响，教育部开始主导并建立了人文社会科学引文索引来源期刊，这便是南京大学中国社会科学研究评价中心所建立的“中文社会科学引文索引”（Chinese Social Sciences Citation Index，即 CSSCI）来源期刊。尽管从这些承担着来源期刊遴选重任的机构来看，它们着意于强调的是来源期刊的引文索引功能，但从实际情况来看，由于引文索引能够通过大量具体真实的数据而客观直接地反映出学术期刊的学术影响力，因而学术机构更为看重其定量分析价值，凸显其对学术研究成果的评价功能。由此，从便于检索出发建立起来的引文索引来源期刊被视为学术研究成果的评价工具，从而使得引文索引来源期刊获得了评价学术研究成果的功能。

---

① 参见中国科学引文数据库(CSCD),http://sciencechina.cn/。

引文索引来源期刊逐渐凸显学术期刊的评价功能，这既是学术期刊发展到一定阶段的必然要求，也是学术期刊发展到一定阶段需要破解的理论问题。正是基于评价学术期刊的现实需要，一些学术机构甚至科研院所的主管部门便把引文索引来源期刊作为评价学术期刊及其论文的便捷方式，并逐渐使来源期刊的功能从检索功能向评价功能转变，由此使得中国的学术期刊评价体系奠基于引文索引来源期刊这一基石上。目前，国内已有多个颇具规模和影响的评价体系，诸如北京大学图书馆的中文核心期刊、中国社会科学评价研究院的中国人文社会科学期刊评价体系（简称“A 刊”评价体系）、武汉大学中国科学评价研究中心的 RCCSE 中国核心学术期刊等。其中，国内学术机构用来考察学术期刊及科研成果的主要依据是CSSCI 来源期刊，许多科研院所大都将其作为科研人员任职考核、职称评聘、学位获得等方面的前提条件，甚至有些科研院所还把其科研业绩奖励与此对接，这便在客观上促成了诸多的来源期刊蜕变为学术期刊和科研成果的评价工具，由此深刻地影响了整个中国的学术生态。

值得肯定的是在人文社会科学类（包括艺术门类）领域，我们初步建构起了具有独立话语权的 CSSCI 来源期刊。这一来源期刊尽管也被简单化地当作学术期刊和科研成果的评价标准，但从总体上说，其积极作用是毋庸置疑的。当然，CSSCI 来源期刊评价中心尽管也特别凸显其作为引文索引的功能，弱化乃至淡化了其学术期刊和科研成果的评价功能，但科研院所依然把其视为学术期刊的评价标准。其实，从建设中国特色的学术期刊评价体系出发，我们没有必要讳言 CSSCI 来源期刊的评价功能，反而有必要以此为契机，在兼顾其固有检索功能的同时，强化其学术期刊评价功能，由此正式建立起一套完善的学术期刊评价体系。

诚然，学术期刊被遴选为来源期刊是一回事，至于是否能被当作评价标准则是另外一回事。假设来源期刊具有其无可辩驳的权威性和合法性，又被各方面广泛接受，那么，高校或科研院所自然会将其视为衡量学术研究水平高低的参照体系。教育主管部门将某一指标体系视为评判高校办学水准高低的标准时，便使评价体系具有了“指挥棒”的功能，从而迫使高校围绕这一评价体系开展工作。从这样的意义上说，教育主管部门怎样从国家发展的战略高度进行顶层设计，然后对何种核心类学术期刊视为评价标准作出界定，便对学术期刊以及高校的学术研究具有导引作用；而科学的学术期刊评价体系在得到了学术界的推崇之后，自然又会反过来促进教育主管部门对这一学术期刊评价体系的认同和接纳，二者是互为表里、相辅相成的关系。

二、“缺位”与“失衡”：中国学术期刊评价体系的突出问题

目前，CSSCI 来源期刊在哲学社会科学研究领域已形成国内具有较大权威性的学术期刊评价体系，然而与其形成鲜明对照的是，我国在自然科学研究领域却仍然缺乏自己的权威评价体系。这成为中国学术期刊评价体系建构中需要面对的突出问题。

长期以来，自然科学类的学术期刊没有建立起一个可以为学术界、学术机构和主管部门共同认可的评价体系。尽管北京大学图书馆主导的中文核心期刊也涵盖了自然科学类的期刊，但这些学术期刊既不为作者所推崇，也不为学术期刊的编辑所倚重，更不为评价机构所接纳，这就导致自然科学类的相关研究成果大都发表于海外的一些学术期刊，类似《自然》《科学》等所谓的世界顶级期刊更是成为学人和评价机构所顶礼膜拜的高层次期刊。也就是说，中文核心期刊这一评价体系并没有得到广泛认可和接纳。目前，国内依然把海外的 SCI 来源期刊当作其评判依据，并据此划分为一区、二区、三区和四区四个层级。毋庸讳言，一些具有世界影响的学术期刊的确具有较高的美誉度，其权威性也不容置疑。与此相反，国内权威机构主办的类似《中国科学》等学术期刊，则相形见绌。[①] 这便导致海内外学术期刊本身便不处于同一层级的评价体系中，国内自然科学期刊的发展依然面临着无法破解的困境。

自然科学类学术期刊之所以迟迟未能走出困境，其根源在于我们没有建立起具有中国特色的学术期刊评价体系。目前，在世界占据主导地位的

---

① 教育部颁发的“破五唯”的相关规定中，特别指出了国内学术期刊在有关考核中应该占据一席之地，但从执行情况来看，这一规定还没有从根本上扭转既有评价体系的偏颇，许多学者把那些没有太多创新性的论文投给国内学术期刊，从而敷衍这一规定。

评价体系主要是以 SCI 来源期刊为核心的评价体系。在这一来源期刊中，中文期刊没有一点话语权，也没有一点权重。无疑，这是西方建立起来的一套以英语为评价指标的评价体系，中国主办的学术期刊要进入这个 SCI 来源期刊的“俱乐部”，需要主办英文期刊，再根据其评价指标体系的要求，经过多年的努力方能实现。然而，进入这一“俱乐部”的学术期刊对中国学术的提升并没有直接的效能——只不过又为中国学者发表 SCI 来源期刊增加了一个平台。单从中国学者刊发在西方学术期刊的论文数量来看，目前我国已经成为论文生产的“论文大国”①。然而，这些批量化生产出来的论文除了为中国赢得了“论文大国”的称号外，并没有真正地使中国的学术站在世界前列，我们除了在个别领域略有领先优势外，在许多领域依然处于追赶的位置。

目前中国存在的唯西方 SCI 来源期刊马首是瞻的问题，造成了中文学术期刊与英文学术期刊之关系的颠倒等弊端。② 其主要责任并不在于这一来源期刊自身，而是我们某些部门不作区分便全盘接纳，没有作必要的甄别，没有作必要的扬弃，更没有作必要的自我建构，由此才使得 SCI 来源期刊被极大地异化了。值得欣慰的是，这一来源期刊并没有完全一统天下，像屠呦呦获得诺贝尔奖便是一个例证。然而，这一鲜活的例证并没有真正地促使有关部门反思和调整既有的学术期刊评价体系。从这样的意义上说，我们对中国学术期刊评价体系的反思与建构，如果不把自然科学期刊纳入进来进行通盘考虑，就不可能真正找到破解的思路——因为自然科学学术期刊评价体系仍将深刻地制约和影响着人文社会科学学术期刊评价体系的建构。

那么，中文核心期刊在国内自然科学类的学术期刊领域理应占有一席之地。但实际情形并非如此，它并没有因此而变得更具有权威性，长期以来也一直没有撼动西方 SCI 来源期刊在中国学术期刊评价体系中的地位。在自然科学方面，我们依然没有建构起具有公信力和科学性的学术期刊评

① 如桑海在其论文中指出：“近年来，中国作者 SCI 期刊发文量不断攀升，目前数量已仅次于美国。”详见桑海：《如何“叫现代学术说中国话”——从西方学术本土化、中国学术国际化到中国化的世界学术》，《澳门理工学报》2014 年第 1 期。

② 仲伟民：《缘于体制：社科期刊十个被颠倒的关系》，《南京大学学报》2013 年第 2 期。

价体系。那么，自然科学类学术期刊评价体系的缺失对包括人文社会科学类学术期刊评价体系在内的整个中国学术期刊评价体系到底带来了怎样的负面影响？这是我们在探索建构具有中国特色学术期刊评价体系之前不能不予以考量的一个重要问题。

其一，自然科学期刊评价体系的缺失，将导致学术期刊评价体系生态失衡，由此造成学术资源配置上的失措。客观地说，人文社会科学类中文核心期刊的情形相比自然科学类的学术期刊要好一点，这可能是因为自然科学更具客观性的特征、而人文社会科学研究则更具意识形态特征的缘故，由此 SSCI 来源期刊才没有如同 SCI 来源期刊一样，也成为学术期刊评价体系所皈依的法则。客观地讲，社会科学类的研究大都受制于作者所认同的意识形态，其由此作出的学理性阐释自然不像自然科学那样有着明晰的高下之分和正误之别。自然科学类学术期刊没有能够建立起具有中国特色的期刊评价体系，这不仅深刻地影响了中国通过学术期刊评价体系的调控引导学术研究走上良性的发展轨道，还深刻地制约了中国人文社会科学类学术期刊评价体系的建构。

其二，自然科学期刊评价体系的缺失，导致中文学术期刊评价有失客观准确，由此造成国内优秀学术成果的外流和中文学术期刊的边缘化。目前，在学术界占据统治地位的学术期刊评价体系依然是西方的 SCI 来源期刊，这在客观上说明，中文核心期刊受到了国内外“引文索引来源期刊”的全面挑战。从国内来看，中文核心期刊受到了 CSSCI 来源期刊的挑战；从世界来看，中文核心期刊受到了 SSCI 和 SCI 来源期刊的挑战。这便需要我们从中文核心期刊的评估体系中找寻问题。中文核心期刊目录的遴选范围虽然涵盖了自然科学类和人文社会科学类的学术期刊，然而，这套评价体系作为评判学术期刊的主要价值尺度，存在着先天不足——北京大学没有自主的数据库。[①] 具体来说，就是中文核心期刊过分依赖中国知网的有关数据，然而，中国知网的相关数据又鱼龙混杂，我们很难根据某一数据的高低来评判某一期刊的实际学术影响力，那些用来支撑其评价体系的相关

① 中国知网作为中国目前最大的学术论文数据库，尽管拥有较多的资源，但其面临的作者版权问题和涉嫌垄断等问题，已经令其走到了一个十字路口。至于 CSCD 来源期刊数据库，同样存在着作者的版权问题。

数据自然也难以真实地反映出学术期刊的实际情况。且在国内学术期刊所刊发的学术论文中，学术引文不规范现象也同样屡见不鲜，学术质量并没有得到应有的保障。再加上这一数据库对纸质期刊以及学术期刊自我传播的电子期刊的漠视，致使其诸多数据无法真实地反映某一特定学术期刊的本真面貌。至于中文核心期刊的专家评议，又因为其人员整体素养和评判价值标准不统一，尤其是这些专家对所要评估的学术期刊可能并没有深入的了解，导致这样评选出来的所谓核心期刊便无法真实地体现出学术期刊应有的层级。在其他类型的同行评议中，《新华文摘》《中国社会科学文摘》《高等学校文科学术文摘》和中国人民大学复印报刊资料，都应该归于同行评议的行列。但是，这些转载的定量和定性数据未能很好地进入评价体系中，并构成评价体系的重要指标。客观地说，这些专业性的文摘和转载类的学术评价机构多年来致力于优秀学术论文的遴选，已经具有了较高的社会美誉度，堪称中国学术同行评议的一个范例。这些机构尽管没有采取匿名评审的方式，但因为其采用了责任编辑负责制和层级的遴选制约机制，尽管不一定能够确保遴选出来的稿件都是最优秀的稿件，但起码的公平和公正还是得到了实现。从其实际运行来看，这些文摘转载类期刊之所以能够得到学界的基本认可，有关机构还将其视为评价一篇论文的重要参考指标，则部分地说明了其具有存在的合理性和合法性。综合以上内容，我们可以发现，中文核心期刊目录所收录的学术期刊既没有西方 SCI 来源期刊的数据的客观性和权威性，也没有权威专家审核的公正性和权威性，所以其不仅难以获得西方的认可和接受，而且也难以获得国内的认可和接受。正是这些无法克服的局限性，使得中文核心期刊被学术界、学术机构和主管部门所排斥。尤其需要指出的是，这一评价体系没有针对自然科学类学术期刊和人文社科类学术期刊的评价体系分别建立起各自独立而符合其学术研究实际的学术评价体系，致使北京大学图书馆公布的中文核心期刊来源期刊难以得到各方面的认可和接纳。在中国学术期刊评价体系建构的初级阶段，许多科研院所不甘落后，如中国社会科学院也在不断探索中建立了一套评价体系，这便是中国社会科学评价研究院的“中国人文社会科学期刊”（简称 A 刊）来源期刊。这一评价体系也没有得到各方面的普遍认可和接纳。总的看来，中国的学术期刊评价体系除了 CSSCI 来源期刊之外，其他几大期刊评价体系均没有很好地借鉴 SCI 来源期刊和 SSCI 来源期刊的遴选成功经验，并由此在本土化的实践过程中找到一种既吸取西方成功经验、又兼顾中国国情的来源期刊，其最后落得个被边缘化的地步便是情理之中的事了。

其三，自然科学期刊评价体系的缺失，不仅影响到我国科学性学术期刊评价体系的构建，而且还将误导学术研究的发展方向。学术期刊对于学术研究的发展方向具有一定的制约与引导作用，它不仅是“交流学术成果和传播专业文化的主要媒介”，更是“文化积累和文明传承的重要平台”和“引领学术发展和深化学术理论研究的阵地”。[①] 由此说来，重新反思和建构起具有中国特色的学术期刊评价体系，便具有历久弥新的理论价值和意义。在国际化的浪潮中，那些引领行业发展的国家或机构相继制定了带有行业规范性的标准。这些行业的规范性标准逐渐为世界同行业所遵循，由此引领和主导着本行业的发展方向，体现了本行业的最高水准。这样一来，那些掌握了行业标准制定话语权的国家或机构则成为该行业的引领者和裁定者，这不仅带来了巨大的社会效益和经济效益，而且还带来了国家文化软实力的提升。客观地说，学术期刊评价体系建设是中国学术能否健康发展的关键所在。那么，应该怎样建构起具有中国特色的学术期刊评价体系呢？对此问题，已经有学者进行了一系列的探讨。[②] 但是，建构具有中国特色的学术期刊评价体系中的“中国特色”到底怎样体现？“中国特色”怎样借鉴西方来源期刊的成功经验？这些问题都有进一步阐释的空间。其实，中国特色既不应完全否认或排斥西方既有来源期刊的合理性内容，也不能完全照搬西方来源期刊，而是要从中国学术发展的实际出发，制定出符合中国学术评价标准的完备体系。

三、融合与创新：中国学术期刊评价体系的建构之路

习近平总书记针对如何构建中国特色哲学社会科学这一系统工程强调

---

① 尹金凤、胡文昭:《如何提升中国学术的话语权——兼论学术期刊编辑的问题意识与学术使命》,《中国编辑》2018 年第 7 期。

② 王文军:《建立中国特色科研评价体系的四种关系》,《行政管理改革》2020 年第 7 期。

指出："构建中国特色哲学社会科学是一个系统工程，是一项极其繁重的任务，要加强顶层设计，统筹各方面力量协同推进。要实施哲学社会科学创新工程，搭建哲学社会科学创新平台，全面推进哲学社会科学各领域创新。"① 这一论述对中国特色哲学社会科学系统工程具有指导作用，对中国特色学术期刊评价体系的建构同样具有指导作用。

目前，中国已经成为世界上不可忽视的政治、经济力量，然而中国的科学和文化并没有获得相应的发展，尤其是在以自然科学为主的学术期刊评价体系中，几乎没有任何话语权。造成这种结果的原因固然是多方面的，如果单从学术界以及学术期刊的评价体系来看，其主要原因在于没有形成替代西方标准来源期刊的理论自觉和实践自觉，没有从中国国情和社会发展的需要出发，盯住世界科学发展的前沿问题，把学术研究的目的置于促进社会发展和人类文明的维度上加以衡量，而是一味地把发表论文自身当作手段和目的，至于其发表的论文是否具有社会效能，则在一定程度上被忽视了。在此形势之下，如何建构符合中国国情和社会发展需要的学术期刊评价体系，则成为一个必须要思考的问题。

其一，要把建立学术期刊评价体系纳入国家文化发展战略的高度加以对待。在国际化视野的引领下建立起可以与西方来源期刊相对应的中国学术期刊评价体系，坚决扭转中国学术研究和中国学术期刊的发展受制于西方的被动局面，坚决防止带有"内卷化"的无序竞争，在整合国内评价体系的基础上，建立起具有中国特色和中国权威的学术期刊评价机构。目前，国内学术期刊评价体系的无序化已经到了非常严重的程度，"在学术期刊评价研究领域，门槛低、小散弱、争山头、重复建、无特色、局面乱，可以说有百花齐放、百家争鸣，却没有形成秩序井然的共建局面"②。无序化的竞争严重制约了中国学术期刊评价体系的自我权威性，也严重影响了中国学术期刊评价体系的世界化步伐。

在构建具有中国特色的学术期刊评价体系的过程中，纳入国家发展战略的显著标志便是教育和科研主管部门承担起应该承担的导引责任，真正

① 习近平:《在哲学社会科学工作座谈会上的讲话》,《人民日报》2016 年 5 月 19 日。
② 高自龙:《多元有序:我国学术期刊评价体系建设展望》,《中州学刊》2019 年第 7 期。

把科学的评价体系与评价实践有机结合起来，从而使学术期刊评价体系循着正确的道路运行。作为主导高校学术发展的管理职能部门，教育部如何测评高校的学术成果直接关系到高校的发展方向。高校正是依据教育部的规范和要求调配教育与科研资源，从而最大限度地满足教育部的规范要求，并由此制定出了一系列测评科研成果的标准。当然，有些评价机构并非由教育部主管，这便需要从国家层面加以整合，进而避免评价体系的“政出多头”。

教育主管部门如何确认评价体系，成为破解学术期刊评价体系难题的一个根本性问题。自改革开放以来，教育主管部门把眼光瞄准世界高校，并由此把中国高校与世界高校的发展相对照，根据世界通行的高校评价标准制定了评价中国高校的评价体系，在科研实力的测评上，突出了以刊发论文的学术期刊的高低为重要测评指标的评价体系，这便极大地改变了高校的学术研究生态和办学方向。由此导致的直接结果有两个：一是高校形成围绕着评价体系刊发论文的价值导向，二是高校排斥评价体系之外的学术研究。

如果从国家文化发展战略的维度来审视中国学术及其学术期刊的国际化，便应该将其上升为旨在使中国文化、中国经验、中国话语在国际社会中形成广泛影响的国家战略①。在群雄争霸的情形下，我们如果不从国家战略的高度出发，积极规范和引导中国学术期刊评价体系的健康良性发展，争取与国家政治、经济、文化等诸多实力相对应的学术期刊评价体系的话语权，而是一味地任其无序发展，其结果将会严重地影响到中国学术期刊评价体系的世界化步伐。因此，中国学术期刊评价体系的建立应该纳入国家发展战略的视野中，抑制有些机构动辄建立自己的“小山头”的冲动，逐渐地整合和建立起一个代表国家战略和意志的权威评价机构。毕竟我们的真正竞争对手并不是内部的几家评价机构，我们需要做的是集中一切优势力量打造出可以在世界上拥有一定话语权的学术期刊评价体系。

其二，要把自然科学和人文社会科学学术期刊纳入一个整体中加以通

---

① 崔月琴:《学术期刊国际化的反思及路径探析》,《澳门理工学报(人文社会科学版)》2012 年第 4 期。

盘考虑，切实建构起一个融合自然科学和人文社会科学的中国学术期刊评价体系。在中国建立的一些学术期刊评价体系，并非没有一个融合自然科学和人文社会科学学术期刊的评价体系，而是在大浪淘沙的过程中，有些评价体系并没有得到学术界、学术机构和主管部门的接纳和推崇。目前，在借鉴西方社会科学索引来源期刊（即 SSCI 来源期刊）的基础上，南京大学的 CSSCI 来源期刊已经在客观上成为国内诸多高校所普遍认可的学术期刊评价体系。这一来源期刊因为建立了独立的数据库，又建立了相对规范和科学的遴选办法，其所遴选出来的来源期刊相对来说具有更大的合法性和合理性，自然也得到了各方面的认可和接纳。

如果说人文社会科学类学术期刊评价体系面临的主要问题是如何完善和提高的话，那么，自然科学类学术期刊评价体系的缺失则是我们面临的核心问题。从这样的维度上看，我们更倾向于把未来具有中国特色的自然科学类学术期刊的核心期刊目录命名为“中文科学引文索引”（Chinese Social Sciences Citation Index，简称 CSCI）来源期刊。[①] 这样的命名既可以对接西方既有的惯例，便于人们理解和接受，也可以汲取 SCI 来源期刊评价体系的成功经验，还可以对接中国的 CSSCI 来源期刊，由此建构起自然科学类的学术期刊评价体系，形成双峰对峙的新的两大评价体系。这便需要我们依托南京大学的中文社会科学评价中心，扩建成涵盖自然科学类的中文学术期刊的评价中心，从而打造出具有中国特色的学术期刊评价体系。

对于那些获得评价体系认同乃至推崇的学术期刊来说，其成绩的取得不是一蹴而就的，而是在长期的实践中逐渐形成的。像自然科学研究方面的顶尖期刊《自然》《科学》等，其学术水平的确较一般期刊要高出许多。从其刊发论文的内在法则来看，优秀的作者总是把其优秀的研究成果投给这些名刊，这些名刊自然就具有了可以自由选择的余地，从而能够在大量优秀论文中遴选出更为优秀的论文，这便形成了一种良性循环：因为名刊有优秀的品牌而获得优质的稿源，所以便可以刊发出更为优秀的论文；因为名刊刊发了优秀的论文产生了深远的学术影响，所以便可以提升名刊的

① 这一构想与中国科学院文献情报中心建立的中国科学引文数据库(Chinese Science Citation Database,简称 CSCD)截然不同。严格说来,CSCD 仅是一个数据库,其学术期刊的评价功能并没有得到凸显。

美誉度和知名度。我们如果借助 CSCI 来源期刊这一学术期刊评价体系，打造出具有中国特色和世界影响的自然科学核心期刊的话，便可以搭建起《自然》《科学》和中国某一学术期刊（例如《中国科学》[①]）三足鼎立的顶级学术期刊方阵。如此一来，我们便可以依托既有的 CSSCI 来源期刊和 CSCI 来源期刊，建立起完善的学术期刊评价体系，并通过学术期刊评价体系导引学术研究走上科学规范的道路，真正地让学术研究回归于本体，以解决一些制约中国学术发展的“卡脖子”问题。

其三，要重视西方学术期刊评价体系影响因子的合理性，又要规避一味地“唯影响因子马首是瞻”的弊端，做到既关注期刊的学术影响力又关注期刊的影响因子。我们既要打破过去那种过分崇拜西方的文化情结，也要打破那种“夜郎自大”的自我迷恋的文化情结，在吸纳西方来源期刊科学成分的同时，结合中国社会发展实际，逐渐建构起一套具有中国特色且又有大数据支撑和专家组把关的复合型学术期刊评价体系。习近平总书记在给《文史哲》编辑部的回信中指出：“高品质的学术期刊就是要坚守初心、引领创新，展示高水平研究成果，支持优秀学术人才成长，促进中外学术交流。希望你们再接再厉，把刊物办得更好。”[②] 这说明了高品质的学术期刊在新时代具有特别重要的风向标作用，一流的学术期刊可以吸引一大批优秀的学术研究成果。显然，这样的一批优秀学术成果会更好地引领学术创新和学术发展。

中国特色的学术期刊评价体系既要观照影响因子等客观数据，同时还应该重视同行之间的评议。一是通过对 CSSCI 来源期刊数据库中大数据的分析，把一些虚假引用剔除出去。客观地讲，负责学术期刊评价的机构的确需要承担起应承担的责任，不仅要把那些不切实际的数据剔除出去，还要将这些期刊“红牌罚下”，这在一个讲究人情和关系的社会中是需要一点大无畏的学术勇气的。实际上，虚假引用数据给中国学术带来的仅仅是虚假的繁荣，其背离学术的初衷，甚至使学术沦落为一种高级的“游戏”，“即使高引用率的研究也可能是一个游戏，学者们互相引用，却没有为任何

---

① 目前的《中国科学》要成为具有中国特色和世界影响的一流学术期刊，迫切需要具有中国特色的学术期刊评价体系作为支撑。

② 《习近平给〈文史哲〉编辑部回信》，《新华日报》2021 年 5 月 11 日。

人带来进步”①。就现实情况来看，西方的一些学术期刊评价体系和学科的世界排名并没有把这一指标纳入其中作综合考量，以至于有些期刊在这种虚假引用数据背后隐藏了种种非学术的因素，这种看似高被引的繁荣景象对提升中国文化的软实力不仅没有什么裨益，而且还将带来无法规避的灾难——学术成为谋取个人利益的工具，这对学术来讲无疑是一种极大的讽刺与异化。

二是对CSSCI来源期刊的论文进行抽检，并请相关专家对其质量进行量化打分。这种注重质量评判的抽检办法将使诸多CSSCI来源期刊在发表论文时不仅注重那些具有学术创新性的优秀论文，而且还要屏蔽或排斥那些平铺直叙老生常谈的空泛论文。从“木桶原理”来看，这便是确保了木桶的“短板”不至于“太短”，确保了其发表的所有论文都可以经得起检验。这种侧重于过程抽检的办法，对学术期刊一劳永逸地躺在既有功劳簿上的错误做法具有匡正作用。无疑，这些方法是带有中国特色的创新之举。当然，这种抽检办法也有进一步改善的空间，如其遴选专家的方式还需要完善。提交给专家的论文尽管作了匿名处理，但因为其属于已经刊发的论文，其具体信息在其他数据库中并没有作匿名处理，专家依然可以通过其他数据库了解该论文所刊发的学术期刊以及作者等信息，这自然就削弱了评审的匿名性。遴选的专家本身可能是利益攸关方，他们或者是学术期刊的编辑，或者是某些机构的学者。本身就是作为编辑的仲裁者，难免会在评价的过程中有意抬高自我所效力的期刊。仲裁者的中立立场在确保其价值判断的公正方面至为关键。这也提醒我们，如何进一步改进这些问题需要进行深入探讨，如对那些参与评议的专家实行信息公开制，把专家及其所打的分数及根据一并公开，像责任编辑一样，做到评议的责任、权利和义务三者合一，使专家评议受到同行的监督和再评判。当然，这种方式在具体的实施过程中会遇到一些困难，如有些专家或担心得罪那些遭到差评的学术期刊而最终选择退避三舍，或刻意迎合某些学术期刊而故意打出超出客观实际的高分。对此，有研究者指出：“在这个过程中一定要对评价专

① 张文韬:《零引用率的科学文献》,《世界科学》2018年第2期。

家固有的缺陷采取措施，逐步克服‘人情化’‘主观性’的弊端。”[①] 因此，如何完善同行评议中存在的问题还需要评价中心继续探索更为科学有效的方法，诸如评价中心业已把“三大文摘”和复印报刊资料的转载等指标纳入评价学术期刊的参照体系，这就使 CSSCI 来源期刊已经不再是单纯的“引文索引来源期刊”，而是在“引文索引来源期刊”基础上兼顾中国国情的“引文 + 反响”的“来源期刊”。由此说来，从建构中国特色的学术期刊评价体系来看，适当地参照这一带有同行评议性质的期刊评价机制，不仅对完善和提升 CSSCI 来源期刊有着积极的作用，而且对完善和提升中国学术期刊的评价体系也有着不可忽视的作用。

三是要做到与时俱进，满足学术评价体系的差异性要求，在借鉴 SCI 来源期刊的分区上找到适合 CSSCI 来源期刊评估的区分路径，从而为打造出中国具有世界影响的顶级期刊做好铺垫。

当然，我们所分析的这种情形是在纯粹的理论层面上展开的，就其现实而言，还会有诸多其他因素参与其中，并在某种程度上影响乃至干扰这种良性循环的实现。具体来说，一是关系因素干扰学术期刊的学术公正性，二是人为因素干预学术期刊的学术影响力。前者主要指有些作者违背学术公平、公正之宗旨，通过种种手段干扰正常的审稿程序，从而使本不具备发表资质的论文最终刊发了出来；后者主要指有些作者违背学术伦理道德，人为干预业已刊发的学术论文的影响因子，从而使得本没有什么学术创新性的论文忝列高影响因子行列。这两种情形均不同程度地存在着，都是中国特色学术期刊评价体系在建构时需要考量的重要因素。

总的说来，学术研究的根本就是为了提升中华民族的文化创新能力，学术研究要服务和服从于文化创新这个根本，要助推中华民族的伟大复兴。离开了这一根本点，任何的排名、排序和评价体系都失却了序列的本真价值和意义，任何的权威、核心和非核心之分也失却了依托的根本。这就要

① 叶继元:《近年来国内外学术评价的难点、对策与走向》,《甘肃社会科学》2019 年第 3 期。

求我们切实地立足于中国社会现实，通过对中国问题的叩问，提交中国答卷，从而做到“立时代潮头，通古今变化，发思想先声，繁荣中国学术，发展中国理论，传播中国思想……构建中国特色哲学社会科学学科体系、学术体系、话语体系”①，真正建构起具有中国特色的学术期刊体系。唯有这样，才能真正确立中国学术研究的发展方向，发挥学术研究指挥棒应有的作用，把学术研究应有的价值从虚浮乃至空泛的评价体系中解放出来，真正引领中国学术注重学术研究自身、注重学术创新、注重满足社会重大现实需求，使中国学术走上一条真正的自我解放、自我发展、自我繁荣的崭新道路。从这样的意义上说，这种解放如同废除科举制度而由此引领一代知识分子走出传统的窠臼一样，将促成知识分子不是单纯地把论文发在外国的学术期刊上，而真正地把“论文写在中国大地上”！

[原刊于《河南大学学报（社会科学版）》2022 年第 6 期]

① 新华社:《习近平致中国社会科学院建院 40 周年的贺信》,《中国社会科学院研究生院学报》2017 年第 4 期。

学术期刊编辑的现实困境与突围路径

孙秋英　李宗刚

当下，学术期刊编辑的边缘化尽管是学界较为关注的老话题，但从学术期刊编辑所面临的诸多现实困境这一维度加以透视并进行深入阐释的优秀成果还不是很多。如有学者从编辑的地位、待遇、学术、心理和角色等方面来分析编辑的边缘化现象，认为学术期刊编辑边缘化的原因在于编辑主体对期刊的“依附性、传统杂家观念的影响、内在发展动力和责任感的缺失、编辑角色能力的弱化”[①]；有学者认为学术期刊编辑边缘化主要是由于体制、编辑自身、职称评定和期刊自身发展方向等因素而产生的[②]；有学者进而提出克服边缘化的出路在于重建编辑主体精神，期刊编辑应重视提高职业“敏感心、责任感、理论素养和数字化技术意识及能力”[③]。这些探讨尽管已涉及问题的诸多方面，但大多停留于现象剖析，较少从理论层面作出深入阐释。而如何从编辑体制和职业的多维复杂特性入手阐释边缘化问题的多重根源，进而从编辑学者化的方向探讨边缘化突围的路径，以促使学术期刊编辑的可持续发展，正是本文所要论述的主要内容。

---

① 陶范:《高校学报编辑应努力防止边缘化》,《湖北第二师范学院学报》2019 年第11 期。

② 谢昀:《谨防学报编辑学术被边缘化》,《北京市计划劳动管理干部学院学报》2005 年第2 期。

③ 杜桂萍:《论当代社科杂志编辑主体精神的重建》,《学术交流》2002 年第2 期。

一、学术期刊编辑面临困境的体制因素

学术期刊编辑边缘化是伴随体制内学术评价体系而出现的现实问题。新时期以来，期刊编辑在体制内逐渐被定位为独立于学术研究系列之外的一个群体。其在职称晋升时被列为单独系列，也就是所谓的“编辑系列”进行评比，这一评比的好处是编辑之间的对比显得更加明晰，缺憾是编辑与学者之间被划上一道不可逾越的鸿沟。长此以往，编辑在人们的心目中也大都是指那些文章文字的加工者，人们甚至把编辑的工作美其名曰“为他人做嫁衣”。在这里，“他人”这一限定词，一方面说明了编辑的工作是富有奉献精神、创新精神的，另一方面说明了编辑是依附于作者以及作者文章而获得自我存在价值的“他者”。

其实，如果追溯现代编辑产生和发展的历史，我们便会发现，现代编辑从作为一种职业开始便获得了独立存在的价值。如陈独秀在担任《新青年》主编时，一方面从事编辑工作，另一方面从事写作实践，二者相辅相成、相得益彰，由此成就了难以复制的神话。再如钱玄同作为北京大学的学者，在兼任《新青年》编辑时积极约稿，最终促成了鲁迅向文学创作实践的回归，创作出《狂人日记》这样中国第一部真正具有现代意义的短篇小说，由此开启了中国现代小说的新纪元①。尤其值得称赞的是，许多编辑还是多面手：一方面，他们从事期刊编辑工作，负责约稿、编稿和发排等一系列事务性工作；另一方面，他们还是作者，或从事文学创作，或从事学术研究，是著名的作家、批评家或理论家。如叶圣陶、茅盾、巴金等人便是一边担任期刊编辑，一边从事文学创作或文学批评，成为“左右开弓”的典范。特别是他们在担任编辑时，不仅发现和培养了大批的青年作者，而且他们自己还在文学创作或理论研究方面取得显赫的成就，茅盾和叶圣陶就是典型代表。

1920 年，茅盾担任《小说月报》主编后，便着手对《小说月报》进行

---

① 李宗刚:《〈新青年〉编辑约稿与鲁迅现代小说的诞生》,《华中师范大学学报(人文社会科学版)》2017 年第 1 期。

全面改版，由此不仅促成了他在文学批评和文学社团领域的发展，而且还成就了《小说月报》在中国现代文学史上不可替代的地位。当然，我们并不能说《小说月报》之于茅盾的文学批评和文学理论有着无可替代的作用，毕竟茅盾在进入《小说月报》杂志之前便已是在文学批评界享有盛誉的批评家。但是，茅盾担任《小说月报》主编进一步促进了其文学的跨界写作，应该是无可争辩的事实。

如果说茅盾在做期刊编辑之余坚持文学批评和文学理论的写作有其独特性的话，那么，叶圣陶作为文学编辑的经历对当下的期刊编辑还是有借鉴意义的。叶圣陶任《小说月报》主编时，沈雁冰（茅盾）把自己的第一篇小说《幻灭》交给叶圣陶。叶圣陶阅读后立即对他说："写得好，今天就发稿。"这种速度令沈雁冰"吃惊"。① 叶圣陶还在一大堆自然来稿中发现了丁玲的处女作《梦珂》，然后在头条位置予以发表。接着，丁玲的《莎菲女士日记》等3篇小说都在头条连续发表。后来，叶圣陶给丁玲写信，告诉她4篇小说可以出一本集子，还为她联系了开明书店。小说集出版后，引起文坛强烈反响。当丁玲从外地来到上海上门感谢他时，不善言辞的叶圣陶谆谆叮咛："继续写吧，认真地写。"② 事隔半个世纪后，丁玲仍怀着无限感恩的心情对叶圣陶说："当年要不是您发表我的小说，我也许就不会走这条路。"③ 巴金在留学法国时把他的第一部中篇小说《灭亡》投给《小说月报》，同样受到了叶圣陶的赏识。为此，叶圣陶在发稿预告上写道："《灭亡》，巴金著，这是一位青年作家的处女作；写一个蕴蓄着伟大精神的少年的活动与灭亡。"对此，巴金后来回忆道："倘使叶圣陶不曾发现我的作品，我可能不会走上文学的道路，做不了作家；也很有可能我早在贫困中死亡。"④ 作为编辑的叶圣陶，慧眼识珠已经非常不易，更为难得的是他并没有止步于编辑工作，在编辑之余还从事文学创作，写出被茅盾誉为"扛鼎之作"的长篇小说《倪焕之》，成就了中国现代长篇小说著名

---

① 李勇、闫巍著:《流淌的人文情怀——近现代名人墨记》,东方出版中心2011年版,第35页。

② 杨桂欣:《丁玲评传》,重庆出版社2001年版,第37页。

③ 陈明:《我说丁玲》,湖南文艺出版社2004年版,第96页。

④ 刘增人:《叶圣陶传》,东方出版社2009年版,第82—83页。

作家的伟业[1]。现代出版大家赵家璧，尽管与茅盾、叶圣陶等文学巨擘相比有一定的差距，但他策划并出版了《中国新文学大系》（十卷本），使其在中国现代文学史上拥有无可替代的独特地位。

然而，在体制化日益凸显的当下，编辑自身的黄金时代似已逐渐远去。2012年7月30日，新闻出版总署印发《关于报刊编辑部体制改革的实施办法》，党政部门、民主党派、人民团体、行业协会、社会团体、事业单位和国有企业主管主办的报刊编辑部，并入本部门本单位新闻出版传媒企业；本部门本单位没有新闻出版传媒企业的，并入其他新闻出版传媒企业。近几年，随着这一办法的出台，不少高校已将期刊编辑部纳入企业运营的轨道，实行企业化的管理模式。面对从事业到企业的体制转变，期刊界的编辑们感到无所适从、焦虑恐慌。编辑既要有编辑方面的专业知识，又要懂经营、会管理，这种复合型的职业要求，给传统期刊编辑带来极大挑战。除此之外，由于大部分高等院校以抓教学科研为中心，编辑和教师相比较而言，往往处于边缘化的位置。无论是职称评定、课题申报，还是学历进修、信息技术培训、工资待遇等方面，编辑都难以与教师相提并论。因此，这种不平等、不公正的待遇，不仅严重打击了期刊编辑工作的积极性，而且在某种程度上还影响到期刊编辑学术素养的提高。一方面，编辑无暇像茅盾、叶圣陶那样自由地穿梭于不同职业之间从事着跨界的写作；另一方面，也无法像赵家璧那样专心致志地从事出版工作。尤其令人深感无奈的是，编辑已经被设定为一个单纯的“门类”，成为独立于其他学科之外的所谓“学科”。而诸如文学创作早已不在考核的范围之内，即便专业的学术研究似乎也被逐出编辑行当的“伊甸园”，以至于考核所需求的仅仅是“编辑学”方面的相关学术性的研究成果。至于编辑在“编辑学”实践方面的表现如何，似乎早已被摒弃在考核之外。如此一来，编辑在体制内的学术评价体系中日渐边缘化的情形便不可避免。

从体制来看，编辑的边缘化并不是编辑的主观意志能够改变的，而是体制评判的自然结果；从职业来看，编辑边缘化也具有其无法取代的必然

① 李宗刚：《民国教育视阈下的文学想象与文学书写——从叶圣陶的长篇小说〈倪焕之〉说起》，《西南大学学报（社会科学版）》2017年第6期。

性，是职业规训的必然结果。编辑作为一种职业，对一个人的影响是深远的。一般说来，期刊编辑在从事编辑工作之前，大都接受过一定的学术训练，甚至接受过博士阶段的学术训练。而接受过学术训练者进入不同的行业领域对其未来发展方向的影响是大不一样的，有些影响甚至截然相反。进入学术研究机构或者大专院校从事专业的教学和研究工作，自然与进入期刊社从事编辑工作会有不同的考核评价标准。从研究机构或大专院校的评价标准来看，一个学者学术研究水平的高低是其所在的体制对其进行评判的重要标准。这样，他自然就要向着评判标准规范的方向努力，并由此进入论文写作的实践，逐渐培养自己在学术论文撰写上的能力。长此以往，其论文的写作功力也就不断地得到历练和提升。

实际情况也的确如此，在职称评审或任职考核时，许多机构在评价期刊编辑时注重的往往并不是其所编辑的文章产生怎样的学术影响力，而是该编辑撰写了多少篇学术论文、在哪些层级的刊物上发表了论文。有学者曾经针对这一现象指出：现行的评价体制导致人们“将注意力停留在发表论文与出版著作的数量和级别等表面层次”① 上。然而，缘于职业使然，期刊编辑的自我价值重心已经不在于其撰写了多少篇论文，而在于其编辑了多少篇优秀论文。这种评价机制的错位不仅使编辑自我的人生价值无法真正得到体现，而且最终导致期刊编辑在体制内逐渐边缘化，由此陷入无可挣脱的尴尬境地。

多年来，尽管期刊界也呼唤期刊编辑学者化，但真正践行并取得成功的编辑毕竟为数不多。大多数期刊编辑未能走上编辑学者化的道路，反而走上了一条背离学者化的道路。这说明，所谓的要做到编辑学者化，其实隐含着某种期刊编辑在学者化道路上的艰辛和艰难。可以说，编辑这一职业本身在某种程度上对学者化存在着对抗乃至消解，由此使得许多期刊编辑无法成为学者化的编辑。因此，我们要破解期刊编辑自身发展的难题，不能不追溯这一现象产生的根源。

---

① 张茂聪:《“双一流”建设中的现代大学内部管理制度》,《山东师范大学学报(人文社会科学版)》2019 年第 3 期。

二、学术期刊编辑面临困境的身份因素

学术期刊编辑为什么会陷入令人如此尴尬的困境？产生这一问题的原因很多，但就其根本来说，与其所从事的期刊编辑的身份固化及其由此而来的自我认同有着直接的关系。对此，我们可以从以下几个方面加以确认。

其一，编辑身份决定了期刊编辑具有一双辨识学术论文水平高低的慧眼，而这一身份对学术论文的撰写则没有必然要求，这就使得期刊编辑的慧眼在愈发明亮的同时，其巧手则在闲置和荒芜中逐渐失去写作的能力。

学术期刊编辑作为期刊的第一道守门人，其职责所系在于从浩如烟海的来稿中遴选出优秀的稿件，然后让这些优秀稿件进入审稿程序。一般说来，来稿能够被编辑的法眼看中并不是一件很容易的事情。目前，期刊编辑部或采用网上投稿系统，或采用电子邮箱投稿，不管采用哪种方式，这些稿件都将直接接受网络背后的编辑的审视。这自然就需要编辑首先调动自己的那双“慧眼”来甄别稿件的质量，确认稿件的学术价值大小，然后作出用稿与否的判断。实际上，编辑在浏览这些稿件时要做到逐字逐句阅读几乎是不可能的，其主要是根据标题、引论部分来判断作者要谈什么问题，对这个问题又是怎么进行分析的，在最后的结论部分是否有新的学术见解或突破。海选稿件，需要编辑练就这样一双能够石中识玉、沙里淘金的慧眼。

正是缘于编辑这一身份对学者的规训，相当一部分学者在进入编辑队伍之后，自认为所谓“编辑”就是修改、剪贴，有术而无学，是“为他人做嫁衣”的匠人，不需要掌握高深的理论。在这些错误思想的影响之下，编辑在练就较高“眼上功夫”的同时逐渐丧失了“手上功夫”，其结果是编辑成为学术论文的加工者，而编辑自身的价值也大都依赖其所编辑的论文而获得。然而，令人深感遗憾的是，从体制内的评价标准来看，作为责任编辑编发的学术论文所带来的荣耀并不属于编辑，而是属于作者，甚至在某些极端情况下，编辑连分享这一荣耀的机缘都没有。如此一来，期刊编辑便在体制内陷入了边缘化的现实困境。

如果抛开体制对编辑本体加以追问的话，我们会发现，在常人眼里，期

刊编辑似乎就是学术论文的加工者，是文字的修饰者。也很少有人认为，编辑通过其加工的学术论文就实现了自我的价值。事实证明，一篇论文产生较大的学术反响，人们首先关注的是作者，而没有人会关注编辑。当然，人们首先关注作者也的确在情理之中，但问题的关键在于没有几个人在关注作者之后会想起那位“做嫁衣”的期刊编辑，这就使得期刊编辑被作者的高大身影所遮蔽，期刊编辑成了真正的看不见的幕后英雄。因此，期刊编辑即便通过其编辑的学术论文来有意识地寻求自我人生价值的实现方式，最终效果也多半会大打折扣。

其二，编辑身份本身促使期刊编辑逐渐养成“字斟句酌”的习惯，甚至养成“语不惊人死不休”的“推敲”情结，这就使得期刊编辑在坚守学术的同时，其写作能力逐渐离开实践层面而在“细枝末节”的“推敲”过程中逐渐退化。

真正的问题不在于期刊编辑作为名副其实的为他人做嫁衣者始终默默无闻，而在于期刊编辑在为他人做嫁衣时逐渐失去了为自我做嫁衣的能力。期刊编辑在为他人加工论文的同时，其职业责任使然的一个必然结果便是更为关注如何加工他人的论文。这主要体现在以下几个方面：一是对论文的不足提出修改建议，二是对论文的语言进行精细加工，三是对论文的错别字、标点符号等进行修正，四是对论文的引文进行核对和订正。这四个方面的编辑工作，便耗去期刊编辑非常多的时间与精力。期刊编辑在对论文进行整体把握时，大都能够洞察作者所提交论文存在的问题，并在此基础上提出一些匡正乃至建设性的建议，甚至有些编辑提出的建议还可能会在某种程度上深化提升作者提交论文的论点，直接参与论文的创作过程。至于论文的句子或错别字等问题，许多作者则没有切身的体会。实际上，经过编辑加工的诸多论文，其句法和文字的修改幅度是非常大的，但很少有作者能够真正体会并感知编辑到底是怎么修改的。一般说来，作者关注的是论文发表本身这一结果，而很少关注论文在发表之前要经过不知多少次翻来覆去的编校修改加工，因而对期刊编辑在论文编校加工中所做的大量工作缺乏起码的了解，对隐藏其背后的编辑修改加工更是知之甚少。实际上，很多作者由于在遣词造句方面已经形成一种语言习惯，甚至有些习惯背离了汉语语法规范，而这些问题都需要期刊编辑进行必要的更正。至于有些学术论文引用参考文献时的错误，更可谓比比皆是，这些错误的更正任务自然也落到了期刊编辑的身上。根据有关调查发现，有些学者的引文极不严谨，还有些学者随意更改引文，以至于出现“有引必错”[①] 的尴尬局面。所有这些常规性工作，耗去期刊编辑的许多宝贵时间，自然也就挤压了其撰写论文的时间。因此，就其自身要求而言，期刊编辑便被置于一个永无止境的文字“推敲”和烦琐的编校过程中，而论文写作所需要的一气呵成的心境则很容易会被琐碎的编辑工作所消解。

其三，编辑身份本身还决定了期刊编辑在编辑过程中总是如履薄冰，对论文写作心存敬畏，唯恐自己写出不成熟的论文而被同行方家耻笑，亦不敢轻易动笔写作，由此往往错失在实践中提升论文写作能力的良机。

古人云，“文章千古事，得失寸心知”。从学术论文写作的内在规律来看，作者之所以能够进入写作的自由境界，首先需要挣脱的便是那种羁绊自我情思表达的语言。换言之，作者在进入写作时是绝少认真打磨文字本身的。这一过程恰如行云流水，尽管会存在某些瑕疵，但文思泉涌之后汪洋恣肆的态势只能使其一泻千里，泥沙俱下也在所难免。在此过程中，如果作者停顿下思绪，认真雕琢文字本身，甚至像贾岛那样纠结于“推敲”之中，那洋洋洒洒数千上万言的论文便绝难横空出世。然而，期刊编辑这一职业所带来的文字推敲积习却恰好窒息了作者所需要的论文写作的“气势”，这便从客观上限制了编辑进入自由写作场域的可能性。因此，问题的关键并不在于期刊编辑将其时间大都用在编校加工论文稿件上面，而在于编辑工作本身使他们长期陷入这种无限循环往复的工作中，并由此阻碍了期刊编辑迈进自由写作境地的路径。

严格说来，论文写作是一种创造性的劳动，期刊编辑也是一种创造性的劳动，但这两种劳动指向的结果是不一样的。从论文写作来看，写作这种创造性劳动注重的是把闪耀在头脑中的思想用文字的形式外化出来，这就需要作者更为注重“手上功夫”，而“手上功夫”是更多地依赖不间断的实践而习得的。所谓的“曲不离口”，便是对这个习得能力培

---

① 李宗刚、孙昕光：《期刊学术引文不规范现象的成因探析与应对方略》，《河南大学学报（社会科学版）》2015 年第 6 期。

养的真实写照。从期刊编辑来看，编辑这种创造性劳动注重的是在作者既有论文的基础上“去粗取精、去伪存真”的精细加工能力，这就需要编辑更为注重“眼上功夫”，而“眼上功夫”则更多地依赖阅读优秀论文培养出的基本“范式”获得。所谓的“火眼金睛”，便是对这个能力的形象描述。长此以往，编辑逐渐远离“手上功夫”而切近“眼上功夫”，其最终结果自然就是编辑评述起论文来“头头是道”，但根据其“头头是道”的理论来指导自己的写作实践则显得勉为其难。久而久之，编辑在疏远论文写作的同时，其写作能力的提升便变得十分困难。这样便导致期刊编辑循着职业分工逐渐成长为专事论文编校的“加工者”，而不再是论文写作的“生产者”。

严格说来，编辑的身份并不是与生俱来的，而是在编辑实践中不断建构起来的。编辑身份的建构过程，既是一个外在的社会诸多因素共同参与的结果，也是一个内在的编辑自我认同和皈依的结果。从某种意义上说，编辑对自我身份的认同和皈依对其自身的影响更大，自然也更加深远，这也是外在的社会诸多因素最终起作用的根本所在。

三、学术期刊编辑面临困境的突围路径

期刊编辑从事编辑工作，在论文的撰写以及发表方面本来是近水楼台的，但其结果为什么不能“先得月”，反而“后得月”乃至“不得月”呢？其学术人生为什么反而陷入困境呢？面对如此困境，期刊编辑能否突围？又应该怎样突围？

（一）相关职能部门给编辑发展创造必要的条件

高等学校职能管理部门的思维方式和管理模式需要与时俱进。首先，高等学校管理部门要正确认识学术期刊编辑活动的特征和作用。编辑活动是社会文化活动的一个重要组成部分，直接参与学术文稿的创作，在文化创造过程中起着传播、中介、积累和繁荣文化的作用。同时，编辑活动又具有服务性，既要受政治、经济和社会发展制约，又要服务于政治、经济和社会发展，还必须服务于教学和科研。其次，高等学校职能管理部门必须改变和调整现有的管理考核机制。要根据教育部、科技部

印发的《关于规范高等学校 SCI 论文相关指标使用　树立正确评价导向的若干意见》，破除论文“SCI 至上”的要求，改进学科考核体系，在考核中要突出创新质量和实际贡献，审慎选用量化指标；优化职称（职务）评聘办法，建立适合编辑职业的评价指标体系。再次，作为职能管理部门，要为期刊编辑的工作、学习创造必要的基本条件，搭建良好的发展平台。要根据一个时期、一个阶段新闻出版管理部门的部署要求，定期不定期地开展学习教育和培训，组织集中学习党和国家方针政策特别是出版管理方面的有关规定，引导期刊编辑更好地适应新形势新任务的要求，做新时代期刊编辑出版工作的“明白人”。最后，就期刊编辑所在部门单位而言，一是要鼓励编辑进行学历学位进修。系统的、专业化的学习是提高素养最有效的方式，通过知识的回炉发酵，才能丰富和扩展知识，更好地掌握学术研究的方式方法。通过撰写学术论文，才能将已有的工作经验与现有的学习体验完美结合，从而在学习中提高工作能力，在工作中夯实专业知识。二是要鼓励编辑从事教学与科研。在高校，教学与科研就像编辑的两个翅膀，相互支撑、共同发力。教学是科研的隐形动力，科研是教学的源头活水，编辑只有扎根教学与科研这一厚土，才能切实增强自身的学术底气，把好编辑工作的正确方向。三是要鼓励编辑参加学术活动。学术活动是一种以促进科学发展、学术交流、课题研究等学术性话题为主体的活动。权威、前沿、前瞻、互动是其主要特点。无论是某一专业还是编辑方面的学术会议，通过参与，编辑们一方面能够在较短时间内接受大量的学术研究信息，了解行业动态，了解领域前沿；另一方面，可以在分享专家或自己研究成果的同时，听取专家、同行提出的建议，完善自己的知识结构。同时，能够在听取讲座或座谈交流的过程中，碰撞出各种思想的火花，激发创新的灵感，拓展、优化自己的学术体系；还可以对照专家的研究成果来反观自身，重新客观公正地给自己定位，找出自己的短板与差距，坚定科研的勇气，树立学术自信。在这个过程中，通过结识不同专业领域的专家学者，自然而然能够寻找一些共同的学术话题，厘清脑海中的学术发展脉络。

（二）编辑自身树立主体意识，明确职责要求

期刊编辑是期刊工作的主体，在整个期刊出版中占据至关重要的地位。

期刊的办刊宗旨和使命要求编辑必须具备较强的社会责任感和工作责任感。编辑的社会责任感体现为传播先进文化、加强文化建设、推出更多研究成果、培养造就优秀学术人才、加强学风建设、营造良好学术氛围等方面。编辑的具体工作职责体现在选题策划、组稿约稿审稿和编辑加工等环节。期刊编辑的社会责任是通过其工作职责来体现的，是否尽职尽责地完成期刊编辑的任务和要求，直接关系到期刊的质量及生存，关系到国家相关政策和法规制度的宣传、教育、贯彻、执行，关系到风清气正的学术环境的营造。因此，期刊编辑必须明确职责要求，增强责任意识，切实加强学习，提高职业素养，真正担负起社会职责。所以，从期刊编辑在整个编辑活动中所扮演的角色和所发挥的作用来看，学术期刊编辑既是社会学术产品特别是社会公共思想文化产品的提供者，又是社会学术研究需求的服务者，还是社会学术研究的引领者，更是作者、读者、专家学者的沟通对接者。从这个意义上说，编辑必须克服职业局限，消除职业倦怠，增强职业自信，最大限度地释放自己的学术创造潜能，实现编辑学者化、学者编辑化，达到编辑职业与个人事业的统一，从而在边缘化困境中成功突围。同时，从编辑职业的局限性中走出来，既忠于自我的学术理想，精心耕耘属于自我的学术园地，又认真踏实地做好编辑工作。严格说来，任何职业都具有其局限性也有其开放性，关键在于人们如何把握好其所从事职业的自由度，规避其局限，扬长避短，从而找到一条本职工作与自我发展相结合的路子。实际上，许多期刊编辑原有非常好的学术素养，但在担任编辑之后，却未能很好地赓续既有的学术研究传统，而是一味地沉浸于所谓的编辑事务性工作中，既有的学术研究水平不仅未能得到应有的提升，而且编辑水平也没有得到更大的提高，以至于在放逐了学术研究潜能的同时，也未能发掘出编辑的潜力，由此成为地地道道的单纯期刊编辑——仅仅能够找找错别字、理顺一下句子的主谓宾成分的文字加工者，而不再是拥有自我独立的学术思想和追求、胸怀天下的思想者。

首先，为了较好地规避编辑职业带来的局限性，最根本的是要把编辑职业和学术事业有机地结合起来，做到职业和事业最大限度的融合。编辑是我们从事学术研究的一个铺垫，是我们从事研究的外化方式；学术研究是我们从事编辑工作的一个依托，是我们从事编辑工作的提升。二者有机结合，编辑既可以低头耕耘着期刊这方肥沃的土壤，也可以抬头思考自己的独立学术研究。二者交互作用，就会使本来并不矛盾的两项工作找到“交集”，就可以促成编辑依托“两个翅膀”自由地翱翔在人类文化的天空中。客观地讲，期刊编辑能够处理好二者关系的并不在少数：他们长期从事期刊编辑工作，甚至谋划期刊的整体学术发展；同时，不少编辑还从事学术研究，真正做到了“编写相长”，堪称较好地处理编辑工作与学术研究的“非典型”个案。

其次，要从编辑身份认同中走出来，最大限度地释放自我的学术潜能，让人生在聚焦于学术研究写作中获得满足感和成就感。如果我们把编辑身份及其由此而来的职业仅仅视为一种谋生的手段，自然就难以产生出满足感和成就感。作为一种谋生的职业，人们大都会产生一种倦怠感——毕竟一期接着一期刊物的编辑工作、年复一年的重复性劳作，尤其是面对着一些没有多少创新性、带有“八股文”属性的所谓学术论文时，编辑产生倦怠感是难免的。实际上，这样的论文除了在满足作者的考核、晋级乃至获得学位方面具有某种效能外，其社会效能并不显著。这样的论文被学界诟病为“学术垃圾”虽然不免有些苛刻，但究其本质而言，的确是“有无皆可”的“老生常谈”，真正激荡起编辑内在情感和思想的优秀论文实在是少之又少。在此情形下，编辑工作便不再承载起人们赋予的所谓启蒙等现代思想传播的效能。

作为期刊编辑，我们也许无法改变编辑职业的现实，但却可以改变我们自己，那就是拿起笔把自己独立的思想外化出来，然后寻找释放自我学术潜能的平台，让人生在忙碌中找到实现社会价值的方式。当然，这一问题并不是轻而易举就可以解决的，因为期刊编辑向往论文写作与真正写出论文是两码事。严格说来，论文的写作“既是一件具有科学性的工作，又是一件具有创新性的工作”①，而且是一个把内在的创新理念或思想外化为学术成果的艰难过程，这个过程充满着痛苦的体验。然而，问题的悖论之处恰好在于，没有这样一个痛苦的过程就不会有论文的写作完成，也就不

① 孙昕光、李宗刚：《中国文学研究论文被引存在的问题与对策》，《西南民族大学学报(人文社科版)》2018 年第 7 期。

会有论文的刊发，自然也不会有发表论文之后的满足感和成就感。从某种意义上说，论文都是被“逼”出来的，都是在外力或自我压力的驱动下把自我相对混沌的情感和思想外化为文字的过程。鲁迅当年创作《狂人日记》时就不是一蹴而就，而是在钱玄同再三约稿的驱动下才最终得以“分娩”。但同样值得肯定的是，任何写作者一旦突破了写作的瓶颈，往往就会进入“一发而不可收”的良性循环中。也许，这样的良性循环对每个疏远了写作的期刊编辑来说，正是一个值得无限“遐想”的创作空间。

再次，要从编辑身份的自我认同中走出来，强迫自己把“眼上功夫”转化为“手上功夫”。缘于编辑职业的属性使然，期刊编辑在拥有一双慧眼的同时也拥有编辑职业的敏感和自尊，那就是面对自我写就的论文总是不甚满意，觉得难以拿出来“献丑”，害怕让“同行”笑话。其实，这种行为本身恰是许多期刊编辑难以走出编辑职业窘境的关键所在，也是编辑向学者化道路前行的“绊脚石”。一般说来，任何一个人都具有独立的文化立场、独立的情感世界和独立的理性体系。正如西方谚语所说的那样，世界上没有完全相同的两片树叶，在人类的文明原野上自然也不会有完全相同的两篇论文。从这样的维度来看，我们的写作本身便是对人类文化的丰富和发展。有了这样的自信，就能够坚守自我独特的立场，敢于袒露自我的情感世界，敢于进行理性思考，进而撰写出深深打上自我独特文化烙印的论文。这说不定恰是一个与众不同的学者得以“横空出世”的表征。从这样的自信出发，期刊编辑应该敢于从职业的自尊中走出来，敢于表达自我，敏于论文写作，使转瞬即逝的思想火花化为燎原之势。

鲁迅曾经说过：“其实地上本没有路，走的人多了，也便成了路。”①编辑之路同样如此。如果一个期刊编辑志在学术，便会把编辑职业与人生事业有机地结合起来，就会从期刊编辑的现实困境中走出来，进入一个相对自由的天地。那么，编辑稿件不仅是“借他人之酒杯，浇自家之块垒”，也直接参与到作者论文的建构历史进程中；论文写作不仅是编辑实现自我超越和自我思想建构的途径，也是编辑参与社会历史发展进程的方式。这

---

① 《鲁迅全集》(第1卷)，人民文学出版社2005年版，第510页。

样，我们才可以走出一条编辑学者自由穿越的路子，从而真正进入进退自如的美妙境界——从小的方面来说，为自己职业转圜留有余地；从大的方面来说，为中国学术发展贡献智慧。

［原载《山东理工大学学报（社会科学版）》2020 年第 4 期，《高等学校文科学术文摘》2020 年第 5 期主体转载］

文科学报：坚持学术至上，打造高校社科名刊

文科学报编辑部

在山东师范大学即将迎来建校70周年的时候，我们欣喜地看到学校近年来的快速发展和变化。其中，作为展示学校学术成果、科研实力的重要平台和窗口，《山东师范大学学报（人文社会科学版）》（以下简称“文科学报”）的发展是学校近年来发展的一个缩影。文科学报经过近十年的不懈努力、艰苦拼搏，2017年入选中文核心期刊和CSSCI来源期刊扩展版，2019年晋升为CSSCI来源期刊，从一份普通高校学报蜕变为具有全国影响的“高校社科名刊”。

加强学报制度化规范

近十年来，文科学报自觉将期刊建设纳入服务山东师大名校品牌建设大局之中，锐意改革，创新办刊思路和路径，注重现代管理制度建设，制定了系统完善的用稿、编稿管理制度，特别重视把好三关：一是把好编辑部内审关，严格按用稿标准处理稿件，杜绝“关系稿”“职称稿”等不良现象；二是把好学术专家外审关，刊发稿件均经校内外学者评审专家盲审程序，避免用稿中出现导向性偏差、学术性不强、学术水平不高等问题；三是把好用稿编校关，提升论文的编校质量。在注重制度建设的同时，学报狠抓制度的落地落实，确保制度发挥其应有的效能。在制度化规范下，学报既注重名家名稿，又注重新秀新作。如著名学者严家炎、杨义、石仲泉、李君如、林崇德、曾繁仁、王先霈、温儒敏、顾之川、柳建辉等学者相继在学报发表论文；一大批青年才俊的新作在学报发表后被复印报刊资

料全文转载，学报由此驶入了可持续发展的快车道。

推进期刊数字化建设

学术为天下之公器，学报乃学人之阵地。为了更好地发挥论文应有的社会效能，文科学报注重期刊的数字化建设，加大电子期刊的推介力度，得到学术界的好评。学报把每期期刊制作成完整的电子期刊，然后通过电子邮件定向推送给相关学者。据统计，自2011年以来，编辑部如期向相关学者推送电子刊20余万份，不管春夏秋冬还是暑假寒假，从未中断，这一举措不仅使论文的社会效能得到了最大限度释放，而且还提升了学报的美誉度和知名度，吸引了更多优秀学者的论文，得到了学术界和期刊界的好评。与此同时，学报为了充分发掘过刊的学术效能，又在2013年启动了过刊数字化工程，从而把学报自创刊以来的过刊全部扫描成电子刊。目前，这些电子刊已上传学报网站，读者可以自由免费获取。为了进一步提升学报的社会影响力，学报还开通了“山东师范大学学报”微信公众号，作为展示文科学报的又一重要窗口。

提升山师学术影响

随着办刊质量的提升，学报刊发论文的学术影响力也不断扩大，同时使山东师范大学的学术影响力得到显著提高。中国人民大学复印报刊资料、《新华文摘》、《高等学校文科学术文摘》和《中国社会科学文摘》等国内重要转载二次文献或全文转载、或主体转载、或论点摘编，学报的转载率、引用率等各项期刊评价技术指标持续攀升。2010年，学报复印报刊资料转载率是3.8%，2011年是5.8%，2012年是10.8%，2013年是25%。转载率排名从2010年的第200名左右跃进到2012年的转载率第46名。2013年，转载率挺进全国高校第12名。作为没有任何称号的普通学报，文科学报的这一非凡成绩引起了全国期刊界的关注，也成为学报重拾快速发展势头的重要一年。此后5年的时间里，学报转载率排名分别为54（2014）、28（2015）、54（2016）、51（2017）、56（2018）、53（2019）名。学报正是凭借较高的转载率，成为复印报刊资料的重要来源期刊。

实现学报跨越式发展

随着办刊质量和学术美誉度的不断提升，文科学报相继获得有关期刊评价机构的青睐，从而实现了跨越式发展。2017 年，学报以普通期刊的身份入选 CSSCI（2017—2018）来源期刊扩展版；2019 年，学报入选 CSSCI（2019—2020）来源期刊，在阔别“C 刊”近 20 年后，终于再次进入“C 刊”行列，实现了山师学人共同的“C 刊”梦。

此外，文科学报还获得了其他学术评价机构的诸多好评。一是学报“收复”了“全国中文核心期刊”称号。2018 年，学报在 2011 年落选全国中文核心期刊之后重新入选全国中文核心期刊（2017 年版），排名也从 2008 年版全国高校学报系列第 121 名提升至第 56 名。二是学报不仅重返全国高校百强社科期刊，而且还晋升为全国高校社科名刊。2014 年，学报跨越全国高校优秀期刊层级直接晋级全国高校百强社科期刊。2019 年，又被评为全国高校社科名刊（该称号系列的最高层级）。三是被评为“RCCSE 中国核心学术期刊（A）”期刊。2015 年，学报被评为“RCCSE 中国核心学术期刊（A）”期刊，名列高校文科学报第 45 名。四是入选中国社会科学评价研究院 AMI 的扩展期刊。

与此同时，文科学报也得到了学校的好评。2014 年和 2018 年，文科学报先后两次被学校评为山东师范大学“十佳单位”；2016 年，学校党委授予学报编辑部“先进基层党组织”荣誉称号；2020 年 1 月，学报主编李宗刚获山东省“攻坚克难奖”。

“宝剑锋自磨砺出，梅花香自苦寒来。”文科学报在办刊经费极端紧张的情况下，抱定“有条件要上、没有条件创造条件也要上”的信念，凭着一股永不服输的韧劲，坚持学术至上、创新办刊，逆势而上，终于完成了从普通期刊到全国高校社科名刊的艰难蜕变，赢得了文化界名人的赞许和期刊界的认可。原文化部部长、著名作家王蒙在阅读学报后欣然题写留言：“感谢山东师大学报，发表了高质量的文章。”

（本文作为“山师 70 年”专栏文章刊载于山东师范大学新闻网，2020 年 7 月 7 日）

《新世纪以来学术期刊研究资料》后记

李宗刚

从事学报编辑工作以来，我关注的焦点便从中国现当代文学扩展到学术期刊理论与实践等领域。一方面，我阅读了许多关于学术期刊理论研究方面的论文；另一方面，我也撰写了多篇关于学术期刊理论研究方面的论文。

在阅读和撰写论文的过程中，我发现很多优秀的学术期刊理论论文被淹没在浩如烟海的数据库中。在中国知网检索栏目输入关键词或作者姓名，便会显示出大量的相关信息，这确实令人目不暇接，良莠难辨。由此我想，如果有热心人能够把其中的优秀论文精选出来，编成一本研究资料文集该有多好！

凑巧的是，我们编辑部于 2017 年 4 月 15 日具体承办了由全国高校学报研究会主办的“第三届学术期刊文学编辑论坛”。为了能够给与会者提供更多的资料与话题，我们迅即编选了一本《第三届学术期刊文学编辑论坛论文选》（内部印刷）。没有想到这本论文选在会议交流中竟然得到了广泛好评，许多编辑甚至还建议我们一鼓作气，编选并正式出版一本新世纪以来学术期刊理论研究方面的文集，以便于大家互相交流和学习。于是，我和编辑部的文学编辑孙昕光先生一起着手编选这本研究资料文集。

然而，想法很美丽，现实很“骨感”。要想编选出一本能够真正裨益于学术期刊理论建设的资料，并非简单的事情。一是要从大量的原始文献中选择最具有代表性的论文，力求使这本文集更好地体现国内学术期刊理论研究的最新成果和最高水平，具有较高的学术价值；二是要对既有文献进行必要的加工，以便达到出版社的要求；三是要联系作者，并得到作者的授权；四是要进行文稿的引文核查及文字校对等工作。总之，这犹如翻越大山，既需要时间，也需要精力，我们在矻矻终日、丝毫不敢懈怠的跋涉下，最终翻越了这座大山。

在编选的过程中，真正令我们难以割舍的是：许多优秀的学者，对学术期刊理论有着独到的见解，他们的文章虽不能说篇篇精品、字字珠玑，但有不少论文确是经得起历史检阅的，然而受篇幅所限，本文集却很难将其全部收录。在这种情况下，我们只能优中选优，尽可能地选取最能够体现本文集主旨的论文。而那些未能入选的论文，则成为我们永难释怀的遗憾。

这本文集从酝酿到编排再到付梓，已经过去了一年的时光。日子总是悄无声息地流逝着，它毫不因为我们的留恋而驻足，也不因为我们的感叹而动情。但是，想到我们曾经在这一年的时光里数易其稿、精心打磨的文集即将出版，心中倍感欣慰——也许，生命的意义就在于曾经给这个社会留下一点属于自己的东西。

本书的出版得到了山东师范大学文科学报编辑部“重点工程专项基金”的资助，得到了学报编委会的鼎力支持，还得到了山东人民出版社李怀德先生的全力支持，我的研究生滕璇、张慧、刘丁杰、李舒涵和傅虹也在文字校对方面做了许多工作，这都是我应该感谢的。

（收入李宗刚、孙昕光编选《新世纪以来学术期刊研究资料》，山东人民出版社2018年版）

《多维视阈下的中国现当代文学》后记

李宗刚

2011 年 4 月，我从山东师范大学的文学院来到文科学报编辑部担任主编，屈指算来已经快 7 年了。7 年相对于历史长河而言，不过是一个瞬间，但对人生而言，则是一段足以书写出辉煌历史的区间。在过去的岁月里，我虽然不敢说自己书写出了多么值得骄傲的历史，但确也感到这段经历值得珍惜和回味：自从来到文科学报编辑部，人生似乎就更改了既有的悠然的节奏，犹如上满了发条的钟表，每天循着同样的节奏，不知疲倦地运行着，从策划选题到栏目设置，从约稿到审稿，从编稿到通稿，一期一期，周而复始，总有干不完的事情。

人生往往不能承受生命之轻，但却可以承受生命之重。起初面对我所接手的学报工作，压力之大是不言而喻的。在高校领导普遍重视学报作为本校学术窗口作用的背景下，各个高校的学报都铆足了劲，在提高办刊质量上下功夫，在提升期刊的学术影响力上寻找突破口，其竞争的激烈程度非圈内之人难以体味。我作为一名从教学岗位走到编辑岗位的新兵，要想引领一份拥有 60 多年历史的学报跻身于优秀学报行列，难度之大更是非切身经历难以体味。好在我有股永不服输的精神，兄弟学报能够逆势而上，我们为什么就不能有所作为？我相信，只要从头做起，脚踏实地，开拓创新，就没有过不去的火焰山。正是在这种精神的支撑下，我和编辑部的同事们开始了艰难的探索之路，以至于很长一段时间，走路时心里想着的是学报，和学者交谈时讲到的也是学报，甚至晚上做梦也似乎与学报有关。正所谓功夫不负有心人，经过六七年的砥砺前行，学报的学术影响力已经大有提升。

在匆匆往前追赶优秀学报的过程中，停下脚步回眸走过的脚印也成了一种奢望。但在学报迎来创刊六十周年的特殊日子里，我们还是从烦琐的编辑工作中抽出宝贵的时间，回过头来，检视一下我们曾经走过的坎坷之路，端详一下承载着我们的愿景、寄托着我们学术梦想的论文。此时此刻，百种情感涌上心头，多少个万籁俱寂的夜晚曾经在审稿和校稿中度过。值得欣慰的是，我们的付出并没有消逝，它最终凝结为这些已经进入学术传承链条中的论文。

面对这些已经成为过去式的数百篇论文，我们在倍感慰藉的同时，也不由得发出追问：哪些论文会在时光的隧道里依然熠熠生辉，继续焕发着学术的光芒？哪些论文在中国的学术史上依然是不可遗忘的？哪些论文值得我们向学界的同仁再三推荐？正是基于这样的考量，我们翻检出近五年来刊发的论文，再三权衡，反复甄选，最终编订了这册“文粹”。

根据工作分工，我负责编选的是刊发于学报上的中国现当代文学研究方面的论文。从文科学报的历史发展来看，中国现当代文学栏目是最早设定的重要栏目，像“山师学派”的第一代学人田仲济、薛绥之等人，第二代学人朱德发、冯光廉、蒋心焕等人，第三代学人魏建等人的不少论文都发表在学报上。与此相辉映，国内一大批从事中国现当代文学研究的优秀学者，因他们和我校中国现当代文学学科的学者有着密切的交往和合作，也把他们的大作惠赐学报。这就使得学报的中国现当代文学研究栏目成为一个具有全国影响的栏目，这也是我们为什么会把中国现当代文学研究的论文汇编为一册的重要原因。

这次选编的中国现当代文学研究方面的论文，从时间上来看，主要是近五六年的论文。本来，我们拟从六十年的历史中精选出中国现当代文学研究的优秀论文，但虑及近五六年来的检视对下一步的编刊更具有直接的启示作用，选编的论文主要是近五六年的论文。因之，编选一本能够贯通六十年历史的中国现当代文学的文选，只能留待来日了。

在编选过程中，我感到学报刊发的诸多论文都很优秀，每篇论文似乎都应该入选，但限于篇幅，只能优中选优。这样一来，许多优秀的论文就只得割爱。至于这五六年来同一作者刊发的多篇优秀论文，我们也只能选取其中的一篇代表性论文。与此同时，在编排体例上，删除了原文的摘要和关键词，对原文的注释则根据图书出版规范进行了统一调整，其他均保持了历史原貌。

面对编就的这册中国现当代文学研究方面的文粹，我的内心充满了感激之情：如此之多的优秀学者在学报组稿困难之时慷慨相助，惠赐大作于敝刊，这是一份怎样的深情厚谊啊！我们深知，唯有努力编好学报，将学报打造成为展示成果和交流学术的优秀平台，才是对他们的最好回馈，也是对中国学术的真正坚守。

日子如涓涓细流，依然永不止息地流淌着。回眸已经远去的细流，我们当然不应沉湎于既有的成绩，而要聚焦于如何使未来的河道流淌出更清澈、更甘甜的有源之水。唯有如此，才会使每一个平淡的日子过得更有意义。实际上，也只有这样充实而忙碌的编辑工作才对得起自己的生命，对得起自己承担的使命。

本书的出版得到了文科学报编辑部“重点工程专项基金”的资助，得到了学报原主编李小虎先生、原副主编翟德耀先生以及学报编委会的鼎力支持，还得到了山东人民出版社李怀德先生的全力支持，这都是我铭记在心的。

（收入李宗刚编《多维视阈下的中国现当代文学》，山东人民出版社2019 年版）

《〈山东师范大学学报(人文社会科学版)〉目录摘要汇编(1978—2018)》后记[①]

李宗刚

自从2011年进入《山东师范大学学报(人文社会科学版)》编辑部以来，我与学报开始结缘。如何更好地梳理学报的历史、呈现学报的历史，便成为我在办刊过程中一个无法释怀的情结。不忘初心，方得始终，要想再把学报办得更好，就不能忘记历史。正是基于这样的想法，我便开始整理学报自办刊以来的有关文献资料，把学报办刊以来的目录在既有的基础上又进行了系统化的整理，这便是近20万字的学报目录汇编。有了这份学报目录汇编，查询有关学者在哪一年发表了什么文章、共发了多少篇文章，便非常便利。但是，这样的一份带有目录索引性质的目录汇编还不能很好地满足读者对学报刊发论文基本风貌的了解，因此，我们便在目录汇编的基础上，又着手增加了学报刊发论文的摘要。然而，令人没有想到的是，增加了“摘要”这两个字之后的汇编，一下子变得丰盈起来，这不仅表现在这一“工程”异常浩大，而且还表现在这一“工程”特别艰巨。但是，

---

① 山东大学《文史哲》编辑部贺立华教授在收到该书后充分肯定了这一工作的价值和意义:“浓缩精华,集于两卷,1978—2018,40年成果,几代人心血,尽在眼前。她不仅展示了改革开放40年人文学术思潮之波澜壮阔,也见证了山东师大人文学科成长壮大的履印,体现了期刊人自寻劳苦、爬梳线索、提要携领、作媒作嫁、甘为春泥的编辑家匠心。令我辈同仁感佩不已!”山师学报原副主编翟德耀评价道:“‘汇编’是宗刚主编用心策划并着力实施的‘文粹书系’之一,完整地记录了山师学报40年里发表的论文目录和摘要,为作者们还原了模糊的历史记忆,为学者们提供了简便的查阅工具。它凝聚着学报编者们的忘我劳动和不懈追求,开启了一个了解山师文科学术成果的窗口,折射着时代精神的演进。作为从事编辑工作30余年的老学报人,我对‘汇编’备感亲切,翻阅之余,唤起了与学人交往的诸多往事,历历在目,欣慰有加。‘汇编’乃至‘文粹书系’的出版,当为学术期刊界的创举,功莫大焉。”

每每虑及这份学报系统“工程”竣工之后的宏伟与壮观，战胜困难的勇气也就大了起来。

为了更好地编好学报目录摘要汇编，我开始有意识地搜罗并整理既往学报。然而，令人遗憾的是，由于学报办公场所几经变迁等种种因素，编辑部竟然难以寻觅到一套完整的学报。编辑部没有20世纪五六十年代的一些学报，校档案室、图书馆所保存的学报竟然也是断断续续。为此，我们登陆孔夫子旧书网开始了“海淘”的艰难过程。值得欣慰的是，孔夫子旧书网上竟然有在售的部分学报。不管价格高低，我们都买了下来。最后，总算是基本上凑齐了一套较为完整的学报。

凑齐了这套完整的学报之后，我便开始了学报的数字化工程。记得2015年盛夏，我和编辑部的寇金玲老师一起，冒着酷暑整理好了一套学报，然后请人扫描成电子版。这样一来，我们的对外交流工作就便捷了：一个优盘便把60多年300多期的电子刊轻松地装了进去，这极大地省去了搬动纸刊的劳苦。同时，这也为启动学报目录摘要汇编提供了极大的便利。

本来，我拟定的学报目录摘要编排计划是从创刊号编起，然后截止到2018年第6期，却遇到了一系列困难，尤其是20世纪五六十年代的一些文章不好处理。最后，我只好忍痛割爱，把编排的时间确定为1978年，况且，2018年恰是纪念改革开放四十周年的重要节点，这样一来，我便把1978年之前的学报目录暂时放置于本书之外了。现在收录到本书的目录摘要汇编便带有“断代史”的性质。

之所以将这本书命名为目录摘要汇编，而没有命名为摘要汇编，主要虑及的是学报前后的编排规则并不尽一致。20世纪七八十年代，学报刊发的论文并没有摘要，到了90年代，学报刊发的部分论文才开始有摘要，到了新世纪以后，学报刊发的论文才都有摘要。为了尽可能全面地呈现学报刊发论文的风貌，我曾经计划为没有摘要的论文重新加进摘要，但是，加上了经过我加工之后的摘要，有可能在有意无意地凸显与遮蔽中曲解了原文作者的原意。况且，这种办法也不利于历史书写客观公正的原则，因此，我便决定按照历史的原貌来编这本目录摘要汇编：如果原发的论文有摘要便把摘要选进来，没有摘要便作存目处理。这种编排形式尽管不一定符合美学的原则，却一定符合历史的原则。

时间过得真快，我从2011年结缘学报以来，在不觉间已经走过了7年多。在这7年多的长河里，我除了畅游在学报的河流上之外便纵身于学术的河流上。尽管时间过得很快，但那种充实感和满足感还是无以言表。因为我清晰地意识到，我已经把有限的时间融汇于学报无限的历史之中。也许，每个人的时间都是有限的，但学报的历史将是无限的。在学报的历史上，如果我能为学报增加一点光荣的话，我的所有付出也就有了最充盈的回报。

最后，需要提及的是，本书的特邀编辑邢文桦女士为本书的编排付出了很多心血，她求真务实、一丝不苟的精神的确值得人们称赞。

[收入李宗刚编《〈山东师范大学学报（人文社会科学版）〉目录摘要汇编（1978—2018）》，贵州人民出版社2019年版]

《〈山东师范大学学报（人文社会科学版）〉发展纪略》后记

李宗刚

《山东师范大学学报（人文社会科学版）》从创刊到当下已经60多年了。犹如一株枝繁叶茂的常青藤，尽管在时代的春夏秋冬中有所变化，但总体来说，它还是以其鲜明的学术风姿摇曳在学术期刊的百花园里，成为具有较高学术影响力的学术期刊。作为学报的传承者，如何更好地传承前辈学报人的精神，真正做到不忘初心，更好地开拓创新，也成为我内心深处无法割舍的学术情结。

为了纾解日渐浓郁的学术情结，我在紧张办刊之余，又把眼光转向对学报历史的整理与研究上，相继搜集了学报的过刊，还从中打捞出了一些为历史尘埃湮没的碎片，并对此进行了数字化处理，把学报自创刊以来的期刊扫描成PDF版。为了便于读者阅读，我们把学报的PDF版上传到学报的网站上，使读者可以直接获取学报的相关信息，这对提升学报的学术影响力起到了积极作用。但是，这种带有被动性的信息传播依然存在许多局限，比如许多读者难以从相对纷杂的期刊中快速找到有用的信息。为了破解这一难题，我便着手编选《〈山东师范大学学报（人文社会科学版）〉文粹书系》（以下简称“文粹书系”）。目前，我们编选出版的文集有李宗刚编的《〈山东师范大学学报（人文社会科学版）〉目录摘要汇编（1978—2018）》（贵州人民出版社2019年版）、时晓红编的《教育学心理学新论》、寇金玲编的《马克思主义与中国社会运行》、李宗刚编的《多维视阈下的中国现当代文学》、孙昕光编的《文艺学的探索与建构》（以上四本均由山东人民出版社2019年出版）和李宗刚编的《山师学人视阈下的中国古代文学——“山师学报”论文选》(山东大学出版社 2022 年版)。我们编选的这几本书或属于历史资料的梳理,或属于学报刊发的优秀论文精选,但隐藏在学报背后的故事却未能得到清晰的呈现。因此,早在一年前我便开始搜集整理材料,准备出版一本关于学报故事的书。

经过一年多的努力,这本关于学报故事的书即将付梓。其实,这不只是一本有故事的书,从某种意义上说,更是一本为学报留住历史的书。学报在 60 多年的历史中,经过的大事小事,随着岁月的流逝而被湮没在历史的长河中,最终化为历史的虚无。如果我们不及时从历史长河中打捞出一些“有意义”的碎片,也许,后人对学报这个历史时期的辨认便缺失了一些可靠的佐证。正是基于这样的一种历史责任感和使命感,我觉得编辑出版这样一本书是一件非常有意义的工作。

在许多情况下,想法往往非常美好,但真正把想法落到实处却并不容易。在梳理山师学报历史并付诸实践时,我有了更加真切的体会。我从到学报编辑部担任主编开始,就关注并着手整理学报的历史。经过多年的积累之后,我觉得编一本学报发展纪略的时机已经成熟,因此便正式开始了编选工作。相对来说,近 8 年来的内容较为充实,以前的资料则相对薄弱。但不管怎样,这为读者了解一份大学学报的历史提供了一个瞭望口,使读者切实感知到办刊人的情怀和诉求。

值得欣慰的是,学报的历史资料保存得相对完备。在编选过程中,当检索出学报的一份份荣誉证书时,我欣喜地感到,学报曾经拥有过的历史是比较辉煌的——1992 年,学报编辑部便被全国高校文科学报研究会的常务理事会接纳为理事单位,任期为 4 年;1999 年,学报便入选首届中文社会科学引文索引[即 CSSCI(1999)]来源期刊(简称“C 刊”);学报在全国中文核心期刊的最初评选中便成为首届全国中文核心期刊,这种态势竟然持续了近 20 年,在沉寂数年后又重返中文核心期刊(2017 年),且排名较之以前提升了 23 位。在我的心目中,学报就是中文核心期刊的常青藤,尽管也曾遭遇过寒流,但这些能够见证学报曾经拥有过荣光的荣誉证书,依然可以穿越时光的隧道,与读者在本书中相遇。

任何荣誉都离不开时间的锻造,而时间的残酷性在于它在锻造了诸多荣誉的同时也湮没了许多承载着历史的荣誉证书。许多记载着历史荣光的原始文献犹如闪电一样，在发出瞬间的光芒之后便复归到历史的永恒中，以至于我们今天难以寻觅到其任何的历史踪迹。为了有所保留，应该有所记录，这也正是我为什么把本书命名为“纪略”的缘由。所谓“纪略”，是表明本书编选进来的材料可能会有某些历史遗漏，但限于目前的条件，我们只能把已经搜集的原始文献编入本书。这样的工作虽然谈不上是多么宏伟的事业，但我们毕竟为后来者提供了一份可资查阅的历史资料。

正是基于发展纪略的编选诉求，本书内容分为三编：第一编为《近年来发展概况》；第二编为《编辑理论建设》；第三编为《论文社会反响及其他》。《近年来发展概况》重点展现了学报近年来的大事，尤其是学报编辑部人员在极端困难的情况下，通过艰苦奋斗，促使学报的学术影响力不断提升，并终于实现了“C 刊梦”；值得一提的是，在既非中文核心期刊也非“C 刊”的情况下，学报在复印报刊资料的转载率排名一直稳定在四五十名，最好成绩曾名列全国高校文科学报第 12 名。《编辑理论建设》为学报编辑人员撰写的编辑类的学术论文，重在展示学报编辑人员在编辑工作实践基础上的理论探索成果。《论文社会反响及其他》主要是学报刊发的论文在社会上所引起的学术反响。为此，本书重点编选了 2 篇近年来分析学报刊发论文学术影响力的论文。与此同时，为了更好地还原编辑与作者之间的关系，本书还特意选编了学报编审翟德耀先生撰写的怀念学报重要作者朱德发先生的文章，旨在通过这篇文章传达学报编辑部全体同仁对诸多作者的感谢之情。

岁月总是悄无声息地流逝，活跃在学报这一舞台上的编辑也在悄无声息中实现着新老更替——年轻编辑的年轮不断增长，年轻编辑的黑发开始逐渐变得花白，但学报这一舞台依然那么引人入胜，学报的事业依然恒定地指向未来。或许，这正是编辑把有限的时间和精力倾注到学报上的缘故。

在编辑的过程中，我得到了学报编辑部诸多同仁的鼎力支持，尤其是得到了山东师范大学马克思主义学院的出版资助。这说明学报是一项伟大的事业，它属于我们每一个热爱学术的人。

[收入李宗刚等著《〈山东师范大学学报（人文社会科学版）〉发展纪略》，山东人民出版社 2020 年版]

《穿越时空的鲁迅研究——“山师学报”(1957—1999)鲁迅研究论文选》后记

李宗刚

自担任《山东师范大学学报(人文社会科学版)》主编以来，我便对学报历史上刊发的论文高度重视。毕竟这些渗透着前辈学者和编辑心血的论文，从小的方面讲承载了学报的发展历史，从大的方面讲则折射了中国学术的发展历程。正是带着历史的责任感和使命感，我开始搜集和整理历史上的学报，并借助现代化的手段完成了学报的数字化，从而使60多年的学报尽现于屏幕之上。

学报的数字化能做到的仅是展现方式的变化，而其发展脉络却依然隐藏在历史的背后。作为综合性的学报，其内容更像是一个“学术拼盘”，难以展现出其应有的特色。正是基于这种考虑，我在2017年启动了《山东师范大学学报(人文社会科学版)》文粹书系的编选工作。目前，该工作已经把近年来刊载于学报的优秀论文，按照学科分类进行了系统的梳理和编排，于2019年由山东人民出版社出版了《多维视阈下的中国现当代文学》(李宗刚编)、《文艺学的探索与建构》(孙昕光编)、《马克思主义与中国社会运行》(寇金玲编)、《教育学心理学新论》(时晓红编)四本书。与此同时，为了便于读者对学报刊发的论文有一个整体性的了解，我又编选了《〈山东师范大学学报(人文社会科学版)〉目录摘要汇编(1978—2018)》，该书由贵州人民出版社2019年出版。除此之外，我们还按照专题编选了几本学报优秀论文选，如孙昕光编的《新世纪鲁迅研究论文选》(山东人民出版社2018年出版)和由我编的《山师学人视阈下的中国古代文学——“山师学报”论文选》(山东大学出版社2022年版)等。

学报文粹书系这一浩大工程完成后，我仍无法从既往的历史资料中轻而易举地走出来。我总觉得发掘学报的历史与拓展学报当下的工作同等重要，便又决定编选一本学报在1957—1999年发表过的鲁迅研究方面的优秀论文选，这算是《新世纪鲁迅研究论文选》的姊妹篇。这一系统工程对全面展现学报在鲁迅研究方面的成果与特色，无疑具有其特殊的价值和意义。

学报在历史上非常重视鲁迅研究，这从我所辑录的学报中发表的鲁迅研究方面的论文可见一斑。早在学报创刊之初，田仲济作为中国现代文学研究的第一代学者便在学报发表了有关鲁迅的研究论文；此后，薛绥之专注于鲁迅研究和资料整理，并作出了卓越的贡献，其部分论文也发表在学报上；蒋心焕、查国华、冯光廉、朱德发、书新几位先生（以在学报发表论文先后为序），都在鲁迅研究方面用功甚多、成果颇丰，他们的许多鲁迅研究成果也发表在学报上；尤其值得赞许的是，这些学者不但把自己的鲁迅研究成果发表在学报上，还把校外优秀学者的鲁迅研究论文延揽到学报，这使得20世纪七八十年代的学报俨然成为鲁迅研究的重镇，一时名重学界、闻名遐迩。当然，我这样泛泛地定位学报历史上发表的鲁迅研究方面论文的历史地位也许会给人以夸大其词之感，但我们回到历史现场便会发现此言不虚。如中国现代出版大家赵家璧在1977年第5期的学报上发表了《从一段鲁迅佚文所想到的——回忆鲁迅编选〈中国新文学大系〉〈小说二集〉》后，他在《从茅盾给我最后一信想起的》一文中曾发出这样的感喟："由于那时三十年代作家中唯有鲁迅是'四人帮'认为革命的，所以许多大学出版的学报都欢迎回忆鲁迅的文章。第一家找我写这类文章的是《山东师院学报》，文章排成铅字，发表后，虽无分文稿酬可得，我却如十七八岁时，在郑振铎主编《小说月报》上第一次发表我的文章时一样地兴高采烈。"正是有了这样的"历史考古"发现，我才萌发了再编一本学报历史上的鲁迅研究论文选的想法。

走进学报的历史长廊，我发现学报发表的鲁迅研究论文与其作者竟然真的让人叹为观止。单就作者群来看，像徐文斗、孔范今、陈友雄、戈宝权、任访秋、陈漱渝、赵家璧、邵伯周、吴奔星、倪墨炎、丁景唐、陈子善、王自立、丁景唐、王观泉、邵伯周、孙中田（以在学报发表论文先后为序）以及我校的田仲济、薛绥之等人，都是学报的重要作者。且不说他们的论文是否会被打上历史的某些烙印，他们对中国鲁迅研究史乃至中国现代学术史都作出了重要的贡献。实际情况也的确如此，这些学者发表在学报的论文不一定是其代表性论文，却是其学术发展链条中不能被忽视、也不能被遗忘的一环。正是出于对历史的尊重，我把这些作者发表在学报历史上的鲁迅研究论文编选在一起，自然对后人回眸20世纪下半叶的中国鲁迅研究有所裨益。当然，有些作者发表在学报上的鲁迅研究论文不止一篇，甚至有好多篇，为了便于呈现出学报作者群的整体风貌，我尽量选择其具有代表性的一二篇论文——所谓代表性，自然不仅仅参照当下的标准，而且参照历史的坐标。从时间跨度上来看，从1957年穿越到了1999年，历史跨度达40多年之久，这正是鲁迅研究历史的嬗变期和发展期。当然，如何把1978年之前和之后的鲁迅研究贯穿起来，也是我在编选本书时考虑再三的问题。在我看来，从鲁迅研究的历史来看，没有改革开放前的鲁迅研究就不会有改革开放后的鲁迅研究，二者之间有着内在的联系，这恰是我把本书命名为“穿越时空的鲁迅研究”的依据。

为了适应当下出版规范化的要求，收入本书的论文在格式上进行了必要的调整，如文末注均调整为页下注。即便这样，还存在着一些无法克服的局限，那就是有些论文在刊发时仅仅标注了引文的作者及题目，但没有具体的出处。如果按照现在的出版规范再补充上注释，可能会出现一些时间错位，也会损害历史真实。因此，我便把这些注释用括号标注出来放在正文之中。

编选资料等工作在当下的学术评价体系中向来是不被重视的。这种不良的评价体系也影响到了学生，以至于许多学生不愿沉潜到故纸堆里，不愿意从事这样一些看似技术含量不高的工作。但我的一年级硕士研究生王沛良则不然，他愿意从事这样一些琐碎的工作，并愿意与我一起编选这本文集。我是非常高兴的，因为在六七年前我培养研究生时就很注重培养他们的资料整理功夫，有意让他们沉潜到某一专题的历史现场去发现问题、研究问题、解决问题，从而涵养他们从事学术研究的自觉意识，确保学术的代际传承。

本书得到《山东师范大学学报（人文社会科学版）》文粹书系工程的资助，也得到学校“双一流”学科建设经费的资助，还得到了本书鲁迅研究的原作者蒋心焕教授、从事大部分鲁迅研究论文编辑工作的翟德耀编审和山东师范大学国家重点学科中国现当代文学专业带头人魏建教授的支持和帮助，这都是我需要特别感谢的。

［收入李宗刚、王沛良编《穿越时空的鲁迅研究——“山师学报”（1957—1999）鲁迅研究论文选》，山东人民出版社2020年版］

《山师学人与山师学报：教育学心理学研究卷》后记

李宗刚

在担任山师学报主编后，我时常翻阅学报历史上曾经刊发的论文，逐渐对学报的历史有了大体的了解，对学报的相关栏目也有了真切的把握，并由此产生了按照学科属性编选一套学报优秀论文集的想法。

这样的想法犹如春天播撒在沃土里的种子，一旦时机成熟便会破土而出，似乎没有任何东西可以阻止其勃发的生命力。这一美好的想法最初是在2017年开始付诸实施的，此后断断续续地结出了一些果实。如《〈山东师范大学学报（人文社会科学版）〉目录摘要汇编（1978—2018）》（李宗刚编，贵州人民出版社2019年版），这是一本90余万字的大部头学报资料集，其完整收录了学报自1978年到2018年刊发论文的内容摘要（目录），可谓山师40年学术历史发展的一个缩影，同时透过学报折射出了中国学术艰难蜕变的历史。除此之外，我们还编选了四本书，即《多维视阈下的中国现当代文学》（李宗刚编）、《文艺学的探索与建构》（孙昕光编）、《马克思主义与中国社会运行》（寇金玲编）、《教育学心理学新论》（时晓红编），这四本书由山东人民出版社2019年出版，收录的主要是2012年至2017年刊发的优秀论文。另外，我们还按照专题编选了几本学报优秀论文选，如孙昕光编的《新世纪鲁迅研究论文选》（山东人民出版社2018年版）等。

在编选完上述这些论文集等资料后，我还在2019年11月启动了《〈山东师范大学学报（人文社会科学版）〉发展纪略》这一工程。该书对学报历史作了相对全景式的“扫描”，尤其值得一提的是，学报在历史上曾经获得的相关荣誉证书都收录其中，为学报历史留住了一个可以端详的“影像”。2020 年，我又把学报历史上曾经刊发的鲁迅研究论文进行了系统的梳理，与我的研究生王沛良合作编出了《穿越时空的鲁迅研究——“山师学报”（1957—1999）鲁迅研究论文选》，也是与前面《新世纪鲁迅研究论文选》一书的对接。

2018 年，我们还启动了“山师学人与山师学报”系列丛书的编选工作，已经完成了编选工作的有《山师学人与山师学报：中国现当代文学研究卷》（李宗刚编）、《山师学人与山师学报：马克思主义研究卷》（王盛辉编）、《文化视阈下的历史书写与研究》（张登德编）。但美中不足的是，这一系列丛书未能把教育学、心理学纳入其中。我们是把这种遗憾留给后来人解决，还是想办法自己克服困难？经过慎重考虑，我决定亲自来编选这本优秀论文选。

尽管我对山师的教育学院和心理学院有所了解，但与专业人士相比还是有诸多局限。为了克服这些困难，我又专门通览了山师学报历史上曾经刊发的教育学、心理学论文，拟定了初步入选的论文，然后按照时间顺序进行编排，时间为 1957 年至 2011 年。

缘于本书所编选的均是山师学人发表在山师学报上的论文，这便需要满足两个条件：一是曾经在山师的教育学院或心理学院任教（包括兼职）或求学的学者，二是曾经在山师学报上发表过的论文。这两个条件也许使我们所选择的论文不一定是山师学人最具有代表性的成果，但从学术成长的链条来看，山师学报作为他们学术跋涉历程中一个不可忘却的驿站，的确为他们在学术上走得更远起过一点作用。

翻阅学报历史上的过刊，犹如一个学术历史回溯的过程。在这个过程中，我切实地感受到，山师学术史乃至中国学术史正是因为有了一大批有情怀的学人的不懈探索，才有了艰难的蜕变，才有了点滴的进步。值得欣慰的是，我们通过山师学报，可以切实追溯傅统先、章益等一流学者的艰难跋涉之路，可以真切感受到山师学报与山师学人是共同提高、一起发展的。今天，我作为学报的主编，面对着山师学报历史上那么多优秀的山师学人，不由得从脑海里浮现出这样的画面——山师学报与山师学人相互扶持、相互成就、共同跋涉的温馨景象。

本书得到《山东师范大学学报（人文社会科学版）》文粹书系工程的资助，也得到学校“双一流”学科建设经费的资助，还得到了教育学院和心理学院有关专家的鼎力支持，他们提出的合理化建议确保了本书所编选的论文具有一定的代表性，在此一并表示感谢。

（收入李宗刚编《山师学人与山师学报：教育学心理学研究卷》，山东大学出版社2020年版）

《新时代学术期刊评价体系的建构与实践》后记

李宗刚

《山东师范大学学报（人文社会科学版）》编辑部于2017年4月承办了由全国高校学报研究会主办的“第三届学术期刊文学编辑论坛”，为了办好这次会议，我们特别编选了21世纪以来学术期刊部分具有代表性的研究资料。后来，我与孙昕光编审一起编选的《新世纪以来学术期刊研究资料》于2018年10月由山东人民出版社出版。该书出版后得到了期刊界朋友的好评，这使得我们作为编辑切实感受到了为他人做嫁衣是一件幸福的事情。

在一些学者和编辑看来，期刊编辑似乎并没有多少价值可言，至于期刊研究资料的编选自然也为人们所摒弃。但事实的确如此吗？我们如果进一步追问便会发现，期刊理论研究至关重要，甚至将其推崇到无以复加的高度也不过分。为什么这么说呢？因为期刊作为学术研究成果的载体、作为学术成果社会化的平台，其对学术研究的影响是深刻和直接的。但是，对学术研究影响如此深远的期刊理论研究却没有得到学术界应有的重视，尤其是期刊研究资料没有得到应有的重视，实在是不应该的。严格说来，研究资料的搜集和梳理是学术研究得以有序开展的重要前提，没有对前人研究成果的把握和借鉴，任何学术研究都可能沦为一种自说自话的形式，都无助于学术研究的深化和提升。正是基于这一考量，我对期刊研究资料特别关注。

客观地说，在期刊研究资料方面，期刊界的有些同仁是有一定的自觉意识的。最值得称赞的是，《清华大学学报（哲学社会科学版）》的常务副主编仲伟民先生、《南京大学学报（哲学·人文科学·社会科学版）》的主编朱剑先生和《澳门理工学报（人文社会科学版）》的主编刘泽生先生。这三位主编高度重视期刊理论研究，不仅开辟了专门的栏目探讨期刊理论和实践方面的问题，而且将其相关成果加以整理后结集出版。如《清华学报独立精神丛书》中的《雾里看花：谁的期刊　谁的评价》（朱剑著，社会科学文献出版社 2018 年版）、《澳门理工学报》出版的《总编视角》系列文集以及《全国高校学校文科学报研究会 30 年》（杜敏主编，陕西师范大学出版社 2018 年版）、《编辑的天空——高校学报改革与管理探析》（陈颖著，贵州大学出版社 2020 年版），都可以视为近 10 年来学术期刊理论研究具有代表性的成果。然而，令人稍感美中不足的是，这些论著还没有从全国范围内对相关的研究成果进行梳理。这也正是我要编选这本研究资料的原因所在。

溜走的岁月并不都像落叶一样随波逐流，还会像种子一样在来年的春风吹拂和大地的滋养下萌发出幼芽。相对于学术研究而言，许多没有生命力和创新性的论文恰如落叶，而那些富有生命力和创新性的论文则如果实。本书收录的这些论文尽管未必都能达到这样的标准，但总体来看，大部分论文可以作为这几年在期刊研究方面的代表性成果。我期待本书能够引发大家更多的学术思考，以便未来的期刊理论研究能够在此基础上有所推进和提升。

为了能够更好地对接《新世纪以来学术期刊研究资料》，本书命名为《新时代学术期刊评价体系的建构与实践》，这主要是出于时间节点的考量。《新世纪以来学术期刊研究资料》编选的主要是 21 世纪伊始到 2017 年间的相关论文，本书编选的主要是 2018 年到 2020 年 9 月间的相关论文。在本书编辑的过程中，期刊评价和建设这一话题得到了社会各界的高度关注。2021 年 5 月 9 日，习近平总书记给《文史哲》编辑部全体编辑人员的重要回信，为中国哲学社会科学以及期刊评价和建设指明了方向。为此，本书又专门收录了 2021 年 5 月的两篇相关文章。

鉴于有关出版规范的要求，本书对相关研究成果的格式、字句方面进行了必要的调整，原文的内容摘要也悉数删去。论文则按照其发表的先后进行排序，以便于读者对期刊研究的历史有更直观的把握。本书的出版得到了山东师范大学“一流学科”建设经费的资助，得到了学报编委会的鼎力支持，还得到了山东大学出版社姜山先生的全力支持，这都是我应该特别感谢的。我的硕士研究生钱瑶瑶、高明玉、王沛良等同学也以饱满的热情投入本书的编校工作，这使我深感欣慰。毕竟中国未来的学术大厦需要一大批“90后”青年学者来支撑！

最后，需要感谢的是本书的原创作者，他们以其富有创造性的成果，为我们展现了这个时代中国学术期刊理论研究的风貌和风骨，显示了中国学术期刊理论研究在探索中不断向前挺进的坚实脚印。

（收入李宗刚编《新时代学术期刊评价体系的建构与实践》，山东大学出版社2021年版）

《山师学人视阈下的中国现当代文学——“山师学报”论文选:1959—2009》后记

李宗刚

2011年5月我担任《山东师范大学学报（人文社会科学版)》主编以来，学报便成了我的工作中心。为了编好学报，我会不时地翻阅过刊，这如同穿行于历史的丛林，翻阅中时常会有令人惊喜的发现，中国现当代文学研究方面的山师学人便是其中之一。

自从我把中国现当代文学学科与学报联系起来之后，编出一本从事中国现当代文学研究的山师学人与山师学报的文集便成了我的心结。我觉得理论的阐释需要雄厚的文献资料做支撑，而这些文献资料散落在不同时代的学报中，恰如散落的“珍珠”。把这些散落的“珍珠”围绕山师学人与山师学报这个基点串在一起，便是很有意义的工作。

为了能够更好地体现本书的主旨，我把本书所收录的作者限制在两个维度：一是山师学人，包括曾经在山师从事中国现当代文学教学科研工作的教师，还包括曾经在山师学习且毕业后一直从事中国现当代文学教学和研究工作的研究生；二是山师学报，本书只选以上山师学人在山师学报上发表的论文，每人仅限一篇，一般选择他们发表时间较早的一篇。有些山师学人，因没有以第一作者在山师学报发表论文，而未能进入本书。然而，这样一个美好的愿望，却因为版面所限，最后没有将有些曾经在山师学习过的优秀学者的论文收入其中。

“山师学人群体研究”的这组学术论文，本书作为“附录”收入。

本书是《山东师范大学学报（人文社会科学版)》文粹书系之一。《山东师范大学学报（人文社会科学版)》文粹书系已经在山东人民出版社出版了多本论文集：《多维视阈下的中国现当代文学》（李宗刚编）、《教育学心理学新论》（时晓红编）、《马克思主义与中国社会运行》（寇金玲编）、《文艺学的探索与建构》（孙昕光编）、《山师学人与山师学报：教育学心理学研究卷》（李宗刚编）、《穿越时空的鲁迅研究——“山师学报”（1957—1999）鲁迅研究论文选》（李宗刚、王沛良编）、《〈山东师范大学学报（人文社会科学版）〉目录摘要汇编（1978—2018）》（上下卷）（李宗刚编）、《〈山东师范大学学报（人文社会科学版）〉发展纪略》（李宗刚等著）。

本书早在2018年4月便已编就，但遗憾的是因为种种原因，3年过去了，本书依然未能顺利出版。在山东省一流学科名刊工程建设经费的资助下，本书终于得以面世。在本书的编选过程中，我得到了我的博士生导师朱德发教授、硕士生导师蒋心焕教授的精心指导，然而，令我唏嘘不已的是，我的这两位恩师已经先后离开了我们！我感到，在学术园地里，更加勤勉地耕耘，不断地追求，是对他们最好的纪念，也是对他们所献身学术的赓续。除此之外，学报原副主编翟德耀编审、山东省一流学科山东师范大学中国语言文学学科学术带头人魏建教授也都给予了鼎力支持。我的硕士研究生也参加了本书的校对工作。在此，一并表示感谢。

最后，需要特别加以说明的是，本书中的论文按照在山师学报上发表的时间先后顺序排序，相关作者的简介因有些年代久远且变化较大，所以本书一律删除了原文的作者简介，另外，近十多年加盟学科的青年学者发表在山师学报的论文，也未列入收录范围。

（收入李宗刚编《山师学人视阈下的中国现当代文学——“山师学报”论文选：1959—2009》，山东大学出版社2022年版）

编辑部来了个青年人

——序《学术期刊的使命与担当》

李宗刚

2018 年 6 月，“80 后”青年教师王盛辉从山东师范大学马克思主义学院来到了山东师范大学文科学报编辑部。对他加盟学报编辑部，我当时产生的第一印象是编辑部来了一个青年人，编辑部也将再次焕发出青春的气息。事实也的确如此，仅仅过去 3 年多的时间，这位青年人便撰写出了这部《学术期刊的使命与担当——〈山东师范大学学报〉创刊65 年的回顾与展望》（为了行文方便，该书简称为《使命与担当》）书稿，由此给即将创刊65 周年的《山东师范大学学报》送上了一份厚礼。盛辉邀请我对他撰写的这部《使命与担当》作序，我觉得这正是向期刊界推荐这位青年人的好机会。

“人事有代谢，往来成古今。”社会如此，一个部门也是如此。2018 年，随着编辑部的人事变化，引进一位具有较高学术素养且甘为他人做嫁衣的青年人便成为学报编辑部的一项重要工作。为此，我们还通过网站发布了招聘启事。遗憾的是，应聘者并不像我们想象的那样——招聘启事一经发布，应者云集。现实情况令人颇感失落，应聘者只有盛辉一人。现在回过头来细想，这种情况的发生也有其内在的逻辑根据。彼时山师学报虽然已经进入南京大学中文社会科学引文索引来源期刊（以下简称“C 刊”）的扩展版，但毕竟还没有进入正式版。“C 刊”扩展版和正式版相对于那些身在体制内的学者来讲，其差异可谓天壤之别——扩展版发表的论文在晋级和考核时往往难以得到体制的青睐。这不仅影响到作者，而且也深深地影响到编辑。如此看来，编辑部发布招聘启事而没有获得更多响应便是可以理解的事情了。盛辉能够积极响应，便更显得难能可贵了。

其实，除了世俗的眼光外，作为一名学术期刊编辑，即便进了一流学术期刊的编辑部，也并不意味着会有多么华丽的外衣加身，更多意味着要甘于“坐冷板凳”，甘于为他人做嫁衣，在自我发展与期刊发展二者不可兼得时，能够有一种宁可舍弃自我发展而成就期刊发展的牺牲精神。盛辉在编辑部组织的考核中能够脱颖而出，恰是他热爱学术期刊工作的那股子劲头儿打动了评委们的心，恰是他身上洋溢出来的那股子青年人特有的青春气息勾起了评委们的青春奋斗记忆。任何事业，要想发扬光大，需要一代代人的无私付出。正是站在历史的这一交接点上，我切实感到盛辉加盟山师学报便意味着其未来二三十年的事业有了可以期待的保障。

盛辉的本科、硕士和博士三个关键的求学时期都是在山东师范大学度过的。他可谓是山师自主培养的优秀学生，2009 年留任马克思主义学院教师，主要从事马克思主义基本原理及中国化的研究和教学工作，后晋升为副教授，担任了硕士研究生指导教师。特别值得赞许的是，他在教学科研之余还积极协助学位点负责人完成学院工作。

来到编辑部之后，盛辉开始担任《马克思主义理论研究》《法学研究》等栏目的编辑。为了更好地适应编辑工作，他自觉开启了编辑新征程，并把《作者编辑常用标准及规范》《图书编辑校对实用手册》《常见错别字辨析手册》《规范汉字大学堂》《现代汉语词典》《新华字典》《古代汉语词典》《古汉语常用字字典》《通用规范汉字字典》《新华写字字典》等置于自己的办公桌上，一有时间便拿出来学习。盛辉这种努力学习的状态，让我联想到任何栋梁之材都是从一棵幼苗成长起来的。我们如果观察一棵幼苗的成长历程便会发现，在成长的起初阶段，它既不羡慕参天大树的伟岸，也不鄙视破土而出的嫩芽的孱弱，而是专心致志地拓展自己的生存空间，逐渐成长为堪当大任的栋梁之材！

盛辉发自内心地热爱编辑这份工作。正因为如此，他对山师学报的历史特别感兴趣，经常沉潜在学报的历史中流连忘返。由此我对他寄予了更多的期待，我鼓励他进一步梳理山师学报的历史，争取完成一部带有编辑个人温度的学报史。从严格意义上说，当代人不宜写当代人的历史。但是，这并不意味着当代人不应具备必要的历史意识，也不意味着当代人没有自觉的历史实践。实际上，真正的历史并不是后人用文字完成的，而是当代人用行动完成的。从这个意义上说，盛辉撰写的这部带有个人温度的山师学报史，可以视为他用个人的行动向学报的前辈学者致敬。其中的一些历史评述不管在多大程度上秉承了史家笔法，但有一点可以肯定，那就是作为编辑部的青年人，自觉地沉潜于学报的历史之中，在爬梳过刊中度过了一段有意义的日子。单就这种精神而言，便值得赞许。从这样的维度来看，盛辉撰写的这部山师学报史便成为后人瞭望山师学报史的一个窗口。

盛辉撰写的《使命与担当》这部著作主要是基于《山东师范大学学报(社会科学版)》65 年的发展历程所作的一次系统的资料梳理和理论阐释。任何历史的活动主体都是人，离开了具体的人，所谓的历史就成了虚无缥缈的空中楼阁。为此，盛辉系统梳理了山师学报 65 年来的历史变迁，考证了学报发展历史上几个非常重要的节点，还对山师学报的编辑队伍进行了较为详尽的梳理，让我们了解了编辑是如何发挥主动性和能动性，在没有条件的情况下依然创造条件，努力把学报打造成一份在全国学术界具有一定影响力的学术期刊的。为了更好地给读者呈现山师学报的整体风貌，他还专门对发文量、作者群、制度化建设等情况作了详细分析。

盛辉不仅对期刊既往历史进行了回顾，还对期刊未来发展提出了展望，可谓历史分析与愿景阐释相融合。作为一名有担当的编辑，他不仅注重对期刊历史进行透视，还注重透过山师学报聚焦中国学术期刊的发展，并积极主动地发声，对新时代山师学报的使命担当和未来展望提出了自己的独立思考。这样的独立思考便使这部《使命与担当》不仅为读者了解山师学报发展史提供了依据，而且为中国学术期刊发展史提供了更为鲜活的例证，具有一定的价值和意义。

面对拥有 65 年历史的山师学报，诸多作者和编辑都对它怀有无限的敬仰之情。这既是当代人的历史优长之处，也是当代人的历史局限所在。时间没有把我们与学报的距离拉得很远，以至于远到可以不失偏颇地审视端量其优长与不足。盛辉在撰写这部学报史时自然也会有这样或那样的不足，但这并不妨碍这部学报史的价值和意义——相对于山师学报发展史而言，盛辉的这部《使命与担当》是人们在研究山师学报时无法绕开的。

即将迎来65岁华诞的山师学报，因为编辑部来了个青年人，便愈加焕发出蓬勃的青春气息！

［原载于《山东师大报》2021年9月29日，收入王盛辉著《学术期刊的使命与担当——〈山东师范大学学报（社会科学版）〉创刊65年的回顾与展望》，山东人民出版社2021年版］

立足学术研究高质量基点
助力学校学科“双一流”建设
——在山东省教育厅提升办刊质量会议上的发言

李宗刚

各位领导、诸位同仁，大家好!

我结合自己十多年来的办刊实践和体会，谈谈山师学报是如何立足学术研究高质量基点、助力学校学科“双一流”建设的。

首先，处理好学报与学校的关系，努力让学报成为学校的“名片”，提升学校的美誉度。

高校学报是学校的“名片”。一份优秀的学报会极大地提升学校的核心竞争力和学术美誉度。山师学报正是基于这一理念，努力让学报成为学校的“名片”，以服务于学校“双一流”建设。

近几年来，山师学报相继重返“C刊”和北大中文核心期刊行列，并成功晋级全国高校社科名刊。一是山师学报入选“C刊”。2017年，山师学报以普通期刊的身份入选“C刊”扩展版；2019年，学报终于入选“C刊”，这是山师学报在阔别“C刊”近20年后，终于再次进入“C刊”行列；2021年，山师学报再次入选“C刊”。二是重返北大中文核心期刊。2018年和2021年，山师学报连续两次入选北大中文核心期刊。三是学报在与同行的评比中进入全国高校社科名刊行列。2014年，学报跨越全国高校优秀期刊层级直接晋级全国高校百强社科期刊，2019年又被评为全国高校社科名刊，这是该评价体系中的最高层级的称号。

山师学报刊发的论文在复印报刊资料的转载率及排名进入了全国高校的前茅。2012年到2019年的转载率基本上稳定在前50名左右，最好成绩是全国第12名，这对一家既不是北大中文核心期刊、更不是南京大学CSSCI来源期刊的普通学报而言，不仅引起了全国期刊界的关注，而且极大地提升了学校的美誉度。

其次，处理好学报与学科的关系，在合作共赢中找到了一条学报、学科和学校共同发展的路子。

2011年下半年，山师学报的账目办刊经费仅剩下6.8元，我们使用的电脑是浪潮286。但我们抱定了“有条件要上、没有条件创造条件也要上”的信念，凭着一股永不服输的韧劲，坚持学术至上、创新办刊，逆势而上，终于走出了一条不断绵延向前的拓展之路。

学报加强与优势学科，尤其是我校国家重点学科中国现当代文学学科和马克思主义学科的合作，在依靠学科、支持学科、服务学科上下功夫，从而使学报搭上了学校学科发展的快车，做到了学报与学科的互利共赢、共同发展。正是依托这些学科，山师学报约到了一大批名家名稿，这不仅极大地提升了学报的美誉度和学术影响力，而且拉近了这些著名学者与山师学科心理上和情感上的距离，为搭建起一个学术共同体起到了平台支撑作用。

再次，处理好学报现实与历史的关系，在赓续传统中厘清现实办刊的基点、找寻学报未来发展之路。

作为拥有60多年办刊历史的山师学报，曾经让出版大家赵家璧“如十七八岁时，在郑振铎主编《小说月报》上第一次发表我的文章时一样地兴高采烈”，曾经让原文化部部长、著名作家王蒙发出了“感谢山东师大学报，发表了高质量的文章”这样的感喟！

一是梳理了山师学报的历史，出版了两本相互映衬的山师学报发展史。二是策划并出版了按照学科分类的《〈山东师范大学（社会科学版）〉文粹书系》，该书系已经出版了8本，还有5本即将出版，其中的4本是山师学人在山师学报上发表的优秀论文选。三是编选并出版了2本学术期刊研究资料选，这既提升了编辑部在办刊理论上的自觉，也提升了学报在期刊理论界的影响力。四是把学报过刊都制作成了数字期刊，通过借助电子邮箱、微信和优盘等多种传播渠道，让山师学报进入学者的阅读视野，使学术论文真正发挥应有的学术影响力。在此，我补充一点，以上这些工作都是编辑在没有任何补贴的情况下自愿完成的。

最后，处理好学报三审与三校的关系，努力编辑出高质量的优秀论文，夯实学报现实发展的根基。

山师学报紧紧抓住提升编辑质量这个根本，抓紧抓实意识形态这一主线，严格学术规范，认真核对引文，规范编辑流程，从而切实地把提升办刊质量落到实处。为此，我们专门要求作者提供论文的所有引文出处的证据，然后再一一核对，基本上避免了引文的偏差。与此同时，我们还从严编校流程，任何一篇稿件都可以溯源，在这 10 多年的时间中，我们已经装订了 350 多本清样。为此，我们在学校图书馆举办了学报近十年编校清样展，让 350 本清样全体出列，接受老师和同学们的检阅，得到了大家的高度评价。

山师学报尽管取得了一点成绩，但与学校和省教育厅的要求相比，尤其是与兄弟期刊相比，差距还是很大的，我们将不忘初心、不辱使命，砥砺前行，努力把山师学报打造成一份优秀的期刊，在助力学校学科“双一流”建设的同时，为山东的“双一流”建设作出应有的贡献。

（2021 年 12 月 2 日）

打造一份融通俗性、现实性、传统性于一体的杂志

——在《走进孔子》杂志社座谈会上的发言

李宗刚

首先，祝贺《走进孔子》复刊。下面，我就《走进孔子》谈以下几点看法：

其一，为什么主办《走进孔子》？这既是期刊定位的问题，也是规范未来期刊发展的问题。因此，搞清楚为什么要主办《走进孔子》便显得异常关键。我觉得目前孔子研究院主办的《走进孔子》并不是省级院所创办的一份平常期刊，也不是单纯为了彰显研究院自我存在价值的期刊，而是一份关乎传统文化如何在普及的基础上探索出一条实践“两创”新路径的期刊。这是主管部门特别重视《走进孔子》的原因所在。严格来说，这份期刊是顺应国家文化发展战略而诞生的期刊，从具体的节点来看，则是山东落实习近平总书记在曲阜考察时重要讲话的一个抓手。总书记不仅专门到曲阜的孔子研究机构进行了具体考察，而且还提出了如何弘扬中华优秀传统文化的问题，其中便涉及以孔子为代表的儒家文化。总书记提出这一要求之后，山东的确在抓落实上下了大功夫，也取得了一些显著的成效。但从总体上说，我们还有许多工作需要去做，还有许多难点需要破解。在这种大背景下，孔子研究院的《走进孔子》复刊，可谓恰逢其时，也可以说找到了破局的关键点。

其二，为谁主办《走进孔子》？这既是我们对期刊预设读者的把握，也是我们办好期刊的目的所在。毛泽东曾经说过，文艺为什么人的问题是文艺的首要问题。这就把文艺的预设读者这一问题提了出来，也把从事文艺的目的揭示了出来。我觉得《走进孔子》有以下两个层级的读者：一是以

中国广大人民群众为主体的读者，二是世界不同文化语境下的读者。那么，我们怎样才能连接起这两个层级的读者呢？这便需要我们站在国家文化发展战略的高度进行有效的整合。一是要服务于国家战略，真正把中华优秀传统文化的创造性转化和创新性发展与《走进孔子》有效地结合起来；二是要促进中华优秀传统文化走出去，使中华优秀传统文化为解决一些世界性的难题贡献出中国智慧。

其三，怎样促成《走进孔子》走进读者？一是要注重数字传播；二是要注意制作成电子版；三是通过邮箱实现定向推送；四是拓展渠道，让期刊走进青年学生中，特别是走进海外的学生中，借助孔子学院，实现自我的发展；五是利用微视频传播一些优秀的论文；六是翻译成英文等世界主要语言，然后提供给孔子学院，让期刊成为外国学生了解中华优秀传统文化的一个窗口。

其四，怎样编好《走进孔子》？一是要绷紧意识形态这根弦，在整理优秀传统文化的同时，还需要加强现代意识、政治意识。二是要加大约稿力度。尤其是那些具有一定社会美誉度的学者，努力把他们的深刻思想熔铸到通俗易懂的文章中，要规避那种纯粹学术性论文的写法。三是针对当下青年人关注的一些问题进行理论阐释。四是注重提炼出一些话题，然后有组织地引领这些话题，甚至促成一些话题成为全社会关注的核心话题。实际上，针对当下的一些问题，我们都可以从古人那里找到破解的智慧。为此，我们可以使用逆推理的办法，立足当下，追溯历史，然后从孔子那里寻找解决当下人类所面临的一些问题，真正让中华优秀传统文化给世界带来智慧和启迪。

其五，是我为《走进孔子》描画的美好愿景。第一，《走进孔子》能够像《读书》一样，注重在借鉴世界现代文化和中华优秀传统文化上下功夫，由此使期刊成为知识分子所推崇的高水平的期刊；第二，《走进孔子》能够像《故事会》一样，注重用通俗化的语言讲解中华优秀传统文化的道理，由此使期刊成为大众喜闻乐见、为大众益智增辉的通俗读物；第三，《走进孔子》能够像《半月谈》一样，脚踏中国大地，放眼世界现实，成为中华优秀传统文化向世界传播中国声音的权威平台；第四，《走进孔子》能够像世界一些著名大众读物一样，成为世界读者所推崇的期刊，为切实提高中国文化软实力作出贡献，成为具有广泛影响的世界品牌。

（2022 年 5 月 2 日）

在历史资料的爬梳中传承山师学人精神

——《山师学人视阈下的中国古代文学》编选侧记

李宗刚

2021 年底，我又开始接手编选《山师学人视阈下的中国古代文学》论文选这一艰巨工作。这也是我以《山东师范大学学报（人文社会科学版）》为中心编选的第 9 本资料（其中 3 本系我与其他人合编）。在担任文科学报主编的 10 多年里，尽管工作极其繁忙，但我依然挤出时间进行文科学报资料的编选。我认为学术研究必须重视原始资料的梳理与研究，而这一理念的形成，又与山师中国现当代文学学科诸位前辈学者的影响有关。

我 1984 年考入山东师范大学中文系。从进入大学的那一天起，我便想象自己未来的生活可以在书斋里铺展开来，由此告别那种在“广阔天地”里风雨兼程的生活方式，再也不需要为温饱而奔波——一个属于自己的时代开启了。大学期间，我除了上好每一节专业课，还旁听了朱德发老师的“五四文学史”、蒋心焕老师的“中国现代小说史”、冯光廉老师的“鲁迅研究”、夏之放老师的“美学概论”以及查国华老师的“茅盾研究”等课程。尽管这些老师讲起课来风格各异，但都有一个相似点，那就是极其重视原始资料的搜集与研究。这使我感到，将来有那么一天，我如果搞学术研究，也要像这些老师一样重视原始资料的搜集与研究。也许，正是在这种理念的驱动下，我迄今依然完好地保存着大学时期的笔记本等宝贵资料。如今，每每翻阅这些历经 30 余年时光之水淘洗的珍贵笔记，我依然可以穿越时空的阻遏，进入历史的现场，思绪像昙花一样迅疾地绽放开来。

1988 年，我考上了硕士研究生，师从蒋心焕先生。蒋心焕先生作为从事中国现当代文学研究的第二代学者，深得第一代学者田仲济先生的赏识；

他又在20世纪60年代初负笈南下，在武汉大学得到了从事中国现当代文学研究的第一代学者刘绶松先生的精心指导。蒋先生曾常常对我说，田先生非常重视资料工作，为学校图书馆搜罗了一大批民国期刊，这些期刊成为山师中国现当代文学学科资料整理工作顺利开展的重要基础。因此，要搞好学术研究，资料搜集整理能力是基本功，只有掌握了充足的资料，我们的理论阐释才能奠基于坚实有力的基石上。2002年，我又跟随朱德发先生攻读博士学位。在我既有的认识中，朱先生是一个注重学理阐释、思想新锐的学者。没有想到的是，早在20世纪70年代朱先生就极其重视资料整理，他还与蒋先生合作参与了中国社会科学院《中国现代文学史资料》（甲种）的编选工作。为此，他们或南下或北上，到全国一些图书馆中翻阅了大量的原始资料，并编成了研究资料。遗憾的是，这本研究资料因种种原因当时未能公开出版，以至于延宕了30多年，直到2018年，在两位先生即将告别学术研究生涯之前才得以出版。也正是在这种学术氛围的熏陶下，我养成了重视资料的习惯，但真正迈进编选资料的门槛，还是在我担任学报主编之后开始的。

为了更好地编好山师学报，我一方面向全国优秀期刊学习，另一方面在回眸山师学报的发展历史中汲取营养和规避“误区”。这使我对山师学报的历史有了更为全面的了解，对其历史上发表的优秀论文有了感性的认知。与此同时，在将山师学报与全国其他高校的文科学报进行比较后，我发现了山师学报的特色和优势，也找出了其与全国优秀期刊的差距，从而为重新谋划山师学报的未来发展找到了一条切实可行的路子。那就是：坚持开放办刊，让山师学报融入中国学术发展的主潮中；坚持从学报的实际出发，在彰显自我办刊特色的同时重视对学报历史资料的搜集与整理。如此一来，我们便进入了两条“战线”同时作战的新时期，在主持学报工作的10多年里，我们在努力办好文科学报的同时，也积极发掘学报的历史宝藏。

正是基于这样的认识，我除了按照栏目编选了一系列优秀论文选之外，还专门把目光聚焦于山师学人与山师学报的关系，并把山师学人发表在学报上的论文按照不同学科进行了系统梳理。目前，学报团队已经整理出版的系列论文集有：《山师学人与山师学报：教育学心理学研究卷》《山师学者视阈下的马克思主义——“山师学报”优秀论文选》《山师学人视阈下的中国现当代文学——“山师学报”论文选：1959—2009》《文化视阈下的历史书写与研究》。如此一来，我们便基本上把不同历史时期山师学人发表在山师学报代表性栏目上的论文作了一次较为系统的梳理。但美中不足的是，山师学人发表在山师学报上的中国古代文学研究论文还没有被系统地梳理。毕竟在以人文社会科学研究见长的山师，章益（心理学）、傅统先（教育学）、田仲济（中国现当代文学）、刘祚昌（世界历史）、安作璋（中国历史）等具有全国影响的一流学者发表在文科学报的论文已经分别收录到了相应的论文集之中了，但是，像从事中国古代文学研究的严薇青等一批优秀学者发表在学报的研究论文还暂付阙如，我觉得有必要在我担任学报主编期间把这个还没有闭合起来的“圆”画完。

山东师范大学文学院作为一所底蕴深厚的学院，其中国现当代文学、文艺学、中国古代文学等学科都具有鲜明的特色。我将山师学人发表在山师学报上的中国现当代文学研究论文选编之后，便考虑把文艺学和中国古代文学学科学者发表在学报上的论文进行一次系统梳理。在我们已整理出版的“《山东师范大学学报（人文社会科学版）》文粹书系”中，虽然已有《文艺学的探索与建构》（李衍柱、夏之放和杨守森等从事文艺学研究的学者的论文已入选该文集），但收纳的并不全是山师学人发表在文科学报上的论文，于是，我们便决定将这次编选工作侧重于梳理山师学人发表在山师学报上的中国古代文学研究论文。实际上，正所谓文史不分家，文艺学与中国古代文学就更难分彼此了。因此，我在选择作者以及作者的论文时，便特别关注到了这一点——也就是说，这本中国古代文学研究论文集选入的并不仅仅是中国古代文学学科老师们的论文。

尽管我的专业研究方向是中国现当代文学，但我在大学时期所接触的中国古代文学专业的授课老师并不少。这些老师讲课时的情景至今仍鲜活地闪现在我的脑海中：宋尚斋老师悠然自在地讲授着先秦文学，李伯齐老师清隽儒雅地讲授着两汉魏晋南北朝文学，荆立民老师抑扬顿挫地诵读着唐代山水诗，薛祥生老师如醉如痴地沉潜于宋代婉约词，许金榜老师栩栩如生地讲解着元代杂剧，朱其铠老师深入浅出地讲授着明代小说，王恒展老师声如洪钟地解读着清代文学，石玲老师娓娓叙说着近代文学……这些影影绰绰浮现在脑海中的影像，把我拉回到了当年那段青涩的岁月，让我切实地感受到，任何一个人都是在前代学人的推举下完成了自我的“社会化”，才逐渐成长为一名学者。这一感受，在我翻阅文科学报过去出版的期刊时尤为真切!

在中国古代文学的诸多授课老师中，我觉得有必要展开叙说的是荆立民老师。当年，荆立民老师在讲授唐诗时，着装与其他老师颇有不同。他好像是当时唯一一位身穿西装打着领带讲授中国古代文学的老师。在20世纪80年代中期的山师，这的确是一道别具特色的风景线。但是，荆老师一旦进入唐诗所建构的历史情景中，便穿越时空进入历史，进而与那个时代的文学同呼吸共命运，情绪也似湖水在一阵风中掠过之后，不再那么平静了，一层一层的涟漪在学生中荡漾开来，以至于同学们回到宿舍后还时不时地模仿荆老师的腔调诵读上一两首唐诗。当然，我在这里特别提到荆老师还不只是因为这些场景，而在于他对我的一次特别赏识。

我记得荆立民老师曾让大家针对王维的山水诗写一篇讨论提纲。我主要围绕如何评价和认识王维的田园山水诗这一问题写了4000字左右的发言稿。没想到的是，荆老师非常认真地批阅了我的作业，并附上了许多批示。如，我在谈王维山水诗时，曾写道：“任何事物往往都具有两个方面的特点，即当一个事物显示出其短处的时候，同时又隐藏着一种长处，这便是事物的长短辩证法，而王维的田园山水诗也是如此。王维后期终于走上了彻底隐居的生活，能够做到‘万事不关心’，从而潜心于美丽、可爱的大自然。这从政治上看，似乎嫌王维太消极了，竟然置人民痛苦、民族前途于不顾，但从艺术上看，又正是王维的成功之处。他能够从那种相互倾轧的政治中摆脱出来，走上了文学艺术的道路，进行诗歌创作尤其是进行田园山水诗的创作，从而使他的田园山水诗达到极高的造诣。”荆老师便在这一段话的左侧空白处写下：“此点见解甚好!”我在讨论提纲中还写道：“历史上的王维如果和某些批评家所指责的那样：让王维不去脱离社会，不去‘万事不关心’，那么，王维就不会成为今日的王维，而可能会是杜甫了。由此使我想到，我们在文艺批评中，最好要辩证一些，不要太苛求古人。”荆老师则在下面批注：“很好!”在我发言稿的最后一页，荆老师写下了字数不多的批语：“颇有见地!”“建议您把尊文中的见解在全体讨论会上谈一谈。”荆老师为此给我打了“90+5”的分数。也许，这样的一幕教学情景，在其他同学的记忆中早已模糊，但它之于我则既清晰又温馨。也许，在求学的道路上，尤其是在一眼望不到边际的学术沼泽地上跋涉时，所有的青年学子都需要一盏明灯照亮漆黑的道路。从某种意义上说，荆立民老师便是在我刚刚走进学术沼泽地时曾经给我鼓舞和信心的老师之一。然而，正所谓岁月不居，荆立民老师早在10来年前就已经离开了我们。从这样的意义上说，编选研究资料这样一个无名无利且又费力劳神的工作，还能依然让我全身心地投入其中，恰是情感和职责共同驱动的结果：一方面，借此表达一名学生对老师当年知遇之恩的感念之情；另一方面，表达一名学报主编对诸多作者和责任编辑的崇敬之意。

编选这本论文选，犹如再次踏进历史的长河。在溯流而上的艰难过程中，我真切地体会到，衡量一名学者是否是“真学者”的标准并不在于其发表了多少篇论文，而在于其发表的论文之于中国文化建设到底作出了哪些贡献——在经过了历史长河的淘洗后，还有哪些论文能够在历史的河床上坚如磐石般存在着；衡量一名教师是否优秀的标准并不在于其是否桃李遍天下，而在于其栽培出来的学生到底有多少能成为被历史记住的“桃李”。同样，衡量一名主编是否优秀，标准并不在于其主持的期刊获得了多少称号，而在于其编发的论文能否穿越时空的阻遏，在遥远的未来依然闪烁着真理的光芒。从这样的意义上说，在历史资料的爬梳中，我便再次踏进了山师学报历史的河道，诸多老师发表在学报的论文便犹如承载其学术精神的诺亚方舟，将远航于文科学报的历史航道上。

（本文收入《山师学人视阈下的中国古代文学》，山东大学出版社2022年版）

在人生的中流里奋楫前行
——序徐道春著《编辑论稿与写作纂言》

李宗刚

我清晰地记得，2011 年 5 月，我来到山师学报编辑部，开启了人生的新历程。日子过得真快，一眨眼的功夫就过去了 10 多年。2019 年之前，编辑部只有 4 个人，干起编校工作来的确很忙，也很累。后来，随着工作的需要，编辑部的力量逐渐壮大了。2019 年，编辑部新调入两位老师。2020 年，徐道春同志又加盟编辑部。这样一来，编辑部在编制上便有 7 人，尽管与兄弟学校的学报编制相比还有差距，但我们自己感觉进步还真的不小。

道春同志与我同庚，在属相上都属兔，因此，我们有着共同的历史记忆和体验。在这 3 年相处共事的日子里，我对他有了更多的了解。他的青少年以及大学生活都是在河南度过的。尤其值得称道的是，他在 1980 年便考入河南大学中文系，这在当时的确是不凡的成绩，可谓是我们这一代同龄人中的佼佼者。按照我们当时流行的说法，他是较早走出农村进入大学的“天之骄子”。大学毕业后，他到河南师范大学学报编辑部任编辑。在 20 世纪 90 年代，富有进取精神的道春同志又进军北京，相继在几家新闻出版单位担任记者和编辑等工作。除此之外，他还独当一面，负责一些管理工作。因此，这使得他看问题和编辑稿件都有其独到的眼光，也使我对他的了解逐渐地丰满了起来。

道春同志有其自我独立的操守和鲜明的爱憎情感，这使得他表里如一，对作者和同事都坦诚相见。从事编辑工作，需要的就是“认真”二字，践行的就是“较真”二字。古人曰：“文章千古事，得失寸心知。”这固然是相对于作者而言，这种情形在自给自足的农耕文明的社会里有其存在的合理性。毕竟那时的写吟诗作并不需要正规的出版社公开出版，即使有所失也不会造成太大的影响。但是，这种情形随着现代社会的到来已经出现了巨大的变化。也就是说，文章已经不再仅仅是作者的事，而且还是编辑的事，甚至对编辑来说是天大的事情。我们编辑出来的文章一旦有事，这就意味着我们作为编辑的安身立命的根基开始动摇了。因此，作为编辑，持有一种独立的操守、具有鲜明的爱憎情感便显得特别重要。道春同志作为在编辑岗位上历练了30余年的编辑，对此不仅有着充分的认识，而且更是勇于践行。一方面，他尊重所有的作者，但又不因为尊重作者而放逐自我的独立判断；另一方面，他珍惜所有的稿件，但又不因为珍惜而忽视精益求精的打磨过程。我担任主编以来，发现许多稿件的引用存在着不够规范的地方，尤其是在引用原文方面做得不够，有些作者并没有见到原文，其所引用的内容大都是从他人论文中“趸过来”的，这且不说背离了学术规范，单就学术态度而言，也疏离了科学求真的精神。正是基于这一考虑，我们要求作者尽可能地提供论文所引用原始资料的版权页、正文出处等详细信息。这一工作对那些忠实于原文的作者来讲并不难，但对那些直接从他人论文中“趸过来”的作者而言的确是很麻烦且又考验耐心的一件事情。值得肯定的是道春同志对这一要求执行得特别到位，有时候，他的这一做法得不到作者的理解，但他并没有迁就，而是不厌其烦地进行沟通，最终赢得作者的理解和支持。对此，不少作者对道春同志这种认真的做法给予了高度的评价，如南开大学刘俐俐教授便这样写道：“实话说，与编辑打交道之初感觉很累，觉得他们过分严格苛刻，仔细过人；矫正错字漏字和标点正误；辨析、斟酌甚至重新选取语词；讨论句式工整与否，调整排列顺序；斟酌内容提要；商榷中图分类号的选取……毋庸置疑，这已属于编辑与作者之间的深度沟通。”“遇上了较真儿的编辑是学者的幸事，学者要善于抓住如此深度交流沟通的机会，总结自己优长和短板所在，以使自己在学术上不断进步。现在我隆重推出这篇论文的责编，他叫徐道春，笔名徐方闻。”刘俐俐教授在论文发表之后专门给我打电话，对道春同志的编辑工作给予了高度评价。我想，这恰好说明，为他人做嫁衣的编辑，在编辑作者稿件方面没有任何的私利，他们有的是对编辑事业的忠贞和坚守。在这些编辑眼里，他们容不得那些经过自己制作出来的“嫁衣”有半点瑕疵。在我的眼里，道春同志无疑就是这样的编辑。

道春同志作为一名编辑，注重从编辑实践中发现问题，并且对发现的问题进行深入探索，完成了从实践到理论的提升。也许缘于道春同志对编辑工作特别热爱，所以，他总能够从人们习焉不察的编辑实践中发现问题，并且还有一股“打破砂锅问到底”的精气神，这使得他撰写的一些论文不是无病呻吟，而是有的放矢。作为一位有着丰富编校经验的编辑，道春同志对当下期刊发展中存在的问题作出了自己的思考，并提出了自己的解决思路。他针对当下写作和编辑中存在的最基本的语言使用问题，提出了要充分重视编辑治择能力的培养，提升编辑语言文字优化与规范的能力。编辑治择要遵循准确性、规范性、适度性三项基本原则，不断提升编辑的通识能力、专精能力、取舍能力、规范能力和度量把握能力。这实际上也是道春同志对如何做好编辑工作的一种总体认识。针对当下国内学术期刊存在的出版周期偏长、出版周期的年出版频率分布不平衡、出版周期的稳定性与规律性指数不高、固定出版周期与实际出版周期存在反差、期刊出版周期与网络数据库发布周期不同步等问题，在具体分析影响期刊出版周期的影响因子、载文量、发表周期、稿件质量等因素的基础上，他提出了学术期刊应当在遵循时效性、规律性、客观性基本原则的基础上，不断创新办刊理念、优化出版模式、加速内容升级、完善评价体系、缩短期刊出版周期与网络数据库发布周期的时间差等观点。针对当下文风存在的诸多问题，他提出了重构新时代语境下的文风，要基于“三大体系”构建的认识高度，体现五个学理维度：价值观念的正确性与导向性、内容资源的真实性与创新性、形式结构的严整性与实用性、语言文字的规范性与生动性和制度体系的科学性与合理性。针对当下学术期刊引文中普遍存在的无引用、少引用、滥引、虚引、引文错误、断章取义、学术不端等问题，他提出了引文引用要在遵循原始性、必要性、适当性、准确性与规范性四大原则基础上，强化求真务实的资源观、构建科学合理的方法论、健全学术引用评价体系、完善学术引用监督机制、严把编校质量关。由此看来，道春同志的这部著作有着鲜明的问题意识，紧紧围绕着期刊编辑中出现的问题展开深入研讨，提出了一些建设性的观点和看法，值得期刊界关注。

道春同志作为一名接受了20世纪80年代思想解放运动洗礼的大学生，保持了自己作为一名文人应有的人生姿态，这使得他的为人为文少了一些俗气，多了一些雅致。他作为一名受到过河南大学文化熏染的学生，特别亲近中国传统诗词，又潜心于书法实践。随着白话文的兴起，以文言为主的古代诗词创作尽管还时断时续，但总的来看，其传承者的日渐减少应该是一个不争的事实。但值得肯定的是，道春同志在古代诗词创作方面一直有着非凡的热情，他每每外出，触景生情，便会吟诗一首，这既修养了性情，又锤炼了文字，可谓一举数得。与此同时，他还沉潜于书法之中，在斗方之间展现自我的思绪与情感。在这个浮躁的社会，他既能够坐下来，安心做好编辑本职工作，对期刊编辑中存在的问题进行思考，同时，又能够通过书法、诗词创作寄情于山水之间，徜徉于自己的精神世界。《小荷听书·诗声心画》中选出的19首诗词作品，展现了他在追摹古人的同时又不拘泥于古人的当下的生活方式，为这一时代过分沉溺物质世界送来了一股清凉的“荷风”。也许，这种生活方式与前面的编辑工作具有互文的作用：吟诗作画与编辑实践是人生的一体两面，这使得枯燥的编辑工作在诗情画意的点缀下显得那么充盈和实在。

道春同志来学报编辑部工作的时间并不算长，但他融入这个集体的速度却很快，并且很快进入良好的工作状态，得到了编辑同仁的肯定和认可。为了能够把自己的独立思考写出来，他经常废寝忘食，加班加点。作为同龄人，我们在繁忙的工作中会相互提醒注意身体、劳逸结合。毕竟年龄不饶人。然而，彼此一旦投入到工作中，则又很快进入一种忘我状态。我认为，这种忘我状态在山师学报编辑部其他同仁那里也是一种常态，在此不妨将其概括为敢打敢拼的“攻坚克难”精神。一名编辑、一个部门，只要有了这种精神，事业便会有起色。

学术研究是一个不断充实与完善的实践过程。因此，《编辑论稿与写作纂言》这部著作自然也会存在这样或那样的不足。但不管怎样，它体现了作者在编辑学研究与写作实践领域的严谨态度、独立思考和勤恳探索，让我们看到的是作者在人生中流里奋楫前行的身影。由此给我们带来的启发，除了这部著作之外，还有值得我们珍视的执着精神。

是为序。

（2022年7月18日）

第二编

山师学报文粹书系书影与述评

《多维视阈下的中国现当代文学》书影及目录

▶ 书影

目 录

|多|维|视|阈|下|的|中|国|现|当|代|文|学|

《文艺学的探索与建构》书影及目录

▶ 书影

▶目录

目 录

·1·

《马克思主义与中国社会运行》书影及目录

▶书影

▶目录

目　录

|马|克|思|主|义|与|中|国|社|会|运|行|

·2·

《教育学心理学新论》书影及目录

▶ 书影

▶目录

目　录

· 1 ·

|教|育|学|心|理|学|新|论|

·2·

《山师学人视阈下的中国现当代文学——“山师学报”论文选：1959—2009》书影及目录

▶书影

▶目录

目 录

· 1 ·

山师学人视阈下的中国现当代文学

· 2 ·

目 录

《山师学人视阈下的中国古代文学——“山师学报”论文选》书影及目录

▶ 书影

▶目录

目　录

· 1 ·

山师学人视阈下的中国古代文学

·2·

附录：

《山师学人与山师学报：教育学心理学研究卷》书影及目录

▶ 书影

目　录

· 1 ·

• 2 •

《山师学者视阈下的马克思主义——“山师学报”优秀论文选》书影及目录

▶书影

▶目录

目　录

· 1 ·

《文化视阈下的历史书写与研究》书影及目录

▶ 书影

▶目录

目　录

— 1 —

《新世纪鲁迅研究论文选》书影及目录

▶书影

目　录

新世纪鲁迅研究论文选

散文视阈的鲁迅研究

审美视阈的鲁迅研究

附 录

2

《穿越时空的鲁迅研究——“山师学报”（1957—1999）鲁迅研究论文选》书影及目录

▶ 书影

▶目录

目　录

· 1 ·

穿|越|时|空|的|鲁|迅|研|究

·2·

目　录

《〈山东师范大学学报（人文社会科学版）〉目录摘要汇编（1978—2018）》书影

▶ 书影

《山东师范大学学报（人文社会科学版）》文粹书系
《山东师范大学学报（人文社会科学版）》
目录摘要汇编（1978—2018）
下卷
李宗刚◎编
贵州出版集团
贵州人民出版社

版权页①

图书在版编目（CIP）数据

山东师范大学学报（人文社会科学版）目录摘要汇编：1978-2018 / 李宗刚编. -- 贵阳 ：贵州人民出版社，2019.9
ISBN 978-7-221-15589-4

Ⅰ. ①山… Ⅱ. ①李… Ⅲ. ①人文科学－专题目录－汇编－山东－1978-2018②人文科学－文摘－汇编－山东－1978-2018 Ⅳ. ①Z88：C②Z89：C

中国版本图书馆 CIP 数据核字(2019)第 219108 号

《山东师范大学学报（人文社会科学版）》目录摘要汇编（1978—2018）
李宗刚 编

出版发行 贵州出版集团 贵州人民出版社
地　　址 贵阳市观山湖区会展东路 SOHO 办公区 A 座
责任编辑 徐一
印　　刷 济南万方盛景印刷有限公司
规　　格 720mm×1020mm　1/16
字　　数 980 千字
印　　张 73.5
版　　次 2019 年 11 月第 1 版
印　　次 2019 年 11 月第 1 次印刷
书　　号 ISBN 978-7-221-15589-4
定　　价 248.00 元

① 本书目录均为 1978—2018 年间学报每一年度的信息,在此一并省略。

《〈山东师范大学学报（人文社会科学版）〉发展纪略》书影及目录

▶ 书影

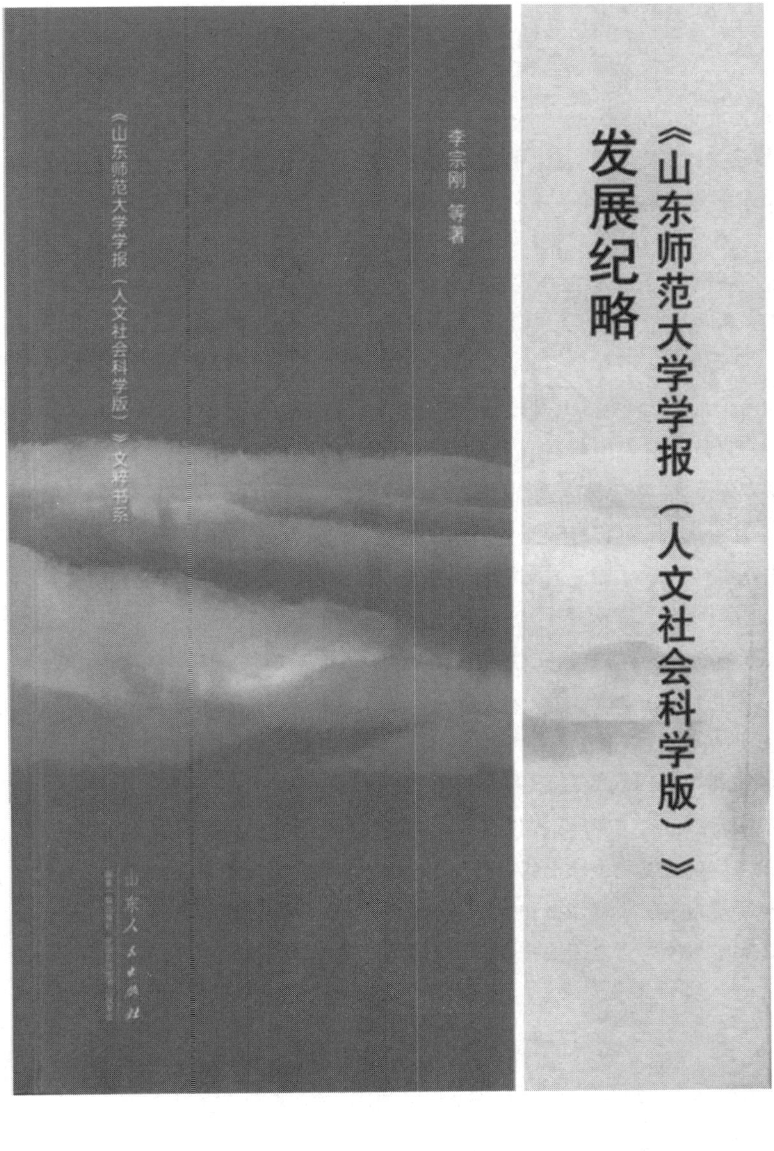

▶目录

目 录

《山东师范大学学报（人文社会科学版）》
发展纪略

第二编　编辑理论建设

·2·

第三编 论文反响及其他

《山东师范大学学报(人文社会科学版)》
发展纪略

·4·

《文学编辑书简——学人与学报》 书影及目录

▶书影

▶目录

目　录

目录

《学术期刊的使命与担当——〈山东师范大学学报〉创刊65年的回顾与展望》书影及目录

▶书影

目　录

1

学术期刊的使命与担当
——《山东师范大学学报》创刊65年的回顾与展望

2

《新世纪以来学术期刊研究资料》书影及目录

▶书影

▶目录

目　录

1

目录

《新时代学术期刊评价体系的建构与实践》书影及目录

▶书影

目　录

· 1 ·

● 新时代学术期刊评价体系的建构与实践

·2·

《大数据时代学术期刊编辑学研究》书影及目录

▶书影

目　录

《新时代学术期刊编辑学》书影及目录

▶ 书影

▶目录

目　录

1

中编：学术期刊编辑实务

下编：报刊论文写作实践

附：国家相关法律法规

《逻辑学、编辑学与文学文集》书影及目录

▶书影

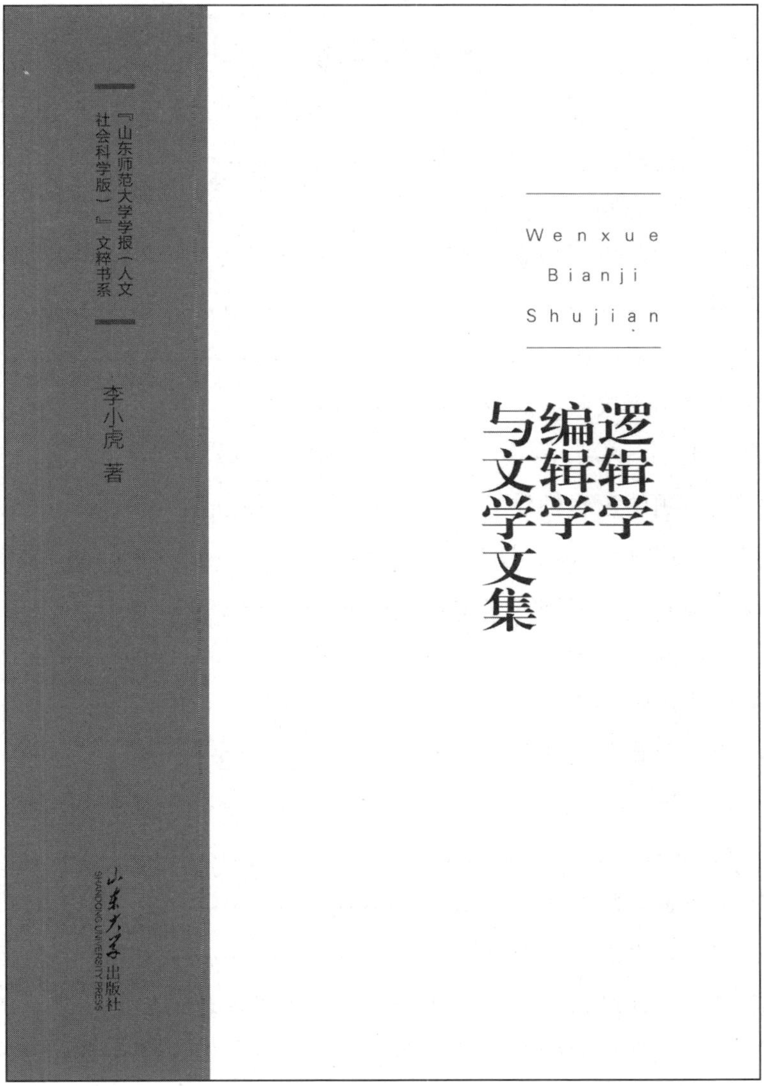

目 录

逻辑学专论

1

逻辑学、编辑学与文学文集

编辑学杂谈

文学随笔

2

《期刊编辑视域下的学术与教学研究》书影及目录

▶书影

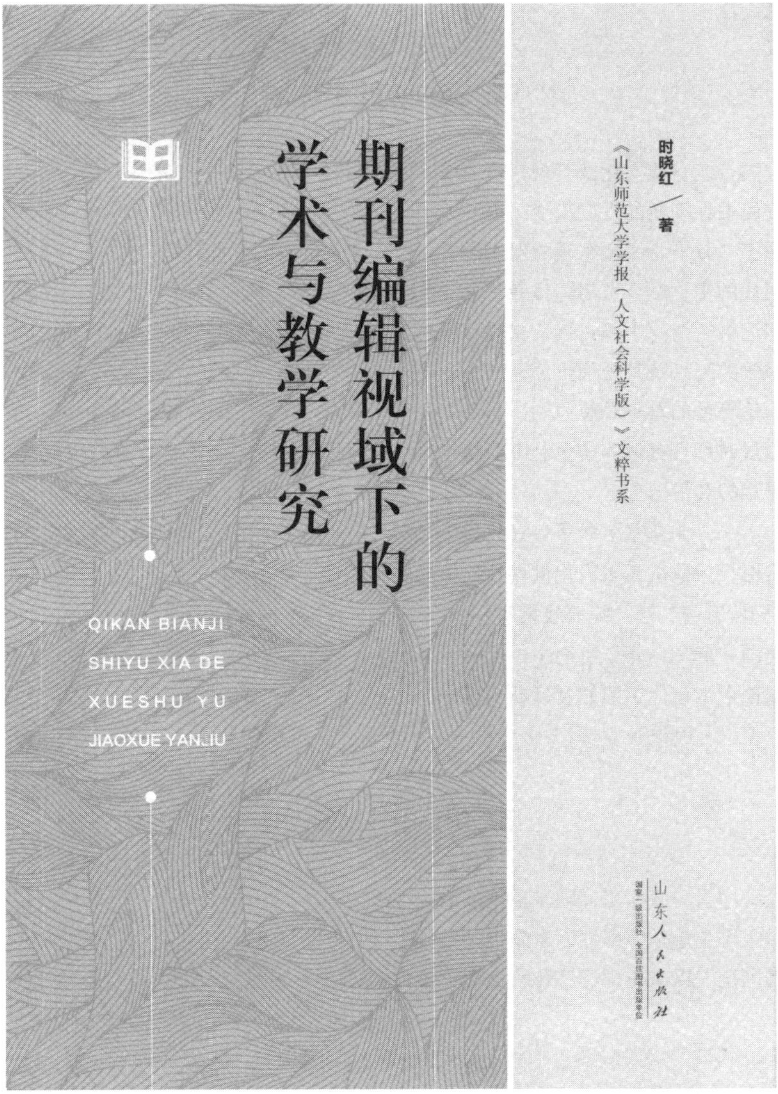

目 录

第一编 历史学研究

第二编 中外制度研究

· 1 ·

期刊编辑视域下的学术与教学研究

第三编　编辑学研究

·2·

在《山东师范大学学报（社会科学版）》创刊65周年座谈会上的发言

魏　建

尊敬的山师学报各位老师：

首先祝贺山师学报创办65周年！

我今天表达三个意思。

首先是感谢。向山师学报表达我诚挚的谢意。我作为山师学报的读者，是从1978年开始的，1982年，我成为山师学报的作者。我的第一篇正式发表的学术论文就刊登在山师学报1982年第4期上。1982年秋天，为修改稿件，我来到学报编辑部，认识了翟德耀老师。从这里，我走上了中国现当代文学研究之路。多年来，翟老师一直提携我、扶植我，关心我的学术成长，至今已是第40个年头。读硕士研究生期间，我在山师学报上发表了两篇论文。其中一篇发表后收入《中国现代文学研究：历史与现状》一书，这部著作的作者绝大多数是当时的国内一流学者。也就是说，我不仅是从山师学报开始了学术生涯的起步，而且是山师学报不断把我推向学术界。此后，山师学报的领导，从李小虎主任到李宗刚主任，都一直关心我、帮助我。所以我特别要感谢山师学报，尤其要感谢翟德耀老师！

第二个意思是谈一点今天会议引发的感想。作为山师学报的编委，我目睹了刊物的起伏变化和近年来的飞跃。2001年我担任编委至今，整整20年。这20年，山师学报的发展起起伏伏，总的趋势是从低谷逐步迈向高峰。其间的经验和教训都值得认真总结。对这些经验和教训，我有几点感受，最突出的感受是要办好学报，学校和编辑部的积极性都要调动起来，两者缺一不可。先说学校的积极性。首先是学校领导要高度重视，我当编委的这 20 年，感触很深：什么时候学校领导重视了，学报就有起色；否则就会下滑。我刚当编委时，山师的理科学报明显办得比文科学报好。后来学校重视这一问题了，山师文科学报的办刊水平明显提升。再后来党委书记亲自担任编委会主任，文科学报有了突发猛进的发展。第二个方面的积极性来自编辑部。光有学校领导的重视和投入还不够，还要有编辑部同仁特别是编辑部负责人的全身心投入。这方面，李宗刚主任做得最好。自从他当了编辑部主任，经常以刊为家。上班时间肯定在编辑部，下班后他还在编辑部。他夫人出差，他就住在编辑部。他的投入，引来了许多优秀学者的优秀论文。而且他还慧眼识珠，发现了有些名不见经传的年轻学者的优秀论文。这使得山师学报的引用率、转载率大大提升。他主持编辑部工作三年后，山师学报就进入全国高校百强。2013 年，学报在人大复印报刊资料的转载率名列全国高校文科学报第 12 名。2017 年进入“C 刊”扩展版，2019 年晋级“C 刊”，2021 年再次荣膺“C 刊”。难得的是他编学相长，编辑促进了他学术水平的提高，学术水平的提高又促进了他编辑水平的提升，形成良性循环。这一经验，同样值得总结。

我要表达的第三个意思是祝愿，是一个山师人对山师学报的祝愿。我祝愿山师学报早日成为山师的金字招牌。这是有可能的。像《文史哲》之于山东大学，学校领导只要像山东大学的领导重视《文史哲》一样重视文科学报，继续加大投入；同时文科学报编辑部也努力向《文史哲》学习，上下一齐努力，那么就有可能把山师学报打造成山师版的《文史哲》。也许有人要说，山大是“985”高校，山大的经验不可复制，那么我想说山东政法学院。这个学校的前身是山东省司法管理干部学院，一个大专类的职业院校，但这个学校的学报办得很好。一个 1985 年创刊的杂志《政法论丛》长期保持“C 刊”地位不动摇，在法学界无人不知《政法论丛》，因此也就无人不知山东政法学院。这就是金字招牌的能量。我们山师校内也有这样的成功经验，如学校领导先后对生物学科和化学学科的大力支持，后来学校对马学科的大力支持，加上这些学科的努力，共同铸就了山师的几个品牌学科。

鉴于山师学报的进步如此之快，完全有条件、有可能打造成山师的一个金字招牌。我相信只要山师领导和文科学报编辑部共同努力，学报成为山师金字招牌的愿景完全有可能实现。我祝愿这一天早日到来！

（2021 年 10 月 21 日）

学报上的山师历史学人及其贡献

张登德

习近平主席在2015年8月给第22届国际历史科学大会的贺信中指出，“历史研究是一切社会科学的基础”“历史是人类最好的老师”，阐释了历史科学和史学研究的重要地位和作用。山师学报在60多年中，刊发了数百篇历史文章，这是留给后人的宝贵财富。将长期供职于山师历史系的教师发表在学报上的文章进行梳理，不仅对山东师范大学历史系、山东师范大学、山东省历史学科、中国历史学，而且对学报本身的发展均有重要意义。

其一，这些文章是山师历史学科发展的见证和缩影。自学报还称《山东师院》（内部刊物）时，关于历史系的一些学术活动就出现在学报上。1954年11月，《山东师院》第41期刊载了首届系主任廉立之与副教授汪伯岩、讲师李天佑参加山东科普学会组织的学术活动的报道。同年第42期刊载了学校工会教学委员会组织的教学经验交流座谈会，其中历史系李念孔、汪伯岩两位教师参加座谈并发言。1955年，学报登载民主德国汉学家到历史系访问的学术信息。历史系教师不仅做好教书育人工作，而且潜心学术，关注学报发展，积极向学报投稿。最早在学报上发表文章的是安作璋教授，他在1954年第42期发表了《论衡的作者王充》一文。发表文章最多的是王春良教授，从1957年到2009年，共在山师学报发表43篇文章。据统计，绝大多数历史系教师在学报上发表过文章。在山师学报发表文章的作者，从20世纪“20后”到“80后”，体现了山东师范大学历史系教师队伍的构成和学术传承；论文方向包括中国史、世界史、历史教学、山东地方史等，体现了山东师范大学史学发展的特点和学人的治学风格。

其二，这些文章承载着山师近70年的文化记忆。史地系作为山师建校最早的系科之一，其发展与山师同步。经过几代人的努力，山师历史系确立了稳定的学科方向，取得了大量的教学与科研成果。其中不少教师的研究成果发表在山师学报上。当年在学报发文较多的刘祚昌（全国人大代表）、胡滨（全国人大代表）、安作璋（中共十三大代表）等前辈学者，是学校发展的参与者和见证者，也是学校的骄傲。历史学科是大学重要的主干学科之一，对学校整体学科建设和精神文明建设能够起到重要辐射作用。在校庆70年之际，通过学报发文来梳理山师历史学科的形成和演变，展示历史系近70年的学术成就，对大学人文精神的追溯与传承、对了解学校的发展有重要的推动作用。

其三，这些文章引领和推动山东区域史研究。区域史是历史学科的重要组成部分。作为山东省高校的教师，当地人研究当地事，有着便利条件和故乡情感，所以历史系不少教师把山东地方史研究作为科研方向。山师学报发表了很多历史系教师与山东有关的研究成果，如历史人物、儒学、齐鲁文化、教案、义和团、辛亥革命、五四运动、台儿庄战役等，产生了广泛的影响，推动了山东历史学的发展，同时有些成果对服务山东经济文化建设也有一定的指导意义。

其四，这些文章对中国历史学的发展具有重要促进作用。历史系有很多教师在学界享有崇高声誉，他们的不少研究成果曾在学报发表，受到国内外的高度评价。例如，刘祚昌教授，是中国美国史研究和世界近代史学科的主要奠基人之一，中国史学会理事、中国美国史研究会顾问。他在学报发表的《美国的独立战争与独立宣言》《杰斐逊与美国宪法》等文章，以及对美国总统杰斐逊的系统研究成果，曾获首届中国高校人文社会科学研究成果一等奖。胡滨教授对于洋务运动的研究，也是闻名学界。他在学报发表了《论晚清的江南制造总局》《论上海机器织布局》等文章，并在此基础之上写成《从闭关到开放——洋务热透视》（与李时岳合作）一书，成为研究洋务运动和早期中国现代化的必备参考书。学界举行义和团运动、五四运动、抗日战争爆发等纪念活动时，学报及时跟进，刊发了历史系教师的相关文章，发出了山师历史学者的声音，丰富了中国历史学的研究。

当然，对学报上山师历史学人的梳理，作为一种特殊的学术史，既是学报的文化精神传承，也是学报在繁荣学术、培养人才作用方面的呈现。

尤其是在学报发表文章的不少本科生、研究生，因受到鼓舞，而逐渐走上学术之路。“历史研究和书写的功能，不是为了在过去中寻求和树立榜样，供今人和后人瞻仰、膜拜，而是为了指出过去与现在的不同，分析两者不同的原因，并探求人类历史的未来走向。”① 我们通过如此梳理，希望既要看到历史系教师以往的成绩，更重要的是充分协调学人、学术、学报、学科、学校之间的关系，在未来的发展中实现良性互动，共同提高。

（该文曾发表于《山东师大报》2020 年 7 月 1 日）

① 王晴佳、张旭鹏：《当代历史哲学和史学理论：人物、派别、焦点》，社会科学文献出版社 2020 年版，《序》。

《山东师范大学学报（社会科学版）》历史沿革及发展启示

王盛辉

《山东师范大学学报（社会科学版）》自1956年正式创刊以来，至今已经走过了65个年头。在这65年里，山师学报历经5位主编。在历届主编的带领下，山师学报一步一个脚印，逐渐成长为一份有广泛社会知名度和影响力的高等学校学术期刊，这其中的每一个脚印，无不饱含了历代山师学报人的心血和艰辛。历史是一份财富。回顾这一段历史，既是对山师学报历史的追溯，也是对历任山师学报人踏实办刊、不断拼搏历程的纪念；既是向历史上山师学报人致敬，也是对现在山师学报人的一种激励。通过对这段历史的分析与总结，得出规律性的经验和教训，也能为山师学报的未来发展带来些许启示。

一、正式创刊与初步发展期（1952—1965年）

虽然公认山师学报创刊于1956年①，但是其最早可以追溯到1952年的《山东师范学院校刊》。1952年11月5日，经山东省人民政府新闻出版处批准，山东师范学院政治处校刊编辑室编辑出版了《山东师范学院校刊》第1期“创刊号”，这标志着山东师范大学（山东师范学院后改称山东师范大学）第一次有了自己的正式刊物。从此开始，山师学报走过了60多年的

① 翟德耀：《新时期以来〈山东师范大学学报（人文社会科学版）〉学术建设述略》，《山东师范大学学报（人文社会科学版）》2017年第5期。

风雨征途。

《山东师范学院校刊》每期共4版，主要刊登山东师范学院的内部新闻、教学通讯和来稿，为半月刊。从刊发内容来看，它类似于现在的校报性质。《山东师范学院校刊》共发行了7期。从某种意义上讲，《山东师范学院校刊》是山师学报的雏形和前身。

1953年3月20日，为了进一步加强教学工作，校刊改名为《教与学》，版次不变（其间第13期是6版），承接《山东师范学院校刊》第7期，题名《教与学》第8期印发。1953年8月1日发行了《欢送毕业同学专页》之后，从9月28日第17期开始，《教与学》改为旬刊，截止到1953年11月7日第20期，共印发13期（不包括8月1日的专页，专页并未写期次）。对此，当时的校刊编辑室在1953年3月30日出版的《教与学》第9期第4版刊发的《启事》是这么说明的："为使校刊更有效地为教学服务，贯彻以教学工作为学校压倒一切的中心任务的工作方针，经我院领导研究决定并征得有关领导部门同意，自上期起，将《山东师范学院校刊》更名为《教与学》，今后的编辑方针主要是面向教学与学习。"①

1953年11月20日，山师学报创刊一周年之际，学校决定将《教与学》改名为《山东师院》，其中的重要原因是，当时学校在"整顿巩固、稳步前进"② 的方针下，指出："今后，校刊的主要任务，应该是根据国家进入工业化逐渐过渡到社会主义社会的总路线、总任务，根据最近高等师范教育会议的精神，明确以教学为中心，进行政治思想教育工作。……为此，值校刊创刊周年之际，特作如下决定：一、决定校刊自二十一期起将《教与学》更名为《山东师院》，并改半月刊为旬刊。"③ 1953年11月20日，《教与学》更名为《山东师院》，承接《教与学》第20期，出版《山东师院》第21期，仍是旬刊，每期4版。到1954年7月29日第40期，共20期，其他照例（唯第40期是2版）。

1954年11月，随着国家教育形势的变化以及对学报定性的转变，山师

① 校刊编辑室:《启事》,《教与学》1953年3月30日第4版。

② 《重视校刊,办好校刊!》,《山东师院》1953年11月20日第1版。

③ 余修:《加强校刊工作的决定》,《山东师院》1953年11月20日第1版。

学报开始了又一次改版。这次改版对于山师学报而言非常特殊且重要。从这次改版的具体情况来看，山师学报名称没有发生变化，仍然是《山东师院》，变化显著的是内容和形式。特别是在形式上，学报不再是以报纸体例的第几期第几版来印制，而是按照学术期刊的杂志体例来印制。1954 年《山东师院》第 41 期（改版后的第 1 期）的印制体例完全不是报纸版式，而是按照学术期刊通常采用的 16 开杂志版式印制，紧跟在《发刊词》后面的就是该期的目录。这明显表明了山师学报的期刊性质定位。在内容上，也更倾向于刊发一些教学改革理论研究和科学理论研究的文章，新闻、通讯类的文章明显减少。这些显著的变化表明山师学报一个明显的倾向，即开始由原先注重新闻宣传向教学改革与科学研究并重的方向发展。这也标志着山师学报从此不再具有校报的性质，开始正式成为一份具有鲜明期刊特色的杂志刊物，不过此时的山师学报还只是内部刊物，编辑单位是山东师范学院校刊编辑室。

1956 年，山东师范学院决定将“校刊”变为“学报”，于 4 月 28 日召开院务扩大会议，讨论决定“拟出学报，刊名暂定《教与学》，以后逐渐过渡为《山东师院学报》”[①]。在报上级机关后，1956 年 5 月 28 日山师学报收到省委同意出版《教与学》杂志的批文。1957 年 3 月 23 日，山东师范学院召开院务会议，讨论成立学报编委会和出版学报的问题[②]。1957 年 12 月，山师学报以《山东师范学院学报》刊名正式出版 1957 年第 1 期（人文科学版）。封面标注的编辑者是山东师范学院学报编辑委员会，出版者是山东师范学院。自此，山师学报正式创刊。回顾这段历史，尽管现在人们都认可 1956 年是山师学报创刊年，但是从不同的角度讲，1952 年校刊的创办、1954 年校刊的改版以及 1957 年学报第 1 期的出版都可以看作是山师学报的创刊性事件。1965 年 12 月，山师学报停刊[③]。1966 年“文化大革命”

① 周国平:《山东师范大学校史(1950—1990)》,青岛海洋大学出版社 1990 年版,第 119 页。

② 周国平:《山东师范大学校史(1950—1990)》,青岛海洋大学出版社 1990 年版,第 128 页。

③ 山东省省情资料库:第一卷书刊出版 · 第二类期刊出版 · 第三辑中华人民共和国成立后期刊出版 · 7. 山东师大学报,网址:http://lib. sdsqw. cn/bin/mse. exe? COLLCC = 1803053359&COLLCC = 1793964354&seachword = % u5C71% u4E1C% u5E08% u5927% u5B66% u62A5&K = a&A = 75&rec = 181&list = 1&page = 20&run = 1。

开始后，随着全国政治形势的发展，《黄河评论》（1967 年）和《教革简讯》（1970 年）相继创刊。

二、山师学报复刊和创业发展期（1972—2000 年）

1972 年，山师学报以《山东师院》刊名复刊，为季刊，实行文理分册出版，在总期次上重新从第 1 期开始计算。《山东师院》的重新出刊，标志着山师学报重新起航，开始了崭新的发展阶段，也表明山师学报在注重政治宣传的同时，开始有意识地从社会科学和自然科学两个方面来编辑刊发教学科研论文。从出刊频次上看，倾向于两个月一期。从 1972 年第 1 期至 1975 年第 6 期，这是一个过渡的阶段，却是一个非常重要的阶段，有它的时代性和特殊性。这一时期，山师学报开始走出了规范性发展的第一步，即出刊周期逐渐固定，总刊次也开始连贯起来，并且开始有意识地出版社会科学版和自然科学版，并逐渐形成侧重社会科学、回归学报性质的倾向。

此后，从 1976 年《山东师院学报》正式出刊到 2000 年第 1 期，山师学报在体例上不断完善，逐渐形成了包含中英文目录、摘要、正文、作者简介等在内的刊发体例。1976 年《山东师院》更名为《山东师院学报》，并于 1 月 6 日出版了《山东师院学报（社会科学版）》第 1 期。这一更名出刊，似乎是对 1956 年 4 月 28 日院务扩大会议“拟出学报，刊名暂定《教与学》，以后逐渐过渡为《山东师院学报》”① 的回应。这实际上也标志着山师学报在经过了多年的曲折发展后，正式宣告回归学报性质。在总期次上，延续了《山东师院》的期次；在出刊频次上，除了有一段时期出刊日期不固定以外，从 1978 年第 1 期开始，基本上固定为两个月一期，出刊频次开始正常；从刊发内容来看，主要刊发社会科学类的文章，不再刊发自然科学类的文章。1976 年还将第 4、第 5 期合期出版了“纪念鲁迅逝世四十周年专刊”。山师学报也由此正式确立了文科学报和理科学报的区分，并延续至今。1976 年《山东师院学报（社会科学版）》的出刊标志着山师学报逐渐探索出了一条走学科划分、符合自身特色的发展道路。此后，山师

① 周国平:《山东师范大学校史(1950—1990)》,青岛海洋大学出版社 1990 年版,第 119 页。

学报尽管又经历了几次更名，但在总体上规范性并没有发生特别大的变化。

此后，1976 年到 1981 年这 5 年间，山师学报逐步成形规范，并开始走上稳步发展的道路。1979 年第 3 期至 1981 年第 4 期，山师学报在原先“社会科学版”标识前加了“哲学”二字，这标志着山师学报进一步向学术期刊的转型和编刊宗旨的确立。1979 年第 5 期《〈山东师院学报〉（哲学社会科学版）全国发行启事》指出：“《山东师院学报》（哲学社会科学版）是综合性文科学术刊物，主要刊登政治、文学、历史、教育等方面的学术论文，同时反映具有师范特点和地方特色的研究成果，提供有关参考资料，努力为发展社会主义文化教育事业贡献力量。读者对象为高等院校文科师生和中、小学教师。”① 可见，山师学报的定位是追求科研和教学双重性质的综合性学术期刊。自此，山师学报遵循这一“综合性学术期刊”定位，不断地向前发展，延续至今。此外，出刊周期也明确固定为双月刊，每逢单月 25 日出版，从 1980 年起在全国发行。②

1981 年，山东师范学院更名为山东师范大学，随之从第 5 期开始，《山东师院学报》也更名为《山东师大学报（哲学社会科学版）》。《〈山东师大学报〉征订启事》指出：“《山东师大学报》是哲学社会科学的学术和教学研究性刊物。本刊以马列主义、毛泽东思想为指导，坚持党的四项基本原则，认真贯彻‘百花齐放，百家争鸣’的方针，主要刊登政治、哲学、经济、历史、文学、教育等方面的学术论文，同时反映具有师范特点和地方特色的研究成果，提供有关中学教学参考资料，努力为发展社会主义文化教育事业贡献力量。主要读者对象为高等院校文科师生、哲学社会科学研究人员和中学教师等。”③ 这也表明更名后的山师学报仍然一方面定位于科学研究，另一方面定位于服务教学。

1980 年，山师学报开始在全国范围内发行，新的问题也随之出现。

---

① 编辑部:《〈山东师院学报〉(哲学社会科学版)全国发行启事》,《山东师院学报(哲学社会科学版)》1979 年第 5 期。

② 编辑部:《〈山东师院学报〉(哲学社会科学版)全国发行启事》,《山东师院学报(哲学社会科学版)》1979 年第 5 期。

③ 编辑部:《〈山东师大学报〉征订启事》,《山东师大学报(哲学社会科学版)》1981 年第 5 期。

1982 年第 2 期封底，学报再一次刊登《本刊启事》。启事内容是："本刊在全国发行以来，经常收到校内外许多来稿，得到了各方面的热情支持，对此我们表示欢迎和感谢。但由于编辑部人手所限，对来稿处理重申：（一）凡铅印稿、油印稿、复写稿以及二千字以内的短稿恕不退还，还请自留底稿；来稿如在三个月内未见处理意见者，作者即可另行处理，但三月之内凡投稿本刊者，切勿一稿两投，否则后果概由作者负责；来稿一经刊用，即付稿酬。（二）来稿请用 16 开方格纸横写清楚，引文要核对无误，并于稿尾详注出处。对来稿，本刊得在文字上酌情删改，凡不同意者请在稿中注明。来稿要写明作者真实姓名及详细通信地址。（三）来稿请寄本刊编辑部，以便登记处理，不要寄给个人，以免延误或遗失。"①

可见，早在 20 世纪 80 年代初，山师学报就已经在稿件征集、稿件登记、预防稿件一稿多投、稿酬给付等方面有了自觉意识，并且制定了初步的审稿用稿机制。1982 年第 4 期，编辑部再次发布《本刊启事》就一稿多投问题作出郑重说明："本刊发表的文章，本不应同别的报刊发生重复，但近年来发现在我刊发表过的文章，又在其他刊物发表。对此，读者来信提出批评意见。据查，这是作者一稿两投和有的刊物转载文章不署来源所致。今后，我们除加强工作外，切望作者、编者注意，杜绝类似事件的发生。"② 1983 年第 6 期封底的《订阅》告知也再次强调了山师学报"重视基础科学研究突出师范教育特色"③ 的基调。

1986 年 1 月，《山东师大学报（哲学社会科学版）》再次更名为《山东师大学报（社会科学版）》。1987 年 10 月 12 日，山师学报以《山东师大学报（社会科学版）》刊名正式在山东省新闻出版局登记，换发期刊登记证，并由国内发行变为国内外公开发行。

这一时期，山师学报从体例上的主要变化有：1988 年第 1 期，为了更好地体现学报编辑的主体责任，学报在版权页中正式加印编委会主任、副主任、编委，编辑部主编和副主编的名字，这样，山师学报更加具有了学

① 编辑部:《本刊启事》,《山东师大学报(哲学社会科学版)》1982 年第 2 期。

② 编辑部:《本刊启事》,《山东师大学报(哲学社会科学版)》1982 年第 4 期。

③ 编辑部:《欢迎订阅〈山东师大学报〉》,《山东师大学报(哲学社会科学版)》1983 年第 6 期。

术规范性，也使得学报的连续性更加明显。1991 年 1 月第 1 期，在封三上开始加英文目录。1991 年 4 月第 3 期，为了进一步提升办刊质量，增强学术的规定性，学报再次发出稿约，对来稿作出明确规定：“一、来稿请用 300 字绿或蓝色横格稿子誊写清楚，汉字书写及标点符号的使用要符合规范，每一标点占一格。不要出现红色笔迹。二、文稿字数一般以 8000 字左右为宜，每篇文稿另附内容提要一份（200 字左右）。三、凡引文（含标点符号）务请查对核实清楚。附注列于文后，注明所引书作者、书（文）名、卷（期）数、版本、出版时间、页码。文后注码应与文内注码一致。四、来稿请径寄编辑部，勿寄个人，以免延误。请勿一稿多投。因财力所限，来稿不退寄（要求退稿者，请寄稿时附足邮资）。作者在三个月内接不到刊用通知，可自行处理稿件。五、定稿发排后，于校清样时请勿再作修改或增删。”① 1992 年第 5 期封底订阅启事中申明：从 1993 年起，每期 112 页，每期 21 万字。1996 年，学报在正文体例中正式加上“内容提要”、责任编辑。1997 年第 1 期起，学报开始标注上卷数。从 1999 年第 1 期开始，不再刊登原先的“补白”。1999 年开始，刊登学科信息，服务学校学科发展。从 2000 年第 1 期开始，学报在体例上增加“摘要”“关键词”“中图分类号”“文献标识码”“文章标号”“收稿日期”“作者简介”“责任编辑”等信息。这也标志着山师学报在经过多年发展之后，在体例上基本成熟和定型，度过了创业发展期，进入稳步发展期。

从 1972 年山师学报复刊到 2000 年学报体例的基本定型，这一段历史既是山师学报的成长史，也是学报随着时代发展，形式、内容不断丰富，学术规范性不断增强，并最终形成山师学报自身特色的时期。这一时期最大的办刊风格是形式灵活、开放办刊、栏目设置丰富。这一特点尤其表现在 20 世纪 80 年代。山师学报的栏目设有《争鸣》《研究生论坛》《简讯》《补白》《读者来信》等，既有学术争鸣，又有与作者的沟通，同时服务学校师生。特别是《简讯》使学报不仅成为一个成果展示的平台，而且成为体现学界信息、进行学术交流的重要渠道。如 1986 年第 3 期，山师学报发布简讯《山东省高等学校学报研究会成立》，对山东省高校学报研究会的成

① 本刊编辑部:《稿约》,《山东师大学报(社会科学版)》1991 年第 3 期。

立作了简要介绍。此外，山师学报还充分利用封底，发布征稿启事、征订通知、介绍兄弟期刊等。封底还经常刊登名家名字名画，富有人文气息。《读者来信》则建立了学报与作者的交流沟通纠错机制。从刊文内容来看，山师学报已经形成以文学、马克思主义理论、教育学、心理学、政治学、历史学为主要刊文内容的“小文综”格局。这一时期山师学报刊文也多次被人大复印报刊资料全文转载、《新华文摘》主体转载或论点摘编。山师学报形成了注重学术论文质量、以学术质量为第一标准刊发论文的用稿宗旨和历史传统。经过多年的打造，山师学报在期刊界有了一定的知名度。1988 年 11 月全国高等学校文科学报研究会正式成立，1990 年 7 月山师学报被选为理事单位。1992 年 4 月，山师学报荣获 1991 年山东省优秀社科理论期刊三等奖；1992 年、1996 年先后入选北京大学《中文核心期刊要目总览》；1995 年山师学报被评为“山东省优秀期刊”。1999 年 9 月 10 日，荣获首届“全国百强社科学报”称号。总的来说，经过多年发展，山师学报已经发展成为一个比较成熟且有一定社会影响力的学术期刊。

三、稳步发展与改革创新期（2001 年至今）

相比于 20 世纪八九十年代的山师学报，进入 21 世纪后的山师学报在形式上不再那么灵活，发文风格更加倾向于学术性，也正是在这个过程中，山师学报逐渐形成了稳重大气的期刊特色。从 2000 年到 2011 年第 3 期，山师学报的体例基本上没有发生大的变化。

2001 年，《山东师大学报（社会科学版）》更名为《山东师大学报（人文社会科学版）》；2002 年，《山东师大学报（人文社会科学版）》依据《关于核准山东省新闻出版局调整高校学报方案的批复》（新出报刊〔2002〕467 号），更名为《山东师范大学学报（人文社会科学版）》。此后近 20 年间山师学报一直使用这一标识，直到 2020 年第 1 期山师学报刊名更名为《山东师范大学学报（社会科学版）》。

这一时期，山师学报在原先的基础上稳步发展。2000 年、2004 年、2008 年学报先后入选北大版全国中文核心期刊；2001 年 2 月，经由全国专家学者投票，入选南京大学中国社会科学研究评价中心第一届 CSSCI

(1999) 来源期刊；2002 年 8 月 20 日，荣获“第二届全国百强社科学报”称号；2002 年 10 月，刊发论文《邓小平与新时期的思想解放》获山东省社科期刊党建优秀作品奖；2003 年 4 月，获得首届《CAJ-CD 规范》执行优秀期刊奖等；2003 年 7 月起，学报被《中国期刊全文数据库》(Chinese Journal Full-text DATabase) 全文收录，入选《中国学术期刊综合评价数据库》(CAJCED) 统计源期刊；2005 年，经《中国知识资源总库》专家委员会审核，从《中国期刊全文数据库》近 8000 种期刊中遴选出了 500 家社会科学类期刊入选“中国社会科学期刊精品数据库”，山师学报顺利入选。2006 年，山师学报在“万方数据——数字化期刊群”全文上网，被《中国核心期刊（遴选）数据库》收录。总体而言，这一时期山师学报的发展步入了一个稳步发展期。

进入 21 世纪以来，学术期刊界开始有了一种变化，这就是在学术期刊评价上，各大期刊评价体系更侧重于引用率、转载率等社会影响力指标。这实际上也意味着在经过长期的稳步发展后，山师学报又开始面临新的考验。从 2011 年开始，山师学报顺应学术期刊发展趋势，自觉将期刊建设纳入服务山东师大名校品牌建设的大局，对标高品质期刊，正式进入改革创新期。从 2011 年第 4 期开始，学报编辑部在学校党委领导下，以学术期刊的提升与发展为工作核心，深化落实各项制度措施，通过优化约稿、用稿、编稿等多重机制，凝心聚力干事创业，刊发了一批高质量、有社会影响力的文章，得到了社会各界的好评，取得了明显的成效。截至 2021 年 6 月，山师学报在国内几大学术期刊评价体系中表现良好，可以说又创造了新的辉煌。

其一，加强学报制度化规范。近 10 年来，山师学报自觉将期刊建设纳入服务山东师大名校品牌建设大局之中，锐意改革，创新办刊思路和路径，注重现代管理制度建设，制定了系统完善的用稿编稿管理制度，特别重视把好三关：一是把好编辑部内审关，严格按用稿标准处理稿件，杜绝“关系稿”“职称稿”等不良现象；二是把好学术专家外审关，刊发稿件均经校内外学者评审专家盲审程序，避免用稿中出现导向性偏差、学术性不强、学术水平不高等问题；三是把好用稿编校关，提升论文的编校质量。在注重制度建设的同时，学报狠抓制度的落地落实，确保制度发挥其应有的效能。在制度化规范下，学报既注重名家名稿，又注重新秀新作。如著名学者严家炎、杨义、石仲泉、李君如、林崇德、曾繁仁、王先霈、温儒敏、顾之川、柳建辉、谢春涛等学者相继在学报发表论文；一大批青年才俊的新作在学报发表后被复印报刊资料全文转载，学报由此驶入了可持续发展的快车道。

其二，推进期刊数字化建设。为了更好地发挥论文应有的社会效能，山师学报注重期刊的数字化建设，加大电子期刊的推介力度。学报把每期期刊制作成完整的电子期刊，然后通过电子邮件定向推送给相关学者。据统计，自 2011 年以来，编辑部如期向相关学者推送电子刊 20 余万份，这一举措不仅使论文的社会效能得到了最大限度的释放，而且还提升了学报的美誉度和知名度，吸引了更多优秀学者的论文，得到了学术界和期刊界的好评。与此同时，学报为了充分发掘过刊的学术效能，又在 2013 年启动了过刊数字化工程，把学报自创刊以来的全部过刊扫描成电子刊，并上传学报网站，读者可以自由免费获取。为了进一步提升学报的社会影响力，学报还开通了“山东师范大学学报”微信公众号，作为展示文科学报的又一重要窗口。

其三，加强学术期刊理论研究。2011 年以来，学报编辑部有意识地重视学术期刊理论的研究工作，启动了《〈山东师范大学学报（社会科学版）〉文粹书系》。自 2011 年以来，“山师学报文粹书系”已经出版了 9 本，分别是《新世纪鲁迅研究论文选》（孙昕光编，山东人民出版社 2018 年版）、《多维视阈下的中国现当代文学》（李宗刚编，山东人民出版社 2019 年版）、《文艺学的探索与建构》（孙昕光编，山东人民出版社 2019 年版）、《马克思主义与中国社会运行》（寇金玲编，山东人民出版社 2019 年版）、《教育学心理学新论》（时晓红编，山东人民出版社 2019 年版）、《〈山东师范大学学报（人文社会科学版）〉目录摘要汇编（1978—2018）》（李宗刚编，贵州人民出版社 2019 年版）、《山师学人与山师学报：教育学心理学研究卷》（李宗刚编，山东大学出版社 2020 年版）、《穿越时空的鲁迅研究——“山师学报”（1975—1999）鲁迅研究论文选》（李宗刚、王沛良编，山东人民出版社 2021 年版）、《〈山东师范大学学报（人文社会科学版）〉发展纪略》（李宗刚等著，山东人民出版社 2020 年版）。目前，李宗刚正在编辑《山师学人与山师学报：中国现当代文学研究卷》、王盛辉正在编辑《山师学人与山师学报：马克思主义研究卷》、孙秋英正在编辑《山师学者视阈下的马克思主义——“山师学报”优秀论文选》、张登德正在编辑《文化视阈下的历史书写与研究》。此外，山师学报先后编辑出版了《新世纪以来学术期刊研究资料》（李宗刚、孙昕光编选，山东人民出版社2018年版）、《新时代学术期刊评价体系的建构与实践》（李宗刚编，山东大学出版社2021年版）。同时，还出版了三本专著：《大数据时代学术期刊编辑学研究》（孙昕光著，山东人民出版社2018年版）、《新时代学术期刊编辑学》（孙秋英著，山东人民出版社2020年版）、《学术期刊的使命与担当——〈山东师范大学学报〉创刊65年的回顾与展望》（王盛辉著，山东人民出版社2021年版）。这一学术期刊理论研究的工作，提升了山师学报的美誉度，进一步扩大了学报在期刊界的影响力。

其四，提升山师的学术影响。随着学报办刊质量的提升，学报刊发论文学术影响力不断扩大，多次被中国人民大学复印报刊资料、《新华文摘》、《高等学校文科学术文摘》和《中国社会科学文摘》等国内期刊全文二次文献转载摘编，学报的转载率、引用率等各项期刊评价技术指标持续攀升。2010年，学报复印报刊资料转载率是3.8%，2011年是5.8%，2012年是10.8%，2013年是25%。转载率排名从2010年的第200名左右跃进到2012年的转载率第46名；2013年，转载率挺进全国高校第12名。这一非凡的成绩引起了全国期刊界的关注，也成为学报重拾快速发展势头的重要一年。此后7年的时间里，学报转载率排名分别为54（2014）、28（2015）、54（2016）、51（2017）、56（2018）、53（2019）、46（2020）名。学报正是凭借较高的转载率，成为复印报刊资料的重要来源期刊。

随着办刊质量和学术美誉度的不断提升，山师学报相继获得有关期刊评价机构的青睐，从而实现了跨越式发展。2017年，学报以普通期刊的身份入选CSSCI（2017—2018）来源期刊扩展版；2019年，学报入选CSSCI（2019—2020）来源期刊。学报在阔别“C刊”近20年后，终于再次进入“C刊”行列，实现了山师学人共同的“C刊梦”。

2021年5月，CSSCI（2021—2022）来源期刊目录正式公布，学报再次成功入选。同时，山师学报还获得了其他学术评价机构的诸多好评。一是2017年学报入选北京大学《中文核心期刊要目总览》（第八版），重新回到全国中文核心期刊行列；2020年，学报再次入选北京大学《中文核心期刊要目总览》（第九版）。二是学报不仅重返全国高校百强社科期刊行列，而且还晋升为全国高校社科名刊。2014年，学报跨越全国高校优秀期刊层级直接晋级全国高校百强社科期刊。2019年，被评为全国高校社科名刊。山东省其他两家分别是《文史哲》和《山东大学学报（哲学社会科学版）》。三是被评为“RCCSE中国核心学术期刊（A）”期刊。2015年，学报被评为“RCCSE中国核心学术期刊（A）”期刊，名列高校文科学报第45名。2020年，再次入选该核心期刊行列。2018年，学报还入选中国社会科学评价研究院AMI的扩展期刊。

综上，从1952年《山东师范学院校刊》到1956年《山东师范学院学报》正式创刊；从1967年《黄河评论》、1970年《教革简讯》到1972年《山东师院》重新出刊；从1976年《山东师院学报（社会科学版）》，后经1979年《山东师院学报（哲学社会科学版）》、1981年《山东师大学报（哲学社会科学版）》更名到1987年《山东师大学报（社会科学版）》重新登记注册；从2001年《山东师大学报（人文社会科学版）》、2002年《山东师范大学学报（人文社会科学版）》到2020年《山东师范大学学报（社会科学版）》，山师学报走过了一段又一段不平凡的历程。

四、山师学报创刊65年来发展历程的启示

追忆山师学报65年走过的每一步，山师学报从无到有、从小到大，从不成熟到基本定型、稳步发展、改革创新，无一不是凝聚着山师学报人的心血，体现着学报人多年来任劳任怨、兢兢业业、精益求精办刊的山师精神。山师学报65年的办刊历史也给我们带来些许启示。

其一，学报的发展需要有学校全体人员的共同支持。一个优秀刊物的打造，仅凭编辑部是远远不够的，还需要上级主管主办部门以及广大作者的共同努力。早在1952年《出版〈山东师范学院校刊〉的决定》就指出：“为加强对校刊的领导，决定成立校刊编辑委员会，经常地具体工作则由政治处校刊编辑室负责计划办理。校刊编辑室在编委会领导下应大力组织全

院师、生、员、工的报道、阅读工作；在各单位内建立通讯网，指导通讯员的工作。各单位负责人也应重视此项工作，以贯彻‘大家办报’的方针。”[①] 可见，山师学报自创刊伊始就制定了“大家办报”的方针。直到今天，山师学报还秉承着这一“山师学报山师人办”方针。再梳理1954年改版以后的山师学报，特别是梳理1959年第2期（总第4期）开始到1960年第2期（总第13期），会发现在这两年山师学报采取了由各院系分工负责编辑出版学报的方式。也就是说，彼时山师学报实际上是集全校之力来推进发展。从这个意义上来说，山师学报自创刊伊始就不仅仅是山师学报编辑部自己在编辑，而是全校各方面共同努力的结果。从山师学报的发文作者来看，学校内部教师始终是发文的主力军，也正是他们的不吝赐稿，才使山师学报的发文质量有了保证，也才有了立刊之本。尤其是最近10年，学校从政策和资金上都给予了保障和支持，这也是山师学报能够实现高速发展的重要原因。

其二，学报的发展始终需要有一支坚强有力的编辑团队。人的因素是决定事业成败的关键。回顾山师学报的发展进程，一个重要的经验就是始终保持了一支优秀的编辑队伍。自创刊至今，山师学报编辑团队由无到有，由不定型到制度化，从编辑委员会到普通编辑成员，成为山师学报正常运行的重要保障。例如学报开始有校刊编辑委员会和校刊编辑室两级架构，这使得学报的发展有了强有力的领导和组织保障。其间，随着山师学报机构名称的变化，编辑委员会成员也相应发生变化。虽然1952年至1987年，在刊物上没有标注编委会成员、主编、副主编，只是从1988年第1期开始，山师学报才有了这一体例。但是，绝不能忽视其重要作用所在。从某种意义上讲，学报编辑委员会不仅是学报咨询和指导机构，更是学报的领导机构，是学报健康运作的强有力保障，它的存在反映了学校高度重视学报，集全校之力建设学报以及“山师学报山师办”的宗旨。

从实际运作来看，历任学报编辑委员会主任、副主任都是由校级领导或者知名教授担任，编辑委员会成员也多由学校各大院系的负责人、教授、

---

① 《出版〈山东师范学院校刊〉的决定》,《山东师范学院校刊》(创刊号),1952年11月5日第1版。

编辑部的主任和副主任担任。这种校领导加知名学者、主编的机构配置，不仅能够保障学报发展进程中所需要的政策、物资、资金和人力资源的顺利调配，而且能够有效保障学报的学术质量，使学报始终保持在一个较高的学术水平上。

如果说编委会是期刊发展的重要保障，那么主编则是期刊发展的灵魂。主编的风格往往决定了期刊的风格。这一点在山师学报的发展历史上表现尤为明显。自 1956 年正式创刊以来，山师学报历经了 5 位主编。周国平、覃正林、宋建国、李小虎、李宗刚 5 位主编和编辑部同仁一起，紧紧抓住办好期刊这个奋斗目标，一茬接着一茬干，一棒接着一棒跑，使学报在不同的历史时期展现出不同的风貌，一步一步向着成为社科名刊的方向前行。此外，一个部门如果要有好的发展，还需要做好编辑部内部团结和稳定工作，打造一支能战斗的编辑团队，充分调动广大成员的战斗力和执行力。现任主编李宗刚经常说，主编是教练，编辑就是运动员，好的运动员能够及时地将主编的战略战术落实到赛场上。计划不落实等于空谈。实际上也是如此，一个成熟良性发展的期刊，除了有一位优秀的主编坐镇营中外，还需要编辑如同优秀的战士一样落实主编的每一个策划和方案。

其三，学报要始终坚持“内容为王”“因时而动”“开放办刊”的办刊原则。“内容为王”，就是始终坚持学术至上与政治原则的相统一。一方面要坚持文章的思想性，使学报能够在学界引领话题、创新话语，成为某一学科的重大学术堡垒；另一方面，要始终有高度的政治觉悟，始终坚持在党的领导下办刊的根本原则。这是办好学报的根本所在。经过多年的发展，山师学报通过策划选题、约名家名稿等方式，已经发展成为在“文、史、哲”等方面有一定影响力的学术期刊。特别是作为具有鲜明山师学报标识的“中国现当代文学”栏目，在郭沫若研究、鲁迅研究等方面刊发了大量高质量论文，山师学报已经成为该领域重要的学术堡垒之一。“因时而动”，就是适应国家大的形势变化，不断调整发展策略。学报的发展必须要紧跟时代潮流，引领时代潮流，绝对不能“封闭办刊”，要做到有敏锐的嗅觉：要敏锐把握国家大政方针的指向性和导向性的变化，敏锐把握学术界对某些重大话题和议题的学术动态，敏锐把握期刊界、高校学报界发展的新态势，从而做到学报始终能与时代同步。“开放办刊”，就是要走出去、请进来，多和学术界、编辑界的专家、同仁请教、交流，多向他们学习。在历史上，学报通过多种方式（刊发通讯、召开会议、期刊介绍）与省内外期刊界、全国高校学报界等都建立了良好的关系。在发文方面，学报始终在国家相关期刊政策评价的指导下，平衡校内作者和校外作者发文的关系，既做到服务于教学科研，又做到开放的保守和保守的开放相结合。

2021 年 5 月 9 日，《文史哲》杂志创刊 70 周年之际，习近平总书记在给《文史哲》编辑部全体编辑人员的回信中向全国学术期刊界提出了打造“高品质的学术期刊”的要求。面对这一新要求、新形势、新机遇、新挑战，已经走过 65 年风雨历程的学报人一定会继续传承山师精神，继续总结经验教训和办刊规律，将学报事业继续推向新的阶段！

（原文刊发于《济宁学院学报》2021 年第 5 期）

掇菁撷华：在赓续文脉中再现教育学心理学经典

冯永刚

近年来，《山东师范大学学报（社会科学版）》办刊质量大幅提升，强化了山师学人“传承学术、弘扬真理”的自觉意识，激发了他们继续创编和再现经典的内驱力。2020 年 10 月，一份凝聚与积淀着山师学人 50 余年思想精华的书稿《山师学人与山师学报：教育学心理学研究卷》（李宗刚编）由山东大学出版社出版。本书是《山东师范大学学报》（人文社会科学版）文粹书系之一，收录了 1957 年至 2011 年间山师学人在学报上发表的有关教育学、心理学研究的优秀论文，共 39 篇，从纵向上较为全面地展现了 50 多年来山师学人在学报上发表教育学、心理学论文的情况。这本文集，不仅是一部彰显山师教育学心理学发展的学术长卷，也是闪耀着山师学人智慧火花的思想文库。

一、追古说今，凝萃学人与学报的科研结晶

溯源于 1954 年的《山东师范大学学报》，是一份拥有 60 余年悠久历史的人文社会科学综合性学术期刊。近年来，在学报编辑孜孜不倦的奋斗与探索之下，学报的学术质量稳步攀升。2017 年，《山东师范大学学报（人文社会科学版）》顺利入选中国社会科学引文索引 CSSCI（2017—2018）来源期刊扩展版目录，2018 年入选全国中文核心期刊，2019 年、2021 年两次晋级 CSSCI 来源期刊目录，并被全国高校文科学报研究会评为“全国高校社科期刊名刊”，学报主编李宗刚教授也被山东省委、省政府授予“攻坚克

难奖”。这些荣誉的获得，标志着学报发展已迈向新台阶。此时此刻，有必要回溯经典、展现学报发展的精神风貌，为学报砥砺前行增色添彩。

鉴于学报是综合性期刊，难以满足不同专业读者的研究需求，学报主编李宗刚教授萌生了按照学科属性编选学报优秀论文集的想法。汇编优秀论文，这本身是一个科研的过程，其中涉及对学报的定位和认知，关涉对学报发展历史的把握，也体现着学报对科研成果的审核要求，是学报自身研究水平的体现。简言之，研究与回溯学报论文发表的历史，就是回溯山师学术发展的过程，也是审视学科发展历史的过程，更是对各学科科研结晶的再次总结、回顾与学习。这一想法于 2017 年开始付诸实践，此后各类成果陆续出版，如 90 余万字的大部头学报资料集《〈山东师范大学学报（人文社会科学版）〉目录摘要汇编（1978—2018）》[①]，可谓是改革开放以来山师 40 年学术演变历史、学科发展历史、科研结晶的一个缩影。

另外，学报的进一步发展离不开经验、教训的总结，更需要在总结中追溯发展过程中的关键节点与关键人物。究其根本，是在对这些关键时期科研成果的汇总与提炼中审视学报自身发展的不足，进而谋划未来的发展方向。这种基础研究更是把握学报发展动力、布局未来发展图景的契机。由此，2018 年学报编辑部又开启了“山师学人与山师学报”系列丛书的编选工作，中国现当代文学研究卷、马克思主义研究卷和历史研究卷相继问世，但尚未将教育学心理学研究卷纳入其中。然而，山师作为综合型的师范大学，教育学、心理学是优势特色学科，该系列丛书是展现山师学人科研成果的重要载体，缺失了教育学心理学研究卷，这不能不说是一大缺憾。经过考虑，李宗刚教授主动承担起了编选教育学心理学优秀论文选的责任。因之，可以满足教育学、心理学专项研究需要的经典汇编应运而生。

二、盘活记忆，镌刻教育学心理学学术发展的精神脉络

书稿入选论文按时间先后顺序编排，共计 39 篇，发表时间为 1957 年

① 李宗刚:《〈山东师范大学学报(人文社会科学版)〉目录摘要汇编(1978—2018)》,贵州人民出版社 2019 年版。

至2011年。其中，发表于50年代的2篇，发表于80年代的14篇，发表于90年代的11篇，进入新世纪后发表的12篇。论文涉及的内容包括教育哲学、道德教育、课程与教学研究、教育史、理论心理学、发展与教育心理学等。文章既紧贴当时学科发展前沿，又密切关照生活实践，既有理论高度，又有实用价值。可以说，这是一本充分展现山师学报办刊历史、传承山师学人治学精神、体现山师学人学术水平的论文选集，更是一本记载山师教育学、心理学研究的鲜活学术记忆。

（一）击扣真理之门，呈现彼时研究的现代张力

教育是经世致用的学问。50余年来，一代代学人在上下求索的过程中，通过对教育学和心理学基本理论与实践问题的深入思考，以“文章合为时而著，歌诗合为事而作”为使命，发时代之先声，在时代发展中有所作为，在中国教育史上留下了诸多影响深远的文章。这其中，傅统先的《对于格式塔心理学的初步批判》[①]、潘伯庚的《关于教育的本质》[②]、章益的《心理学的回顾与前瞻——读西方心理学史随感》[③]、鲍兆宁的《孔子的学养和教育经验》[④]、赵承福和邵小武的《对我省城乡4653名小学低年级学生不良行为的观察研究报告》[⑤]、刘祚昌的《“仁”是孔子教育事业的核心》[⑥]、陆有铨的《分析教育哲学述评》[⑦]、戚万学的《道德教育的实践目的论》[⑧]、韩延明的《论大学教育观念现代化的特征与属性》[⑨]、徐继存的《关

① 傅统先:《对于格式塔心理学的初步批判》,《山东师范学院学报(人文科学)》1957年第1期。

② 潘伯庚:《关于教育的本质》,《山东师院学报(哲学社会科学版)》1980年第4期。

③ 章益:《心理学的回顾与前瞻——读西方心理学史随感》,《山东师院学报(哲学社会科学版)》1980年第6期。

④ 鲍兆宁:《孔子的学养和教育经验》,《山东师院学报(哲学社会科学版)》1981年第3期。

⑤ 赵承福、邵小武:《对我省城乡4653名小学低年级学生不良行为的观察研究报告》,《山东师大学报(哲学社会科学版)》1982年第2期。

⑥ 刘祚昌:《“仁”是孔子教育事业的核心》,《山东师大学报(哲学社会科学版)》1985年第6期。

⑦ 陆有铨:《分析教育哲学述评》,《山东师大学报(社会科学版)》1987年第5期。

⑧ 戚万学:《道德教育的实践目的论》,《山东师大学报(人文社会科学版)》2001年第1期。

⑨ 韩延明:《论大学教育观念现代化的特征与属性》,《山东师范大学学报(人文社会科学版)》2002年第5期。

于课程与教学论功能的思考》[1] 等文章，既有理论创新价值，更有极强的现实针对性和实践指导性，是教育界发出的金玉良言、真知灼见和“时代之声”。

选编已发表的论文，再现彼时研究经典，无疑对其关于现代问题的适用性提出了挑战。然而，深读和洞悉各位学者的学术思想后不难发现，其所推崇的主张至今仍具有普及和推广的意义，占据我国相关学科研究成果的重要地位，对当前的教育教学改革具有强大的启迪和警示意义，是重要的时代标杆。这意味着这些学术成果的现代张力仍有待激发。因此，汇编教育学心理学研究卷，就显得日益重要而迫切。

（二）穿梭时空隧道，再扬学科传承的迭代精神

在章益、傅统先、陆有铨等国内一大批研究学者的引领下，山东师范大学教育学和心理学两大学科在历史传承中实现了良好的接续发展。几代学人在更迭演变中坚持学科研究的基本原理，跟踪学科发展的前沿动态，逐渐形成了山东师范大学两大学科发展的迭代优势和研究特色。以教育学学科为例，作为自 1950 年山东师范大学建校以来最早设立的六个系之一，教育学科在章益、傅统先、鲍兆宁、陆有铨、赵承福、戚万学等一批学者的支持与不懈努力下，在教育哲学、德育原理、课程与教学论等方向已经形成稳定的研究团队，产出了一大批在国内产生重大影响的研究成果。截至目前，现有 4 个专业中，除新上小学教育专业外，教育学、学前教育学、教育技术学 3 个专业全部入选国家一流本科专业建设点。目前拥有教育学原理国家重点（培育）学科、山东省政府“泰山学者”设岗学科、国家第二类本科特色专业，拥有“德育原理”国家级精品课程和“德育原理”国家级教学团队，拥有教育学博士后科研流动站、教育学一级学科博士学位授权点等。这为教育学科的振兴繁荣以及推动教育事业的持续发展奠定了扎实的基础。

纵观山师学科建设历史，不难发现，教育学心理学研究卷选编的这些论文，既凸显了山师学人的学术水平，又彰显了山师的学科建设水平。教

---

① 徐继存:《关于课程与教学论功能的思考》,《山东师范大学学报(人文社会科学版)》2004 年第 5 期。

育学心理学研究卷的汇编工作，突破了代际壁垒，搭建了迭代争鸣平台，是展现山师学人不断传承的科研创新精神的有力举措。

三、捋清思路，撬动山师学术研究的新引擎

梳理学报创办以来刊发的教育学心理学论文，并不仅仅是回顾和总结，更重要的是以此为契机，砥砺前行，在过去经验与未来发展之间的求索过程中捋清思路，找到科研持续行进的动力。

（一）再学前人成果，纵深学科建设新思路

梳理学报创办以来刊发的教育学心理学论文，将有代表性的优秀论文编选成册出版，不仅有助于科研成果的有效管理、保存、传承与发扬，而且可以使这两个专业的读者重温50多年来前人的学术研究之路，反思前人曾经关注并致力于解决的问题在当下何为，是已有既定结论还是悬而未解？如此，既可以总结已用的经验教训，从而少走弯路，也可以站在前人的肩膀上继续深化研究，促进教育学心理学研究向纵深发展。

学科的发展离不开学者的科研贡献，教育学心理学学科建设是几代学人共同努力的成果。在此期间，人才迭出，成果喷涌，是山师教育学、心理学学科发展实力的体现。研究领域的创新与探索推进了学科建设，学者研究领域的创新体现出学科发展的实力，学者研究过程的坚韧是学科建设的历史进程与阶段性发展的体现。汇集出版已往具有代表性的教育学心理学成果，其实质是一代代教育学心理学学人在理论认知、学科建设、学术发展上的历练和转变的体现，这其中所反映的学科发展的困顿、疑惑和迷思，以及多次尝试和探索的路径，恰恰是今日学科建设的宝贵经验和发展指南。稽古可以振今，前辈学人累积的成果，更能推动今日学者开拓出一条新的发展路子。

（二）搭建争鸣平台，赓续学术服务新使命

本书所选编的论文，大部分是在山师教育学部、心理学院任教或求学的学者撰写的。这使得入选论文虽然可能不是山师学人最具代表性的成果，但毋庸置疑的是山师学报为论文作者在教育学心理学领域中进行学术求索和展现教育智慧搭建了交流的平台。这些论文的作者之中，既有学校建立

之初新中国教育哲学的奠基者傅统先先生、心理学学科发展的奠基者章益先生，也有学校不同发展阶段教育学、心理学学科的领军人才和中坚力量，还有当年工作、求学于此，如今在国内外教育学、心理学领域占有一席之地的知名学者。选编论文时，在保证论文学术水平的同时，也体现了学者选择上的年龄宽度——老中青学者均有涉及。

自创建以来，经过几十年的发展，山师学报已经成为老中青三代学者展现学术新姿的重要平台，成为山师学人学术跋涉历程中的宽广教育平台。山师学报此次汇编工作，更是确定了立志服务老中青学者的基调，为老中青学者的学术争鸣提供自由发挥的平台。透过这本优秀论文选，既看到了山东师范大学教育学、心理学人才梯队建设和人才培养的卓越成效，也看到了山师学人为我国教育学、心理学研究作出的重要贡献。学报注重学术水平、有意栽培年轻学者的选才方式，重视人才培育的连贯性，注重科研精神的传承，强调理论建设带动学术争鸣的服务本能，必将焕发出未来发展的全新生命力。

（三）助力转识成智，设想文献赋能新体验

从理论知识获取的角度看，本次汇编有多篇教育学心理学相关理论、流派和人物思想的述评性文章，如对分析教育哲学、未来主义教育哲学的介绍[①]，对格式塔心理学、罗推尔社会行为学习理论的述评以及对科学主义心理学方法论基础的动摇[②]，对孔子、陈炽、夸美纽斯、布鲁纳、苏霍姆林斯基等中外教育家思想的述论。通过阅读本书，读者可以对上述理论流派、人物的主要思想有比较全面的认识，从而提高自身的专业理论素养。从解决现实问题的角度看，本书编选的论文亦具有很强的实践意义，如对小学低年级学生存在的不良行为及产生原因、父母教育方式对儿童发展的影响、高校传统人文学科教学改革等问题进行了调查研究，读者在阅读的过程中可以提高对现实问题的敏感性，学习如何运用相关理论为分析和解决现实问题服务。

此外，阅读带给读者的不仅是功用性的体验，还有情感上的共鸣。由

---

① 陆有铨、赵洪海：《未来主义教育哲学》，《山东师大学报（社会科学版）》1988年第6期。

② 高峰强：《科学主义心理学方法论基础的动摇》，《山东师范大学学报（人文社会科学版）》2002年第2期。

理论学习到精神上的同频共振，进而催生科研动力和研究热情，是学报本次汇编工作能够转识成智的又一体现。翻阅本书的时候，我们可以追溯学报创建之初山师老一辈学者的艰难跋涉之路，也可以感受不同时代山师学人砥砺奋斗、勇攀学术高峰的探索精神。多年来，正是由于山师学报和山师学人的相互扶持、相辅相成，才有了如今山师学报和山师教育学心理学高质量发展的繁荣景象。这将极大地点燃青年学人的研究激情，激发创新精神，在批判中超越自我。由此，功用的体验、情感的共鸣、精神的激振，自是顺理成章。山师学报正在尝试用文献给读者打造全新体验，激发他们的创作热情，这是一个新媒体时代学报必要且重要的新探索。

（四）优化办刊质量，示范提质增效新标杆

《山东师范大学学报（社会科学版）》作为综合性的学术期刊，开设“中国现当代文学研究”“马克思主义理论研究”“历史学研究”“教育学研究”“心理学研究”“管理学研究”“经济学研究”等栏目，主要刊登马克思主义理论、文学、语言学、历史学、教育学、心理学、哲学、法学、经济学、政治学等方面的学术论文。她犹如一个大的水果拼盘，盛放的水果种类非常丰富，但由于读者的口味不同，需要读者根据自己的需求进行选择。当下，随着大数据时代的到来，尽管为读者筛选资料提供了便利，但是数据库呈现给读者的只是单篇论文，不能窥探到学术期刊栏目设置和刊发论文的整体面貌。所以，本书的出版，是山师学报教育学心理学研究栏目的经典汇集，是推动教育学心理学研究的宝贵素材。

每一本学术期刊在论文编排方面都有其自身的定位和特色，凡是有意投稿的读者都应该有所了解。在投稿前一定要判断所投的论文是否符合期刊的定位，同时按照期刊规定的格式和行文要求来撰写论文，这些都可以大大提高稿件的录用率。本书作为山师学报教育学心理学优秀论文的合集，不仅很好地回顾了山师学报的办刊历程和教育学心理学的学术发展历程，而且展现了学报几十年来教育学心理学研究栏目刊发论文的整体面貌。阅读本书，可以在最短的时间内了解学报办刊特点，从而在投稿的过程中更加有的放矢。可以说，该书为教育学心理学读者、投稿者提供了优秀模版以供其学习和借鉴，从而助其论文提质增效。另一方面，学报对优秀论文的集中汇编，也是奠定今后学报编选教育学心理学类论文的基调，为学报选稿树立标杆。通过学报和学人的双重努力，学报的办刊质量必将进一步优化与提升。

(五) 叠加综合影响，集萃科研兴校新英杰

学报是展示大学教学与科研成果的重要载体，是展现学校整体形象和影响力的重要窗口，对学校发展具有重要意义。正如厦门大学原校长王亚南所言："看一所大学，主要看三个方面：一是它的师资队伍，二是它的图书馆，三是它的学报。"透过大学学报的办刊情况，可以窥探出大学的办学格局与办学境界。所以，将学报办成学术名刊，对于提升学校的形象大有裨益。

参照国内外知名期刊的先进经验，将已经发表在学报上的文章按照其学科属性分门别类地编选论文集再次出版，促进叠加效应的产生，是提升期刊学术影响力的有效方式，也是激发后辈学者强化科研实力、努力提升自我的有效方式。如美国管理学会已经出版了两辑《美国管理学会学报最佳论文集萃》，分别收录了1995—2004年和2005—2009年的年度最佳论文。国内的《文史哲》《中国社会科学》也都有出版专题论文合集的先例。因此，希望本书的出版能够推动山师学报高质量发展，使山师学报早日成为国内学术界具有影响的高品质学术期刊，激发各类英杰汇聚一堂，为科研兴教作出新的贡献。

四、启迪未来，在再现经典中传承匠心精神

此次教育学心理学论文的专门编选和出版，体现出学报主编和编辑的匠心精神。本书所编选论文的发表时间为1957年至2011年，近十年来山师学人在学报上发表的论文则未被收录其中。最近十年是山师教育学、心理学学科稳步发展的十年。在2017年公布的全国第四轮学科评估中，教育学学科获得了B+等次。2018年，教育学学科顺利入选山东省一流学科立项建设名单，这是山东省唯一入选的教育学学科。2020年，教育学、心理学均成功入选山东省"优势特色学科"建设项目。与此同时，在学科建设的过程中涌现出了一大批优秀的学者，他们在教学和科研方面取得了丰硕的研究成果。以作者单位为山东师范大学、文献来源为《山东师范大学学

报（社会科学版）》、学科为教育学或心理学、发表时间为2012—2021年为检索字段在知网检索，符合条件的文章有65篇。然而，由于收录时间的限制，这些论文没能有机会入选本书，使得读者不能窥见近十年来山师学报教育学、心理学栏目发文的情况，这不能不算作一个遗憾。不过，来日方长，山师学人科研精神的历练与传承仍在延续。相信在不远的将来，这一遗憾一定会被山师学人所弥补。

本次选中的学者与论文也彰显出山师学人科学研究的匠心精神。这种匠心精神不仅体现在理论的传承，更体现为研究领域的创新与超越，尤其体现在前后辈学人学术成果不断接力、交相辉映的盛景中。对此，我体悟尤甚。白驹过隙，日月如梭。距离我第一次踏进山师已有20余年。其间，从硕士到博士在山师求学，再到留校任教，和山师的缘分越来越深，和山师的感情日益深厚。所以，对我个人而言，《山师学人与山师学报：教育学心理学研究卷》不仅仅是一本单纯的论文集，它还承载了一种情感的寄托。看着昔日在学报上发表的论文能够集刊出版，尤其是看到那么多熟悉的名字同时跃然纸上，兴奋和激动之情溢于言表。作者中既有令人敬仰的老师，还有朝夕相处的同窗、并肩作战的同事，看着这些文章，思绪也仿佛回到了过去，回忆起曾经共同奋斗的点点滴滴。相信这本凝结着广大山师学人研究心血的集智之作，一定能够在促进教育学心理学繁荣发展和山师学术传承方面发挥积极的作用。

（原刊于《齐鲁师范学院学报》2021年第6期）

甘愿做一个“灶下婢”

——有感于李宗刚等编《穿越时空的鲁迅研究》

吕家乡口述　史超整理

收到李宗刚老师送我的这本书——《穿越时空的鲁迅研究》，我翻了一下，觉得挺吃惊。因为我正式调入山东师范大学（当时名为山东师范学院，1981 年更名为山东师范大学）是 1980 年，到现在也 40 多年了，和学报的关系也就是说延续了 40 多年。我来山师以前，在附中教书，那时候对山师文科也有些了解，对山师学报也有一些了解，与当年研究鲁迅的薛绥之先生很早就相熟，我自以为了解的有关鲁迅研究这方面的情况不少，但我看了这本书以后觉得自己了解得太少了，很吃惊。我没想到，山师学报发表了这么多关于鲁迅的文章，而且这还是经过筛选的，只是其中占比不大的一部分。从这本书所收集的鲁迅研究的文章来看，从 1957 年第一篇文章，到现在已经 70 多年，这几十年鲁迅研究的过程，确实是整个社会发展的一个侧面，或者说一个侧影，能够看到其演变的过程。（其中）最大的一个变化就是，在“以阶级斗争为纲”的特定历史时期背景下，鲁迅研究也体现了“以阶级斗争为纲”的特点。改革开放以后就不再“以阶级斗争为纲”了，更多地强调“实事求是”和“以经济建设为中心”。思想路线是强调“实事求是”，那么，鲁迅研究的指导原则也跟着变了，（通过这本书）能看出这个变化的脉络来。不过总体来看，即便是在当年那个“以阶级斗争为纲”的年代所写的一些研究文章，也有着很深的时代烙印，但现在看来仍然有一定的价值。

比如说第一篇田先生（田仲济）的文章《鲁迅在现实主义道路上的发展》。现在来看，这篇文章当然有一些提法不见得准确，比如强调鲁迅是从现实主义到社会主义现实主义。但这篇文章整体来说是强调鲁迅清醒的那一面，强调他的现实主义精神，强调鲁迅写东西是反对“瞒和骗”的。这和瞿秋白一样，强调鲁迅是清醒的现实主义者。突出强调这一方面，那么这篇文章至今还是有它不能否定的价值的。还有一篇文章，对鲁迅的《流氓的变迁》做了注释和简析，这篇文章是配合当时“文化大革命”末期“评《水浒》”运动的，应当说这是在“左”的路线影响之下产生的东西，但是这篇文章现在来看仍然有它的价值。为什么呢？因为研究者确实认真地对鲁迅这篇文章做了注释，是从文本出发的，并不是有意地去歪曲文本，去附会当时所号召的“评《水浒》”。就是说，尽管是在当时“左”的思潮影响之下所写的论文、所编的学报，但文稿中仍然有一些考据性的东西，应当说这些考据是超越时代局限的、超越当时思潮局限的。

鲁迅研究这方面的文章，之所以能在某种意义上超越当时那种思潮的局限，我想有两个方面的原因：一方面，就研究者来说，他研究鲁迅，就不由地或者自觉地去学习鲁迅。瞿秋白早就说过，鲁迅的精神特点之一是“清醒的现实主义”。这样研究者也会像鲁迅一样，提醒自己要坚持反对“瞒和骗”，坚持“睁了眼看”。这样研究者本身对于过“左”的路线，对于那种仅仅配合政策的不良的倾向，就有一定的免疫力。尽管不可能不受当时主流思潮的影响，但是，做学术研究要从文本出发，要坚持实事求是，底线还是要坚持的，这是一个原因。另外一个方面的原因就是和研究对象有关系。你研究的对象是鲁迅，鲁迅是一个什么样的人呢？我们都知道鲁迅最有名的话就是：“真正的勇士，敢于直面惨淡的人生，敢于正视淋漓的鲜血。”鲁迅是一贯反对“瞒和骗”的。鲁迅绝不做一个“迎风倒”的角色，他一直是一个非常坚定的人，能够守住自己做人的底线。研究这样一个对象，如果深入他的作品，那就不可能不受他这种人格的影响。我想这两个方面就决定了这些鲁迅研究的文章，在某种意义上具有超越时代局限、超越思潮局限的比较永恒的价值。这是我看了这本书所收录的文章后的总体印象。里面还有一些“大家”写的小文章，包括戈宝权、任访秋、赵家璧、吴奔星、倪墨炎、丁景唐等，这些先生所写的文章，题目很小，但是很扎实，现在来看仍然是很难得的。

读了这本书以后，我就想到山师研究鲁迅最早、成绩最大的薛绥之先生。薛绥之先生坚持研究鲁迅是非常不容易的，他在1957年被打成“右派”，“右派”的日子是非常难过的，因为我自己也是个“右派”，深有体会。就在戴着“右派”帽子的时候，他在那里埋头苦干，去研究鲁迅。后来虽然摘了帽子，作为摘帽“右派”，日子仍然很不好过。他在那种情况之下，一直默默地坚持研究鲁迅，做了一些非常踏实的工作。比如说做鲁迅书信集的一些补编，对当时已经出版的《鲁迅文集》进行注释，并且做了一些订正。当时他做出来的这些东西并不能发表，有时候发表也不能署他的名字，对他个人来讲，名啊利啊这一切都没有意义，他只是坚持这样做。一直到改革开放以后，给他平反了，他这些东西才能够真正得到社会的承认。薛绥之应该说在鲁迅研究方面是我们山师的一面旗帜，这是永远不能忘记的。另外，冯光廉先生在鲁迅研究上也是下过很大功夫的。我当时在附中教书，有时候教鲁迅的一些作品，就去请教他，请教的往往是些很小的、又很有难度的地方，比如某一句话怎么理解，他认真地跟我一起探讨。这些都是和当时的所谓潮流无关的，是一些考据性、注解性的内容，完全从文本出发的。从薛绥之先生身上、从冯光廉先生身上就能够看出“鲁迅精神”对研究者的学风、文风以及人格的熏陶、影响。

现在，山师鲁迅研究的现状，我并不太熟悉。李宗刚老师在鲁迅研究上是下过一些功夫的，但是他并不是将主要的精力投入鲁迅研究的。凭着我不太准确的印象，我觉得山师在鲁迅研究方面还是需要加强的。能不能像薛绥之先生那样长期地、默默无闻地投入到鲁迅研究中去，把这个精神传承下来。我们现在没有一个专门的鲁迅研究室，我想还是需要有意地加强这方面的力量。

我再谈谈这本书。我拿到这本书，看了全部篇目，大体浏览了收入的文章，读了李宗刚老师写的后记，又翻了已发表的鲁迅研究目录汇总，我首先就感觉到哎呀！这个工程量相当大！李宗刚老师这么忙，又是学科的骨干人员，他有自己的研究工作，这些年也做出了很丰硕的研究成果，教学任务又这么重，学报主编的工作量也很大，在这种情况之下，他能够和编辑部的有关同志一块儿拿出这么大的精力来做这个工作，这是一种什么精神？应该说这就是一种精神境界。做这个工作花费大量的时间、精力，他们做出来以后怎么样呢？拿这本书能去评奖吗？恐怕很难评奖。这本书能算学术成果吗？恐怕很难算学术成果。编这本书能给你多少稿费吗？恐怕也挣不了几个稿费，甚至是无偿的。就是说对自己来讲无名无利，那么为什么李老师愿意做呢？为什么咱那些编辑同志能够和他一块儿来做呢？应当说这就是发扬“鲁迅精神”，学习“鲁迅精神”的一个具体表现。我想这种精神太难得了！在当前浮躁成风、精致的个人主义盛行的情况之下，竟然还能够不辞劳瘁地做这种默默无闻的、无名无利的工作，这种精神太难得了。我想到冯雪峰，冯雪峰是鲁迅的亲传弟子，鲁迅研究的“大家”，他曾经说过一句话：“革命工作既需要座上客，也需要灶下婢。”这本书所体现的就是那个“灶下婢”的精神，不是“座上客”的精神。做革命工作的“座上客”比较容易，出头露面，但是做革命工作的“灶下婢”，那不容易。这本研究资料汇编就是“灶下婢”的工作，值得敬佩。

我最近在重读《鲁迅全集》。我看到鲁迅为了推动、提倡中国木刻，提倡中国连环画，他就从国外引进一些版画。他为此花费的精力相当大，要去和版画的作者联系，千方百计地去联系，这个工作非常难做。联系了以后，希望这些版画的作者能够提供他们自己的传记材料。等到这些材料收集起来以后，鲁迅再把这些材料认真地翻译成中文。他把这些从国外弄来的版画，经过制版、印刷，最后汇编成书，其中每一幅版画都是鲁迅自己来写说明。他还要再写一篇介绍这些版画作者的文章。他得花费多少功夫！花费多少时间！当时他的身体已经很不好了，你说这是一种什么精神？我当时看到这些以后很感慨，我想，哎呀，当年光是从鲁迅作品里面体会“鲁迅精神”，就觉得伟大，好像高不可攀，但是从鲁迅所做的这些默默无闻的，文字之外的、文字背后的工作，更能体会到鲁迅那种不辞劳瘁、埋头苦干的奉献精神。在读这本《穿越时空的鲁迅研究》的时候，我就联想到《鲁迅全集》中的一些故事，联想到鲁迅晚年提倡版画、介绍版画的做法。我觉得这本书应当说是继承了鲁迅的这种精神。现在在李宗刚老师身上，在我们学报编辑部，还能够有这样的一种默默无闻的、坚持做“灶下婢”的精神。这对于当前浮躁成风的社会风气，应当说是有力的清化剂，太难得了！我是由衷地敬佩的。真的，向李宗刚老师学习，向学报编辑部学习，向李宗刚老师致敬，向学报编辑部致敬，我是发自肺腑地这样说的。这就是我初读这本书时内心的一些感受。真好，确实好！

您让我谈谈对李宗刚老师的评价，我很难做出多么认真的、系统的、全面的评价，只能谈谈我的印象。我觉得李宗刚老师这几年，一方面是在他个人的研究上成绩卓著。他研究的课题之一是新文学发生学，他当时提出这个研究课题的时候，我就想，这个难度多大啊！但他在这方面已经出了好几本书了，应当说这些是有原创意义的。听说这些年他在山东省社科评奖中得了好几个一等奖，那应当是实至名归、名副其实的。我绝对不以谁得奖不得奖来评价他的成就高或者低，李宗刚老师出的一些书，他送我了，我都看过，当然没有全部仔细看，但是，我看他那些书确实有原创性，下了一些功夫。包括他自己很不看重的一篇关于从古到今灵感研究的综述，我对那一篇文章都很看重，我在一篇我所写的论文里面还引用了他的话。他这几年在学术研究上的成绩用“卓著”两个字来形容不过分，他不是去东拼西凑写一些“急就章”，而是踏踏实实地下苦功夫，由量变到质变，所以他那些文章有他自己的见解，其中有一些真知灼见。这是他学术研究的成就。他在学报这一阵地，应当说担任学报主编以后成就也非常显著。先说一个表面的指标吧，原来我们学报在全国默默无闻，现在我们学报在全国也很有名了，进入“C 刊”了，影响相当大了。这还是表面的、能看见的东西。他在学报做主编的十几年间，做了很多踏踏实实的工作，比如这本书的编辑，把学报从最早 1957 年到 1999 年所发表的有关鲁迅研究方面的论文，一篇一篇找出来，经过筛选，要筛选的话就得一篇篇地读啊，选定下来要打印，输入电脑，有的还要再做校订，还要重新再给它搞注释。这一类的书，咱们学报出了好几本。我还听说他已经把我们学报从创刊到现在所有的文章都电子化了，这个工作量太大了。这个工作太有意义了，这样为要查找这些文件的人提供了很大的方便啊。我有时候想查一篇什么文章，也能查到这篇文章是在哪一个杂志上、是一九七几年发表的，但是到网上根本找不着，因为那时候还没上网，还没被输入电脑呢。李宗刚老师做了好多这样很扎实、很琐碎、很刻苦的工作，有些不见得是属于主编范围的工作，这个太难得了，这是我对他学报主编工作的印象。

他的治学精神和人格精神很可贵。我看到他给张廉新老师那个诗文集写了长长的序言。这个序言不是逢场作戏，光说漂亮话的，从他写的序言可以看出他认真地读了张廉新老师的文集，那些话都是很中肯的。我觉得李宗刚这个人，他既能够做“座上宾”的一些事情，这一方面做得挺好，又能够做“灶下婢”的一些事情，这一方面也做得挺好，出头露面的事情和默默无闻的事情，只要是有意义，他都会不辞劳瘁、尽心竭力地去做，这是非常不容易的，所以我对李宗刚老师的学风、文品和人品都很钦佩。有时候和他谈起来，他就说，他现在经常提醒自己，一定守住自己的底线。做学术要守住学术的底线，一定要时时刻刻提醒自己，要对历史负责，不要去赶一时的潮流。能够有这种自觉性，太可贵、太重要了！我相信李宗刚老师会坚持下去，他不会有任何自满情绪的。从他身上，我看到山师的学人是很值得信任的，也能看到山师现当代文学这个学科，前途是很辉煌的。

（访谈时间：2022 年 1 月 27 日下午）

学术期刊编辑学研究的新探索

——评《新时代学术期刊编辑学》

孙昕光

新时代哲学社会科学的繁荣发展，需要学术期刊作为其学术评价、传播和交流的重要平台，并发挥其独特功能和作用。近年来，学术期刊理论研究成为许多学者关注的热点，由此产生了一批可喜的学术论文和专著成果。山东人民出版社2020年8月出版的孙秋英所著《新时代学术期刊编辑学》，正是这样一部学术专著。该书是对学术期刊理论建设的新探索，对于当前学术期刊理论建设具有多方面的推动意义和价值。

该书体现了学术期刊编辑理论方面的新认识。新时代学术期刊需要有新的学术期刊理论来引导，该书力求“以学理化的研究阐释学术期刊发展的内在规律和特点，推出具有哲学社会科学学术期刊自身特点的新概念、新范畴、新样式”。在学术期刊的性质上，作者重点突出其学术创新性，强调刊发论文应采用新的角度、新的方法或选取某个新的领域进行研究探讨，以切实推动学术理论创新；在学术期刊的时代作用上，除了突出其哲学社会科学学术成果和人才的助推者等特殊地位，还强调要发挥其社会主义核心价值观的弘扬者、哲学社会科学“走出去”的使者等重要职能；在学术期刊的区域特色上，提出包括山东学术期刊在内的山东哲学社会科学要彰显具有山东气派、特色鲜明的“鲁味”。这些学术期刊理论探讨都突出体现了新的时代特点和社会要求。

该书体现了学术期刊编辑实务方面的新阐释。学术期刊编辑工作既需要理论指导，又无法脱离稿件审核、校改、编发等具体的编辑实践，因而学术期刊实务成为整个学术期刊编辑学体系的重要组成部分。该书从语言规范、标点符号使用、引文规范、政治把关等诸多方面对学术期刊编辑实务作了详细阐述。例如，书中对引文规范的介绍较之其他同类著作更为详尽和透彻。作者分别介绍了学术引文在学术论文中的重要性与独特价值、学术引文中的常见错误、学术引文不规范现象的成因等。此外，为了规避学术期刊论文中的引文错误，作者提出了许多有效的路径：一是坚持引文必核的科学原则，学术期刊编辑不能凭个人感觉盲目自信，也不能因为是著名学者的文章就对其引文过于轻信，而是必须找到引文的原始出处，对照原文加以认真核查，这样才能切实避免引文中的疏漏；二是采取“读校法”“互校法”等多重核查方法，可以将一些不易觉察的引文错误，比如标点不当、衍文脱文、错字别字等全部核查出来，从而扫除引文核对的盲区，保证引文的准确可靠。

该书体现了学术理论创新方面的新实践。作者在书中最后一部分展示了其较有代表性的学术论文成果。其中，有的论文发表在《光明日报》和《大众日报》的理论版，有的论文发表在 CSSCI 来源期刊或中文核心期刊；也有论文虽然发表在既非 CSSCI、也非核心的一般期刊，但却被作为国内三大权威文摘刊物之一的《高等学校文科学术文摘》所转载。可见，这些论文在哲学社会科学研究方面大都显示出较高的理论价值和学术水平。如《山东师范大学学报（社会科学版）》主编李宗刚教授在该书序文中所说：“正因为有这些能够体现较高学术水平的学术期刊论文写作实践作为基础，所以孙秋英同志的学术期刊编辑学理论研究才能够从编辑、作者等多维视阈更好地探讨期刊编辑的特点和规律，而不是空中楼阁式的空泛议论。”从这样的意义上说，这些论文作为学术期刊论文规范要求的典型示例，成为该书不可缺少的重要组成部分。

该书体现了学术期刊编辑领域问题的新探索。该书在学术期刊研究中表现出强烈的问题意识，强调学术期刊应“适应社会大变革时代要求，强化问题导向……着力解剖问题和不足，助推哲学社会科学繁荣发展”。书中结合新时代特殊情况，提出了学术期刊编辑领域存在的许多新问题。比如，作为学术期刊编辑来说，应如何应对频频发生的学术不端现象？如何防止淡化意识形态属性的“去政治化”倾向，坚守学术期刊的国家意识形态阵地？如何使学术期刊在构建中国特色学术话语体系、促进学术理论创新中发挥重要的作用？如何应对新形势下学术期刊编辑被边缘化的现实窘境？对于这些问题，作者在书中均作了深入探讨，并且大都提出了切实可行的实践路径。

该书体现了学术期刊编辑理论体系化的新建树。近年来的学术期刊编辑研究尽管取得了许多可喜成果，但以论文式的着重于特定问题、现象或理论范畴等专项研究居多，以整体性、系统性研究见长的专著呈现者仍然较少，而即使在较少出版的有关专著中也多为论文结集。与此对照，《新时代学术期刊编辑学》体现出致力于建构学术期刊编辑学体系的清晰思路，则尤其难得和可贵。全书分《学术期刊编辑理论》《学术期刊编辑实务》《报刊论文写作实践》等，有理论探讨、有实务辨析，又辅之以实践的例证，形成完整而严密的学术期刊编辑学体系。用作者的说法，该书着意于学术期刊编辑学体系的建树，既融入了其“多年来对学术期刊的所思、所想、所感、所悟”，同时也体现出其“作为期刊编辑的一种职业追求”。

当然，学术期刊理论体系的建立不会一蹴而就，许多具体问题的探讨也可能存在争议。从这个意义上说，该书并非尽善尽美，但作者致力于学术期刊编辑学体系建设的理论创新、学术创新追求与探索是值得肯定的。恩格斯说过：“一个民族要想站在世界之巅，就一刻也离不开理论思维。”随着我国哲学社会科学研究的不断繁荣，在如何科学评价和规范学术研究、如何更好地引导和促进学术理论创新等方面，学术期刊理论研究都有其不可替代的独特意义和作用。期待有更多的学者投身到学术期刊理论探索中来，也期盼有更多的学术期刊理论研究成果出现。

（原载《山东社会科学》2020 年第 7 期）

翟德耀：学术至上

——《济南时报》整版推介《山东师范大学学报》原副主编翟德耀

《济南时报·新黄河》客户端记者江丹　实习生程雷童

《山东师范大学学报（社会科学版）》文粹书系之一《文学编辑书简——学人与学报》刚刚出版，其中收录了《山东师范大学学报》原副主编、编审，山东师范大学文学院教授翟德耀在学报工作的30多年里，与诸多学人的往来书信。

翟德耀说，这是对历史痕迹的一种保留，可以原原本本地还原那些年代的历史。回忆往昔，他怀念那些他敬仰的学人，也为青年学人后来的成长倍感欣慰。在采访的过程中，翟德耀反复强调学术期刊编辑必须秉持的理念和原则，即“学术至上、质量第一”。作为一名学报的老编辑，他有所得也有所弃，但是他认为很值得，心态坦然，无怨无悔。

形成了一个非常好的传统

新黄河：在整理这些书信的过程中，看着过去诸多学人的笔迹会觉得往事如昨吗？

翟德耀：是的，几十年前的经历确实就像昨天刚发生的一样，有种回到历史现场的感觉。编写这本《文学编辑书简——学人与学报》，考虑的就是把历史痕迹保留下来。在我看来，后人的回忆无论如何真切，也很难完全还原历史。只有当时的记录，比如说当时的书信、日记才能原原本本地还原历史。

几箱子的书信，过去多少年了，我都保留着。这些东西当废品处理了确实可惜，但是要说出版的话，当时并没有想到，没有这个意识。李宗刚教授［《山东师范大学学报（社会科学版）》主编］想要编选一套学报文粹书系，筛选并出版学报历年发表过的优秀论文，有古代文学论文选、现代文学论文选等。因考虑到书信具有重要的文献价值，能从一个侧面展示当年我们是怎么编稿子的，编者和作者是怎样交流的，以及时代变化的某些印记，所以决定立项，编选出版。

编选这些书信，总会想起当年和学者交往的一些情景，在不经意间回到历史现场。比如说山东大学的孙昌熙先生，他是中国现代文学研究的大家，在全国享有盛誉。当时，我们为了朱德发老师刚出版的一本书，请他撰写评论文章，他很爽快地答应了下来。文章请他指导的进修生魏建作为“合作者”执笔，由他改定。从几封来信中可以看出，孙昌熙老先生确实是一位蔼蔼长者，宽厚待人，对学报、对年轻的著作作者和更年轻的学报编者都很支持，而且非常认真。他当时眼睛不大好，有一只眼睛已经失明了，看不清，就用一个木架子撑着写东西。孙先生的优秀品格令人十分感动，由衷敬仰。

本校的田仲济先生也是如此。当年我们编稿子不像现在，电子版发过去就行了，当时稿子要修改的话，或者出了清样要看的话，都必须一家一户去跑的。到田老家里，他和夫人武仅民老师总是热情接待，对于文稿中笔误之类的错讹，总会欣然予以订正。对于编者请教的学术问题，他总会娓娓答复。田老是著名的现代文学史家、杂文家，德高望重，他是山师现代文学研究学科的开创者，也是我走上文学研究道路的引领者，我一直心存感念。

再年轻一些的，像朱德发老师也是这样。他非常负责任，非常爱惜人才。他指导的博士生，有些根本不知道导师给他们推荐文章了。他是主动的，没有什么别的考虑，就是觉得文章确实有学术价值。他写的推荐信十分认真，也十分确切，这固然是对学生的支持，也是对学报的一种支持。朱老师著作等身，是中国现代文学研究名家，山师现当代文学研究学科的光大者，也是我的恩师，是我做人和治学的榜样。

前辈学者的人格风范，为后人树立了榜样，后来者发扬光大、代际传承，也就逐渐形成了一个非常好的传统。当然，我们学报编辑部本身也有一个优良传统，概括起来，大致就是执着学术的追求精神、认真负责的敬业精神、甘为人梯的奉献精神。

说到底还是一种情结

新黄河：您年轻的时候“弃政从文”，对您来说，做学报编辑和文学研究最根本的吸引力是什么？

翟德耀：概括一句话，就是一种情结使然。我当年大学毕业时，文学院现代文学教研室主任冯光廉老师就让我到他们那里去，可是没想到，毕业后却被学校政治部要去了。我被安排做文字秘书，就是起草计划、领导人讲话、写总结，主要做这些文字工作，另外就是参加各种政治运动。当年政治部必须跟着政治运动走，秘书必须跟着政治部主任走，所以每年的公文写得很多。本校之外，我还离校先后参加过两个工作队，一个是高唐县张大屯公社的省委学大寨工作队，一个是北京七机部第二研究院的中央工作队，每个工作队为时一年，共搞了两年的政治运动。

当年学校的干部队伍青黄不接，青年干部非常缺乏，政治部主任和组织组组长让我多多参加校内外的各种政治运动，显然有锻炼和培养的意思。可是对于政治运动，我从内心深处觉得不大适应，就我个人的兴趣和爱好而言，还是喜欢文学研究，或者说有一种根深蒂固的文学情结。我期待自己的工作能够相对自由一点。正好学报编辑部需要文学编辑，有这么个机会，我就抓住了，通过主动争取，在 1978 年初终于如愿以偿了。兴趣至关重要，它能够产生无穷的动力。因为喜欢，所以投入。心甘情愿地做自己喜欢做的事情，不仅容易做好，而且会乐在其中。

学人就是学者，简单地说就是治学之人、从事学术研究的人。学术研究的要旨在于做学理的探究，在某个专业领域有所继承、有所突破、有所创新。作为学术期刊的编辑，既然职责在于编发学人的学术文章，那么必须成为学人。否则，何以判断文章的学术价值？打铁先要自身硬。为了实现从政工岗位到学人身份的转变，我付出了巨大的努力。经过几年的打拼，终于能够独立工作，逐步得心应手起来。由于承担多个学科稿子的编辑业务，除在自己特别钟情的现当代文学学科特别是茅盾研究上努力“掘一口深井”外，于其他学科起码得当个“杂家”，努力保持在学术水准线以上的程度，只有这样，才能不负职责使命。学报的生命在于学术性。学术至上，质量第一。执着于学术，坚守于学术，深化于学术，是主编和编辑的基本担当。

杂家和专家、编辑和教师其实是相辅相成的。我所侧重的现当代文学研究特别是茅盾研究，是在尽力做好本职的编辑工作前提下进行的。经过多年的努力，出版了“文苑踏青”系列三卷（《茅盾论》《现代中国作家散论》《评论与鉴赏》）、《中国现代纪游文学史》（副主编）、《现代中国作家面面观》（主编）、《心灵之约：名人的友情》（主编）等。获得各种奖励若干，其中山东省社会科学优秀成果奖 9 项。同时，应文学院之邀，在魏建教授的大力支持下，指导了 28 名现当代文学专业的研究生（其中包括 10 名在职研究生）。编研相促，教学相长，对此我是深有体会的。

有意识地扶持青年学者

新黄河：从 1978 年初来到学报，到 2008 年底离开学报，您一直坚持的编辑原则是什么？

翟德耀：在 30 多年的连续编刊中，我对老一辈学者像田仲济先生一直持尊重的态度，对中年学者像冯光廉老师、朱德发老师、蒋心焕老师等都是持依靠的态度，他们已经很成熟了，研究成果都是有保证的。对于青年学者，则是采取有意识地扶持态度。这里面有青年教师，也有研究生，研究生的学位论文经过一年打磨，应该说

12大家
海右副刊
翟德耀：学术至上
形成了一个非常好的传统
说到底还是一种情结
有意识地扶持青年学者

大都有所创见，这么多年我是怀着重大的使命感，自觉地在做这方面的工作。

这也有个背景，特别是20世纪八九十年代，年轻的学者很少，学校就要求我们学报积极发现、培养青年人才。当时，学校文科的一些系开始招收研究生，这样的人力资源，顺理成章地成为学报作者的生力军。在指导教师的推荐下，一大批研究生的论文进入编辑的视野，并在学报陆续刊发出来，产生了良好的社会反响。编辑部做了个统计，在我所编发的文章中，后来成名的青年学者达六七十人之多，他们大多是第一次发表论文。第一次发表论文对作者来讲意义重大、影响深远，不仅是一种历练，而且对他们以后的人生道路选择非常关键。当年是二三十岁的研究生，二三十年过去了，现在很多成为各个领域卓有成就的学者或管理者，像李春林、杨洪承、杨守森、赵运田、魏建、王邵军、于青、李掖平、谭桂林、张清华、王兆胜、李宗刚等，就是其中的代表。当然，不能说学报怎么培养了他们，只是说推了一把、助了一臂之力。

在扶持青年学者方面，省里甚至全国的高校学报，能够长期大量发表青年学者的文章，力度这么大，占的篇幅这么多，好像是极少、甚至是没有过的。看到青年学者的大步跨越，我的内心里经常会产生一种成就感，感到特别欣慰。

（载《济南时报》2022年3月19日第12版）

那些穿越时空的学人“对话”

——评《文学编辑书简——学人与学报》

杨连峰

我的研究生导师翟德耀先生编著的《文学编辑书简——学人与学报》，最近由山东大学出版社出版。该书以书简形式，真实记录了80余位学人与编者30年间的“日常交往”，读起来既令人耳目一新，又唤起尘封记忆。这些经过先生精心筛选、汇编起来的“旧影旧话”，虽是片鳞只甲，却没有机械罗列，而是呈现出整体性、逻辑性、艺术性，闪耀着学人魅力、学者风范。毫无疑问，这部略带传记性质的编著，既是对《山东师范大学学报(社会科学版)》创刊65周年的献礼，也为先生毕生的编辑生涯画上了一个圆满的句号。

新世纪以来，随着信息技术的飞跃发展，书信这一传统的交往方式日渐式微。在这种背景下，这些被先生留存下来的大量书信，便显得格外珍贵。诚如先生所言，“编辑出版这样一本书简，是我始料未及的”，起初编者并无出版之意，留存目的完全出于信息与情谊的珍藏。但机会总是留给有准备的人。在识珠者李宗刚主编的提议下，尘封在箱的历史烟云被层层拨开，书信重新进入现实。信中丰富多彩的内容，传递出学人交往的重要信息。而在编著的谋篇布局上，书信的优势又显露无遗。为了使读者阅读便利，书信以学人年龄段排序，每封长不过两页（这是极少的），短则不足半页（绝大多数），完全契合当前读者“小、快、灵”的阅读习性。众所周知，社会的浮躁已让世人陷入读书困境，洋洋洒洒的长篇大论哪怕再有价值，接受起来往往不如精短文章受人欢迎。这是时代使然，和文本无关。由此看来，编著或可取得“无心栽柳柳成荫”的效果。

一篇篇书简读下去，我深深感到先生在遴选上是下足了功夫的。从开读首篇孙昌熙先生手札起，我便被还原的历史现场所吸引。孙先生的书简源起于编者的约稿，围绕朱德发先生成名著作《五四文学初探》的书评展开，彰显了彼时前辈学人的人格风范、提携后辈的宽广胸怀和学报编辑的工作状态。虽时隔多年，但读来仿佛历历在目，恍如昨日。这种对彼时书信的“沉浸式”体验，于文学研究者而言是鲜活的一手资料，这也成为该书的鲜明特色。其他诸如，冯中一先生的审稿意见，“像指导研究生一样，为提升文稿质量付出了非同寻常的劳动”，体现了冯老严谨细致的写作风格；翟同泰先生关于茅盾佚文的认定理由，就《茅盾年谱》中的错漏予以正误，以及学人与编辑之间平心静气的讨论，体现了翟老的涵养和气度；徐文斗先生对于研究生自以为是、乱投稿件的批评，则体现了徐老的育人准则和对学生的严管厚爱。这些书简，对前辈学人的研究无疑具有很高的史料价值。同时，因为历史现场之鲜活，又可以再现彼时学人之风采。比如，作为长辈的孙昌熙先生因年老视衰，没有第一时间认出编者而反复恳请“原谅”，凸现出平易近人、虚怀若谷的亲切；刘增人先生信中透露从事行政工作之累、分心治学之苦，凸现出对学术的一往情深。不难看出，于这些学人而言，人品即文品，文品即人品，两者是有机统一的。

历史现场的另一道风景，便是学人为自己的学生“站台”。诚如先生所言：“导师推荐学生文稿，当今学术界普遍存在，实属正常。”荐稿得当与否，关键看荐稿者是否出于公心。编著中收录了朱德发先生的4篇推荐信，每篇都点出学生特性和文稿特色，做到荐稿言之有物、言之有理。朱先生是山师文学院现当代文学学科的一面旗帜，桃李天下，杏坛流芳，做人治学都堪称楷模，其在举贤不避亲中彰显了护犊深情。而编者用较大篇幅编选朱先生的书信，体现出对朱先生的尊崇与怀念。孙昌熙先生将“小魏”（魏建老师）定为“合作者”，体现出对青年才俊的充分信任和了解；李衍柱先生的两篇推荐短札，又折射出彼时博士生的毕业压力与困境；等等。不光是学人与期刊编辑进行交流，期刊编辑之间的互动也是历史现场的风景之一。比如学术期刊之间互通文学活动信息、协商稿费标准和期刊定价、互登征订广告等等，还原出当年的编辑生态和环境。学术期刊的生存、演变和发展的脉络由此可见一斑。

如果说还原历史现场是书信承载的主要功能之一，那么书信所折射出的现实烟火气息和人性幽微元素，则是其承载的又一功能。书信毕竟带有隐私性质，是点对点的沟通，学人也是人，柴米油盐、喜怒哀乐，或多或少地隐现出来，反而赋予了该书独特的人文性。总结起来，大致体现在三个层面：一是师长的殷殷关爱。与礼节性的问候不同，来自师长的关心情真意切，实心实意。比如，王荣纲先生针对编者工作调动一事，专门来信进行心理疏导和情感劝慰，字里行间透露出牵念；冯光廉先生在书信中的坦诚相约和师生情谊，令编者念之系之。对师长的关爱，编者都在“编后”里面一一回应，由信及人，知恩感恩，报之以由衷的祝福。联想到有些师长已经作古，更不免令人伤感。二是兄弟般的情深谊长。先生曾说：“以文稿为纽带进行联系，在联系中建立友谊，是学人与学报交往的一种重要途径。”书中收录了不少与先生年纪相仿且志同道合的学人的书信，在坚持编辑原则的前提下，他们的君子之交，细水长流，动情之处互吐心声，感慨之际直抒胸臆。比如，李春林先生对住房问题的担忧、对母亲去世的悲悼都在书简中推心置腹；钟桂松先生与作者秉性相通、性情相投，在书简中多次倾吐心曲，既有对著作出版难的忧虑，又有对行政工作繁重、分身乏术无暇写作的无奈，无不敞开心扉，发自肺腑；曹万生先生和编者相熟，在信中干脆说“盼能在贵刊换点银子，这种文章也许混不到”，嬉笑中折射出真性情。学人通常为某一领域精英甚至翘楚，有时感情或许更为炽热激烈，比如贺立华先生在信中发出“呜呼，多灾多难的祖国！呜呼，忠厚善良的知识分子”之感慨，于友善情谊之外，还传递了知识分子忧国忧民的情怀，读来令人为之一振。三是对后起学人的扶持提携。扶持后学是学报的职责所系，有导师荐稿固然是捷径，但还有些金子埋在土里，需要编辑甘为人梯，给予支持。此类佳话，在书中并不鲜见。诸如，中专教师朱晓泉身处逆境，亟须援手，编者的扶持为其开拓了新的人生道路；中学教师陈芬尧对茅盾研究情有独钟，但相比高校教师她面临更多困难，在先生的鼓励和本人的不懈努力下，她逐步成长起来；于青女士走上机关岗位依然有着“文学梦”，先生鼓励其在做好本职工作的前提下继续从事文学研究，助其在张爱玲研究领域结出了沉实成果。还有些书简内容简单直白，比如直接说评职称请求照顾，或朋友请对其多多关照等等，对此先生并不硬性回避。人都有七情六欲，都会遇到各种困难，在不违背“学术至上”的编辑原则前提下，先生总是乐于排忧解难，助人一臂之力。由此，丰富了本书的人情味，读来更具真实性、代入感。

80多篇（组）学人书信组合排列起来，其所蕴含的价值魅力充分彰显出来。但不容忽视的是其组合矩阵的内在实则暗含着一条潜在的主线，本文开篇所说的编著所具有的逻辑性和整体性，恰恰因了这一主线贯穿全篇，将所有碎片化的书信统一为具有内在统一性的文本。这条主线便是所有学人对话的唯一对象——编者翟德耀先生的学人魅力。对此，可从两方面予以探寻认知。一是从每篇（组）书简的“编后”考察。“编后”是对书信的诠释说明，有利于读者把握书信的内涵。在不少“编后”里，作者不仅复原了书信的背景缘由，还有感而发，坦陈情怀，其职业理想、学术追求、编辑操守等一览无余。比如，在王荣纲先生书信的“编后”里，编者就表达了“决意继续留在学报从事编辑工作”的专心、恒心、痴心；在一些推荐稿、自荐稿的书信“编后”里，他不止一次传达其“质量第一”“学术至上”的编辑立场；而面对朋友的倾诉，他更是与之以心换心、劝慰安抚，有几篇读来更是令人动容。学报原主编李小虎先生称其为“好大哥、好老师”，这应该是两位合作者多年交往的真实写照。二是从附录的《昨夜星辰昨夜风——我与学报30年》的文章里可知。文中，编者对自己的编辑生涯作了全面的回顾，简约平白的记叙犹如涓涓细流汇入时间长河，那心系从文的执念、转变角色的从容、甘做嫁衣的淡泊、守正不阿的倔强、退而不休的韧劲，让我们见识到了这位平日里温文尔雅的长者背后，其痴心不改、恒心不变、匠心不懈的另一面。更重要的是这篇文章绝不是游离于编著之外的，相反，先生编辑生涯所展现的治学做人处世之风范，与前面那个潜在主线里的“编者”的精神质地和价值取向是高度契合的。进一步说，该文在让我们更充分、更全面地了解先生编辑生涯的同时，也对前面系列学人书信的内在意义作了印证和升华，从而收到了前后呼应、相得益彰的成效。甚至可以这样说，最后附录的这篇自传性文章，就是一篇写给所有读者的“书信”，它与前面系列书信的组合矩阵自然地、有机地融合为一个不可分割的整体。

书信之外，编著还收入了部分明信片和合照，它们在时光的长河里记录着学人与学报的亲密情感。时光如梭，岁月无情，那些照片里曾经意气风发的学人，有些已经作古，有不少也进入晚年。不知不觉，先生也年逾古稀。先生生性达观，怡然自适，目前仍痴迷于学术，孜孜不倦，乐在其中，并像书信里的那些前辈学人一样，密切关注着“大翟门”里的所有弟子，关注着他们的工作和生活。在这里，借此拙评，我向一代代学人致敬，并给先生送上最衷心的祝福。

宋遂良致李宗刚的一封信

宋遂良

宗刚：

昨晚收到小王送来你编的《山师学人视阈下的中国现当代文学》一书，翻阅之时，感到亲切喜悦。以田先生（包括薛先生、冯先生）为代表的第一代，以朱先生为代表的第二代（80年代初田先生麾下有所谓“八大副教授”之说，即朱德发、冯光廉、查国华、蒋心焕、崔西璐、刘金镛、吕家乡、袁中岳和宋遂良，还没包括孔孚、张蕾、翟德耀、王万森和宋益乔等），声势浩大。“聊大”“青大”中文系都与山师中文系有密切姻缘。然后有以魏建为代表的第三代（包括先后调走的杨洪承、姜振昌、张清华、吴义勤、房福贤、吕周聚、周志雄、张丽军等），更为蓬勃。如果算上这些年走出去的研究生，如龚曙光、谭桂林、罗振亚、耿传明、敬文东、张光芒、刘复生等，则南北开花，足以形成“山师学派”。

你作为第三代的一位中坚分子，起了承前裕后的重要作用。在你担任山师文科学报主编的这10多年来，梳理了学科发展的历史，整理出版了多种文粹书系，保存了山师现当代文学学科70多年来的学脉学风。你热爱母校，埋头实干，久久为功。当我看到在堆积如山的书籍报刊中你那小小的办公室旁一张局促的行军床时，深深为之感动，悄悄抹去了眼眶的泪水。

宗刚，学科、学术需要你这样坚韧执着的践行者。爱学术就是爱真理，爱母校就是爱祖国。我们共勉。

再次感谢你和学报的编辑们！

握手！

宋遂良

2022年5月10日

读文集，想往事，难忘当年
——由《山师学人视阈下的中国现当代文学》想到的

房福贤

《山师学人视阈下的中国现当代文学》是李宗刚教授主编的“《山东师范大学学报（社会科学版）》文粹书系”之一种，承蒙美意，近日他将本书的电子版发我一睹为快，作为曾经的山师学人，没有被“老东家”遗忘，感激之情不禁油然而生。真诚地说一声，谢谢母校！

素净淡雅的封面，看似无意实则有心，是母校既质朴本真、又充满青春活力的象征。本书选择了35位山师学人发表在《山东师范大学学报》上的文章，时间跨度近60年，涵盖了山东师范大学从初创、发展到壮大的全过程。一本论文集当然不能代表山师学人的整体成就，但这本书的意义对于读者、特别是入选论文选集的作者来说，却是别有意味的，因为它不仅以一种纪年式的形式展示了山师几代学人在科研之路奋进的身影，还从学报这一特殊的视阈发现了这个平台在推动山师现当代文学学科发展、特别是年轻学者走上科研之路时发挥的重要作用。

打开文集，望着那一个个熟悉的名字，我的思绪也自然地回到了千佛山下那美丽的校园——我曾经学习工作30多年的母校，我的师长、同学、同事一个个在眼前清晰地浮现出来。

田仲济先生，中国现代文学学科和现代文学研究的奠基者与开拓者之一，也是山东师范大学现代文学学科的开创者与领军人，20世纪40年代末就出版了《中国抗战文艺史》，50年代中期就带研究生了，那时山东师范学院成立只有三五年。我在母校上学的时候，就已经听到他的大名了，只是因为田仲济先生年龄大了，没有给我们上过课。有一次我在校园里见到田仲济先生正从东方红广场往学校办公楼去，那时他是副校长。一位学兄给我说，那就是田仲济先生，那时他已经70多岁了，但看起还很年轻，个子很高，身板挺直，衣冠整齐，面目白皙，很和善的样子，但我自感渺小，也没敢过去跟先生打招呼。先生曾给我们中文系的学生作过一个报告，至今还记得，题目是《斥狄克》，是批判“四人帮”之一的“狗头军师”张春桥的。当时由于慕名而来的学生很多，演讲场地由教室转移到了文史楼外面的小广场。他讲述的是20世纪30年代发生在上海的一件事，张春桥化名狄克，著文《我们要执行自我批判》，批评萧军的长篇小说《八月的乡村》，说这本小说写得“不真实”，并且责备作者不该早早地从东北回来。这引起了鲁迅的愤怒，于是写下《三月的租界》一文，以子之矛攻子之盾，批判了狄克装腔作势、不懂装懂、自以为是的恶劣的批评作风。虽然这次演讲是学校组织的批判“四人帮”的政治活动，但先生的演讲却是实事求是的，尤其是他对当时上海文坛非常熟悉，顺手拈来的小故事，都给我们这些少见多怪的学生留下了深刻印象。先生的《郁达夫先生的创作道路》作为开卷之作，虽是出于时序考虑，也是众望所归。由于孤陋寡闻，先生这篇大作我以前没有读过，但此次阅读，却毫无违和感，丝毫感觉不出这是发表于60多年前的文章，即使放在今天，也仍然是新意满满，值得一读再读的。

冯光廉先生是我的导师，我与谭桂林、陈玉申都是他当年带的第一届硕士研究生，在导师的精心指导下，谭桂林毕业后回到了湖南师大，很快脱颖而出，如今已是很有成就的教育部长江学者；陈玉申则改行从事新闻教学与研究，现在是南京大学新闻传播学院的教授。冯先生毕业于河南师范学院（河南大学前身），师从以中国近现代文学研究而知名的任访秋先生，学生期间就对鲁迅等作家产生了深厚的兴趣。1957年大学毕业后被分配到山东师范学院中文系，在田仲济、薛绥之等老一辈学者的指导下，从事中国现代文学的教学与研究工作，曾经担任现代文学教研室主任、中文系副主任。冯先生为人和蔼可亲，但做学问十分严谨，非常注重学术研究的基础训练。冯先生当时为我们这一级的研究生专门开设了现代作家作品研究课，并要求学生每人都要写一篇作家研究述评，后来结集为《现代作家研究述评》，作为《山东师大学报》增刊于1987年正式出版。当时中国的研究生教育尚处于开创时期，招生人数较少，导师多按自己的经验指导学生，比较自由，这有利于学生的自由发展，但对一些尚未形成学术自觉的学生来说，也会产生无所适从的感觉，不知从何处下手。冯先生作为当时学院研究生教学的负责人，似乎早就看到了未来招生规模必将扩大的趋势，所以从一开始就强调教学的规范化，不仅大班上课，还将某些课程相对固定下来，强化了基础教学与专业训练的结合，这种研究生教育思路与体系在我们这一届学生中取得了比较好的效果，毕业后的同学在现当代文学领域都做出了比较好的成绩，也为山师现代文学研究生教育的发展打下了很好的基础。本书选择的《对鲁迅〈自嘲〉若干问题的理解》一文，很好地体现了冯光廉老师的学术特点：细、准、深。从细小的点切入，准确地把握问题的关键，往问题的深处挖掘，这也是冯老师经常教导我们做学问时要注意的方法。值得注意的是，冯老师这篇文章写于 1975 年，当时正是“文革”时期，但冯先生从文本出发，回到鲁迅本身，以充分的资料为依据，不作超出事实以外的发挥。这种学术精神是非常值得称道的，这也是冯先生正直人格在学术上的体现。冯先生后来去了青岛大学，创办了文学院，在他的努力下，很快聚集了一批中青年学术才俊，青岛大学的中国现代文学学科也很快成为山东东部的学术重镇。

朱德发先生是中国现代文学学科第二代学人的代表性学者，也是将山东师大现代文学学科推向新的历史阶段的标志性人物。有关他的故事很多，比如现代文学课后休息，有一学生问，到底是谁领导了五四新文化运动？有人说是胡适，有人说是陈独秀，有人说是李大钊，有人说是鲁迅。该同学答，错！是朱德发老师。大家始而不解，最后哄然大笑，因为朱先生对五四文化运动太熟悉了，讲起课来如身临其境，亲自指挥一般，故有这般笑话。还有朱先生学术上的“逆生长”，60 岁后才开始进入成熟期，月月都有新文章，年年都有新突破，始终与时代的步伐一致，从不显出落后的疲态，这种独特的学术过程，常让我们后辈学者自愧不如。朱先生的学术成就当然与他学术的积累、思维的敏锐、视野的宽阔、文笔的快捷有关，但毫无疑问，这也是他自身勤奋努力的结果。朱先生而立之年才大学毕业，不惑之年之后才真正从事教学科研活动，没有一种坚忍不拔的精神是很难取得如此之大的成就的。我印象深刻的是，有一年正月初四，我在街上遇见师母，随口问了一句，朱老师在干什么啊？师母挺不高兴地说，还能干什么，在家写文章呗。我听了，顿时有一种惭愧感，大家还在享受年节快乐的时候，朱先生已经进入写作状态了，怪不得能做出这么大的成就。即使在他生命的最后一年，虽身体已有不适，但他仍然伏案写作，发表了数篇文章，作为学生的我们，每论及此，无不感慨系之。本论文集所选的《论胡适早期的白话诗主张与创作》发表于1979年，是朱先生早期的文章，算不上他最重要的代表作，但却是他学术的起点，于他个人来说极有意义。据他个人所说，从这篇文章开始，他才真正具有了“学术自觉”，开始显示出作为一个现代学者的“独立姿态”。从这篇文章中可以看出朱先生的学术特点：敢为人先，勇于创新。在改革开放初期，朱先生就敏锐地感受时代的变化，开始对五四文学进行系统的研究，并在很短的时间内写出一系列相关论文，于1982年结集为《五四文学初探》出版，在全国产生了很大反响，甚至一度成为当时中央宣传工作会议上的“事件”之一。朱先生的五四文学研究成就虽然早已成为定论，但必须说，《山东师范大学学报》在当年的及时推送，也是很有历史眼光的。

吕家乡先生是1980年以后调到山师现代文学研究中心从事新诗教学与研究工作的。研究中心最初是独立于文学院的，但因为我们在组织上都属于同一个支部，经常在一起开会学习，所以比较熟悉。吕先生给我的第一个印象是非常认真，因为每次开会的时候，他都要拿一个类似学生用的笔记本认真作记录。他记录得很快，似乎也比较详细，因为过一段时间就会换一个笔记本。而且这还不是偶一为之，而是持之以恒，从未间断。我不知道朱先生是因为什么原因养成了这一习惯，如果朱先生的这些笔记还保存着，一定很有历史价值。对吕先生有了较多理解，是基于一个偶然的机会。大概是90年代初期，吕老师因痔疮病发，且比较严重，只好到山东中医药大学附属医院做手术。手术后，因为生活不便，我们几个年轻教师便轮流去陪护他。闲聊时，他告诉我，说他1952年从山东大学中文系毕业前，学校做毕业动员工作，让大家做好思想准备，到中央去，到国家机关去。半月后，却风声突变，学校开始动员大家到中学去，为国家普及教育的目标而奋斗。果然，很快教育部的分配方案公布了，几乎全部分到各地中学去了。吕先生也被分到了山东医学院工农速成中学做语文老师，同时兼任了团支部书记。后来才听说，之所以出现这一变化，原来是当时教育部负责分配的人，将山东大学的分配计划与南方一个师范院校的分配计划搞错了，但事已如此，也没法改了。吕先生倒不在意，做一个老师也不错。但是不幸的是，1955年“批判胡风反党集团”时，因为他与山东大学的老师吕荧先生关系比较密切，受到牵连，被组织处分；1957年吕先生又因响应号召给领导提意见而被打成了“右”派，下放到周村附近的王庄劳改农场劳动改造。他跟我说，当他独自一人先坐汽车、后又步行到达劳改农场大门口时，没有见到欢迎他来劳动改造的人，竟然十分不解，我来劳动改造，怎么这么不热情？说完先生笑了，他说，你看那时候的我多么单纯。单纯，更准确地说，纯真，可以说是吕先生的本性，直到今天，他都是一个非常纯真的人。经历了那么多的人生苦难，但他从来没有学会世故，记得每次开会的时候，无论是政治会议，还是学科会议，他都会认真地讨论，该提意见就提意见，该表扬就表扬，从不隐瞒自己的观点，始终怀有一颗赤子之心。吕先生的诗论也同样有着赤子之心，无论思想还是观点，都来自他内在的心灵体验与本真性情。本书选择的《内在律——郭沫若对新诗的重要贡献》这篇论文，我个人认为并非吕先生的代表作，但他从内在律上对郭沫若在新诗创作上的贡献的分析还是非常有说服力的，可以说是一个诗人对另外一个诗人的深层理解。

感谢李宗刚教授在本书中也选择了我的《阴阳之道：张炜与矫健创作个性比较》这篇文章，让我有机会对《山东师范大学学报》编辑部，特别是当时的责编翟德耀先生表示感谢，是翟德耀先生在我走上学术之路的彷徨时刻，用力推了我一把，让我从此有了信心与勇气。这是真的。我上大学期间，迷上了写诗，而且也发表了几首小诗，也许因为这个原因，毕业后我被学校留下从事当代文学的教学工作。但是，从写诗转向文学研究是艰难的，我在很长一段时间都不能适应，因此对自己能否胜任大学老师常感困惑。1985年我在职攻读硕士学位，在接受了比较系统的训练后，对从事文学研究才开始有了初步的感觉。80年代中期，大学的学术气氛比较深厚，校园里经常有一些自发组织的学术活动。记得有一次，研究生会组织了一次山东青年作家创作研讨会，我也参加了，并且在会上作了一个有关张炜与矫健创作个性比较的发言。记得当时我说过这样的话，我说读张炜的小说，最好在晚上点一盏小油灯去读，这样才能感受到它的诗意；而读矫健的小说，最好在太阳底下去读，这样才能感受到它的强烈，还不至于害怕。许多同学都笑了，当然未必有恶意，可我还是有些敏感，心情不爽。可是令人意外的是，会后翟德耀先生找到我，说你的发言还不错，再好好改一改，改好了给我们学报。我没注意到翟先生也在场，更没想到翟先生会主动向我约稿。翟先生“文革”前就被组织上送到山东团校学习，是组织着力培养的后备干部，大学毕业后在学校党委办公室工作，有着很好的政治前途，但是他却主动要求到学报做普通编辑，从事学术研究工作，与同时代人相比，确实表现出了不同的志向。那时候他已经发表了不少学术论文，还出版了《茅盾前期文学思想散论》。他在学报做编辑、副主编期间，组织发表了一大批优秀的文章，山师学报也成为在全国有影响的学报，许多著名的学者都在这里发表过文章。更重要的是，翟先生以这个刊物为平台，有意识地扶持年轻学者，对他们人生道路的选择确实发挥了非常积极的作用。我写的这篇关于张炜与矫健创作个性比较的文章，水平并不突出，但为了帮助我提高作学术研究的自信心，翟先生还是果断地推了我一把，这是人生中宝贵的一步，如果没有这一推，我可能要经历更多心理上的困惑与彷徨。真诚地感谢翟先生，感谢山师学报。

阅读文集的过程，也是一次愉快的精神回归的过程。看到文集中的每一篇文章，我都有一种强烈的倾诉欲望，很想那过去的日子。因为我曾经与作者们生活在同一个校园里，也曾经是中国现当代文学学科队伍中的一员，我曾经得到他们真诚的帮助，也曾经与他们一起为学科的发展而奔走。我想告诉老师，我永远无法忘记您对学生的教诲，我想告诉同事，我无法忘记和您在一起时的快乐，即使是我们曾经有过小小的不愉快，如今也让人觉得有趣。但是话长文短，无法在此细说了。唯愿母校山东师范大学中国现当代文学学科的老师、同事、朋友们身体康健，学科建设更上一层楼。

《山东师范大学学报》创刊65周年系列活动
学报近十年编校清样展

2021年9月15—16日，《山东师范大学学报（社会科学版）》编辑部举办创刊65周年系列活动之一——学报近十年编校清样展。《山东师范大学学报（社会科学版）》是山东师范大学主办的人文社会科学综合性学术期刊，1956年创刊，现为中国社会科学引文索引（CSSCI）来源期刊、全国中文核心期刊和全国高校社科名刊。

为庆祝学报创刊65周年，为学校“双高”“双一流”建设助力，帮助广大读者了解学报历史，熟悉学术论文编校流程，体验论文的淬炼过程，树立学术研究科学态度，《山东师范大学学报（社会科学版）》编辑部举办近十年编校清样展。本次清样展展出的清样为从作者定稿到编辑定稿的所有清样，涵盖了编辑引文核对、语言文字加工以及论文完善提升的全过程，其中的编校程序有七八遍之多。本次清样展展出了从2011年第4期到2021年第3期的60本学报，共350本清样。

学报主编李宗刚在活动开幕式中指出："山师学报是一份有着65年悠久历史的学报。60多年来，山师学报秉承着'传承学术、弘扬真理'的办刊宗旨，刊发了大量优秀论文，使山师学报逐渐成长为具有较好学术美誉度、较高社会影响力的高校学术期刊。此次学报举办近十年编校清样展，既是对历代学报人踏实严谨、兢兢业业办刊历程的纪念，也是对当下学报人继续办刊的一种激励。山师学报编辑部将继续攻坚克难，为将学报打造成高品质期刊而不懈努力！"

李宗刚（右）、孙昕光（左）向作者于冬云教授（中）展示其刊发于2019年第2期论文的编校清样

文科学报编辑部部分成员参加庆祝活动（从左至右依次为：王盛辉、张登德、李宗刚、徐道春、孙昕光、孙秋英）

《山东师范大学学报（社会科学版）》入选 CSSCI（2021—2022）来源期刊

证书编号：545980C21

CSSCI

中文社会科学引文索引

Chinese Social Sciences Citation Index

收录证书

根据《中文社会科学引文索引来源期刊（集刊）遴选办法》，《山东师范大学学报(社会科学版)》入选为CSSCI（2021-2022）来源期刊，特发此证，以资证明！

南京大学中国社会科学研究评价中心

Center for Chinese Social Sciences Research and Assessment

《山东师范大学学报（社会科学版）》入选2020年版中文核心期刊

北京大學圖書館
PEKING UNIVERSITY LIBRARY

《中文核心期刊要目总览》入编通知

《山东师范大学学报.人文社会科学版》主编先生/女士：

我们谨此郑重通知：依据文献计量学的原理和方法，经研究人员对相关文献的检索、统计和分析，以及学科专家评审，贵刊**《山东师范大学学报.人文社会科学版》**入编《中文核心期刊要目总览》2020年版（即第9版）**综合性人文、社会科学**类的核心期刊。该书由北京大学出版社出版。书中按《中国图书馆分类法》的学科体系，列出了74个学科的核心期刊表，并逐一对核心期刊进行了著录。著录项目包括：刊名、并列刊名、主办单位、出版年、出版频率、中图分类号、ISSN号、CN号、邮发代号、编辑部地址、电话、网址、内容简介等。

评选核心期刊的工作是运用科学方法对各种刊物在一定时期内所刊载论文的学术水平和学术影响力进行综合评价的一种科研活动，研究工作量浩大。北京地区十几所高校图书馆、中国科学院文献情报中心、重庆维普资讯有限公司、中国人民大学书报资料中心、中国学术期刊（光盘版）电子杂志社、中国科学技术信息研究所、北京万方数据股份有限公司、国家图书馆和北京世纪超星信息技术发展有限责任公司等相关单位的百余名专家和期刊工作者参加了研究。

项目组对核心期刊的评价理论、评价方法等问题进行了深入研究，进一步改进了核心期刊评价方法，使之更趋科学合理，力求使评价结果符合客观实际。对于核心期刊的评价仍采用定量评价和定性评审相结合的方法。定量评价指标体系采用了被摘量（全文、摘要）、被摘率（全文、摘要）、被引量、他引量（期刊、博士论文）、影响因子、他引影响因子、5年影响因子、5年他引影响因子、特征因子、论文影响分值、论文被引指数、互引指数、获奖或被重要检索系统收录、基金论文比（国家级、省部级）、Web下载量、Web下载率16个评价指标，选作评价指标统计源的数据库及文摘刊物达48种，统计到的文献数量共计142亿余篇次，涉及期刊13764种。参加核心期刊评审的学科专家1万多位。经过定量筛选和专家定性评审，从我国正在出版的中文期刊中评选出1990种核心期刊。

需要特别指出的是，该研究成果只是一种参考工具书，主要是为图书情报界、出版界等需要对期刊进行评价的用户提供参考，例如为各图书情报部门的中文期刊采购和读者导读服务提供参考帮助等，不应作为评价标准。谨此说明。

顺颂

撰安

《中文核心期刊要目总览》2020年版编委会

2021年3月

北京大学图书馆

2020 年《山东师范大学学报》位居“复印报刊资料”全国高校文科学报转载率第 46 名

贺信

《山东师范大学学报（社会科学版（原人文社会科学版））》编辑部：

热烈祝贺贵刊在 2020 年度复印报刊资料转载指数排名中喜获佳绩！

在“人文社科综合性期刊”全文转载排名中，贵刊转载量位列第 94 名，转载率位列第 76 名，综合指数位列第 95 名。

在“高等院校主办人文社科学报”全文转载排名中，贵刊转载量位列第 49 名，转载率位列第 46 名，综合指数位列第 52 名。

本排名是根据人大复印报刊资料近 100 种学术刊的全文转载数据，从转载量、转载率、综合指数三个维度统计形成。复印报刊资料系列刊是从国内公开出版的近 4000 种报刊上精选人文社科研究成果，并按人文社科二级学科进行分类、编辑、出版的二次文献。

感谢贵刊对我们研究工作的关注和支持。祝贵刊取得更大的成绩！

中国人民大学人文社会科学学术成果评价研究中心
中国人民大学书报资料中心
2021年3月30日

2020年度转载指数排名全部信息请登陆：http://zlzx.ruc.edu.cn

2021 年《山东师范大学学报》位居“复印报刊资料”全国高校文科学报转载率第 65 名

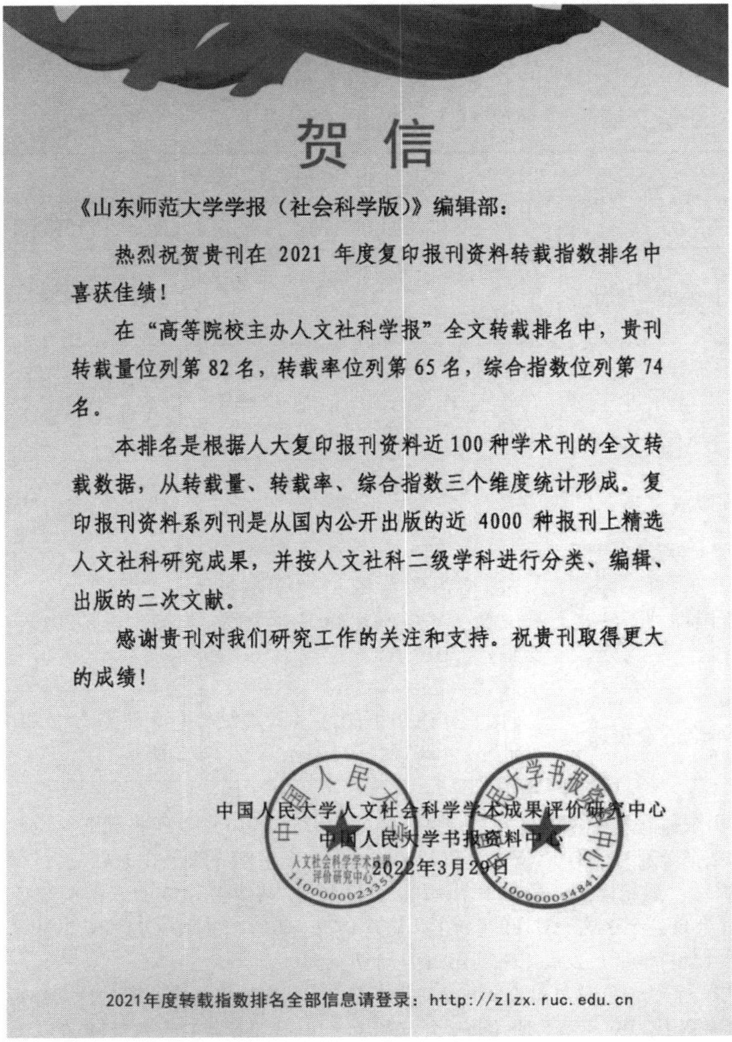

贺 信

《山东师范大学学报（社会科学版）》编辑部：

热烈祝贺贵刊在 2021 年度复印报刊资料转载指数排名中喜获佳绩！

在“高等院校主办人文社科学报”全文转载排名中，贵刊转载量位列第 82 名，转载率位列第 65 名，综合指数位列第 74 名。

本排名是根据人大复印报刊资料近 100 种学术刊的全文转载数据，从转载量、转载率、综合指数三个维度统计形成。复印报刊资料系列刊是从国内公开出版的近 4000 种报刊上精选人文社科研究成果，并按人文社科二级学科进行分类、编辑、出版的二次文献。

感谢贵刊对我们研究工作的关注和支持。祝贵刊取得更大的成绩！

中国人民大学人文社会科学学术成果评价研究中心

中国人民大学书报资料中心

2022年3月29日

2021年度转载指数排名全部信息请登录：http://zlzx.ruc.edu.cn

2017 年《山东师范大学学报》刊发论文转载情况汇总[①]

2017 年,《山东师范大学学报》刊文被人大复印报刊资料全文转载 11 篇,在《新华文摘》主体转载 1 篇,论文摘编 1 篇。

2017 年人大复印报刊资料转载情况			
序号	姓名	题目及原刊发期次	转载刊名和复印期号
1	卜宪群、靳宝	《安作璋的治学思想与方法》(2016.5)[②]	《历史学》2017 年第 2 期
2	李永进	《合并抑或合作:抗战初期国共关于合作形式的话语论争》(2016.5)	《中国现代史》2017 年第 3 期
3	许双成、张立昌	《论教育的人格分等及公平矫正》(2016.5)	《教育学》2017 年第 3 期
4	李国祥、于洪波	《"品格习得"的伦理学辩护——以〈尼各马可伦理学〉为参照》(2016.6)	《教育学》2017 年第 5 期
5	车瑞、余祖伟	《文化差异视角下的经济管理绩效研究》(2017.1)	《管理科学》2017 年第 5 期

① 《山东师范大学学报(人文社会科学版)》(1978—2016)"复印报刊资料"载文量、转载量、转载率数据分别为 5341 篇、693 篇和 13.0%。详见李宗刚等著《〈山东师范大学学报(人文社会科学版)〉发展纪略》,山东人民出版社 2020 年版,第 264—315 页。本次统计的数据为 2017—2021 年度。至于这一时期的《新华文摘》(1979—2016)的摘编信息参见《〈山东师范大学学报(人文社会科学版)〉发展纪略》(第 264—267 页)。

② 为了行文方便,这里对论文刊发的具体年份和期次均作简化处理,如《安作璋的治学思想与方法》原刊于 2016 年第 5 期,则简化为"2016.5",被"复印报刊资料"转载的文章的具体年份和期次也作简化处理。

续表

2017 年人大复印报刊资料转载情况			
序号	姓名	题目及原刊发期次	转载刊名和复印期号
6	高继文、赵纪梅	《列宁社会主义建设思想的光辉永存——列宁最后口授文献的重要思想及其现实意义》（2017.1）	《马克思列宁主义研究》2017 年第 6 期
7	苏敏、魏薇	《回顾与反思：我国幼儿阅读研究三十年》（2017.2）	《幼儿教育导读（教育科学）》2017 年第 7 期
8	王平、李凡	《日本明治时代〈玉篇〉类字典的版本与价值》（2017.2）	《语言文字学》2017 年第 7 期
9	乔仁桂、张荣华	《党内集中教育长效机制建设的思考》（2017.2）	《中国共产党》2017 年第 8 期
10	魏建	《中国现代文学期刊研究与学派传承——以“山师学派”为例》（2017.3）	《中国现代、当代文学研究》2017 年第 9 期
11	郑炜明	《上博简〈讼成〉（原题〈容成氏〉）篇题与主旨新探》（2017.3）	《先秦、秦汉史》2017 年第 5 期
2017 年《新华文摘》摘编情况			
1	张先飞	《“下去”与“上去”——“五四”时期鲁迅、周作人复出的发生学考察》（2017.1）	2017 年第 12 期，主体转载
2	王寰鹏	《论红色经典长篇小说的意义建构与文学性表征》（2017.2）	2017 年第 20 期，论点摘编

2018 年《山东师范大学学报》刊发论文转载情况汇总

2018 年，《山东师范大学学报》刊文在人大复印报刊资料全文转载 10 篇，在《新华文摘》主体转载 2 篇，论文摘编 3 篇。

2018 年人大复印报刊资料转载情况			
序号	姓名	题目及原刊发期次	转载刊名和复印期号
1	马永庆	《新时代道德建设的逻辑理路——学习十九大报告的几点体会》(2017.6)	《伦理学》2018 年第 3 期
2	兰希秀	《诗是生命的表现——方东美诗学美学思想探微》(2017.6)	《美学》2018 年第 2 期
3	姜言霞、卢巍、毕华林、卢姗姗	《中小学生发展核心素养现状调查研究》(2017.6)	《中小学教育》2018 年第 7 期
4	堀和孝著、孙守峰译	《基于〈时事新报〉初期社论看福泽谕吉的中国贸易观》(2017.6)	《经济史》2018 年第 2 期
5	陈夫龙	《张爱玲的服饰体验和服饰书写研究》(2018.1)	《中国现代、当代文学研究》2018 年第 7 期
6	韩延明	《蔡元培与青年毛泽东——纪念蔡元培任职北京大学校长 100 周年》(2018.1)	《高等教育》2018 年第 7 期
7	国家玮	《“画报”中的“港市想象”——以 1930 年代的〈青岛画报〉为中心》(2018.2)	《文化研究》2018 年第 8 期
8	朱德发	《重探郭沫若诗集〈女神〉的人类性审美特征》(2018.2)	《中国现代、当代文学研究》2018 年第 8 期

续表

2018 年人大复印报刊资料转载情况			
序号	姓名	题目及原刊发期次	转载刊名和复印期号
9	李辉	《论西方文化消费理论研究的范式与主题》（2018. 3）	《文化研究》2018 年第 10 期
10	魏建	《近十年来走向世界的郭沫若研究》（2018. 4）	《中国现代、当代文学研究》2018 年第 12 期
2018 年《新华文摘》摘编情况			
1	杜传坤	《转变立场还是思维方式？——再论儿童文学中的“儿童本位论”》（2018. 1）	2018 年第 13 期，主体转载
2	王林	《论中国近代慈善组织的征信方式及其演变》（2018. 4）	2018 年第 23 期，主体转载
3	宋剑华	《诘问历史：〈死水微澜〉为什么会被漠视?》（2017. 6）	2018 年第 6 期，论点摘编
4	林保淳	《“鬼派”小说平议》（2018. 3）	2018 年第 18 期，论点摘编
5	李茂民	《论“红色经典”的崇高美》（2018. 3）	2018 年第 21 期，论点摘编

2019年《山东师范大学学报》刊发论文转载情况汇总

2019年，《山东师范大学学报》刊文在《新华文摘》论点摘编4篇，人大复印报刊资料转载11篇，《高等学校文科学报文摘》转载1篇。

2019年人大复印报刊资料转载情况			
序号	姓名	题目及原刊发期次	转载刊名和复印期号
1	理查德·舒斯特曼	《实用主义美学的发明：对一个术语和命名的谱系学考察》(2018.5)	《美学》2019年第1期
2	吕浩	《宋版十一行本〈玉篇〉考辨》(2018.4)	《语言文字学》2019年第1期
3	陈玉申	《“中国创办通信社之元始”——王荫藩与日华通信社》(2018.5)	《中国近代史》2019年第3期
4	张智华	《论中国网络剧产业发展》(2018.6)	《文化创意产业》2019年第3期
5	李松	《中国“粉丝经济”的资本逻辑及其良性循环》(2019.1)	《文化创意产业》2019年第4期
6	岳海涛	《论新时代山东美术艺术品格的重塑》(2019.3)	《造型艺术》2019年第4期
7	丛新强	《论〈红高粱家族〉的“抗战”“情爱”与“历史观”》(2019.1)	《中国现代、当代文学研究》2019年第6期
8	王林	《论清末民初中国红十字会构建公信力的举措及其效果》(2019.2)	《中国近代史》2019年第7期

续表

2019 年人大复印报刊资料转载情况			
序号	姓名	题目及原刊发期次	转载刊名和复印期号
9	于冬云	《海明威：作家、传媒、大众共同制造的经典作家与文化偶像》（2019. 2）	《外国文学研究》2019 年第 8 期
10	汪汉利	《〈使女的故事〉：身体、权力与“风景”》（2019. 3）	《外国文学研究》2019 年第 9 期
11	兰翠	《从〈唐语林〉看唐代佛教的世俗化》（2019. 3）	《中国古代、近代文学研究》2019 年第 11 期
2019 年《新华文摘》摘编情况			
1	张智华	《论中国网络剧产业发展》（2018. 6）	2019 年第 8 期，论点摘编
2	荆月新	《“礼”与自然法的沟通——从洛克〈政府论〉对亲权的阐释导入》（2019. 2）	2019 年第 16 期，论点摘编
3	吴周文	《百年散文文体自觉思潮及其美学的建构》（2019. 3）	2019 年第 21 期，论点摘编
4	晋文	《张家山汉简中的田制等问题》（2019. 4）	2019 年第 24 期，论点摘编
2019 年《高等学校文科学术文摘》摘编情况			
1	任者春	《新时代我国社会主要矛盾解决的美学路向》（2018. 5）	2019 年第 1 期，论点摘编

2020 年《山东师范大学学报》刊发论文转载情况汇总

2020 年《山东师范大学学报》刊文被人大复印报刊资料转载 13 篇，《新华文摘》论点摘编 3 篇，《高等学校文科学报文摘》转载 3 篇。

2020 年人大复印报刊资料转载情况			
	姓名	题目及原刊发期次	转载刊名和复印期号
1	刘晓静	《清代俗曲遗存诠略》（2019.5）	《舞台艺术》2020 年第 1 期（下）
2	吕文明	《走向神坛：〈兰亭序〉对王羲之“书圣”地位的造就》（2019.5）	《造型艺术》2020 年第 1 期
3	李茂民	《“二十世纪中国文学”的再批判与再解读——基于社会主义启蒙视域的考察》（2019.4）	《中国现代、当代文学研究》2020 年第 1 期
4	卓今	《公共阐释对文学精神的推动和塑造》（2019.5）	《文艺理论》2020 年第 2 期
5	栾梅健	《现代武侠小说的奠基之作——论〈江湖奇侠传〉的时代性与浪漫主义特征》（2019.5）	《中国现代、当代文学研究》2020 年第 3 期
6	徐继存	《实践教学的理性》（2020.3）	《教育学》2020 年第 11 期
7	王葎	《文化多元主义的身份政治困境》（2019.6）	《文化研究》2020 年第 5 期
8	郑英龙	《失独家庭特殊保障问题研究》（2019.6）	《社会保障制度》2020 年第 5 期
9	张礼恒	《袁世凯与“驱逐福久事件”》（2019.6）	《中国近代史》2020 年第 4 期

续表

2020年人大复印报刊资料转载情况			
	姓名	题目及原刊发期次	转载刊名和复印期号
10	陈来	《西方道德概念史的自我与社会》（2019.5）	《伦理学》2020年第1期
11	韩琛	《再造文明与复古革命》（2019.6）	《中国现代、当代文学研究》2020年第4期
12	曲顺兰	《知识产权推动新旧动能转换的路径与对策》（2020.4）	《国民经济管理》2020年第12期
13	王立胜、周丹	《中国马克思主义哲学知识体系论纲》（2020.4）	《哲学原理》2020年第12期
2020年《新华文摘》摘编情况			
1	张礼恒	《袁世凯与“驱逐福久事件”》（2019.6）	2020年第8期，论点摘编
2	马德坤	《新中国成立以来社会组织治理的政策演变、成就与经验启示》（2020.2）	2020年第13期，论点摘编
3	乔翠霞	《城乡资源要素流动宏观效应的两个问题》（2020.3）	2020年第18期，论点摘编
2020年《高等学校文科学术文摘》摘编情况			
1	翟文铖	《文艺民俗学事业中的汪曾祺创作》（2020.2）	2020年第4期，主体转载
2	杨杰	《当前高校美育工作的瓶颈及其问题辨析》（2020.3）	2020年第5期，主体转载
3	张景焕	《开放性、尽责性对大学生创造性问题解决的预测》（2020.3）	2020年第5期，论点摘编

2021 年《山东师范大学学报》刊发论文转载情况汇总

2021 年，《山东师范大学学报》在人大复印报刊资料全文转载 9 篇，《新华文摘》论点摘编 4 篇，《高等学校文科学术文摘》论文摘编 4 篇，《中国社会科学文摘》摘编 1 篇。

2021 年人大复印报刊资料转载情况			
序号	姓名	题目及刊发期次	转载刊名和复印期号
1	马亮宽	《傅斯年与山东龙山文化研发关系述论》（2020. 4）	《历史学》2021 年第 1 期
2	李宇明	《数据时代与语言产业》（2020. 5）	《语言文字学》2021 年第 3 期
3	陈忠	《跨文化传播的中外认知方式调适与对接》（2021. 1）	《文化研究》2021 年第 6 期
4	许庆朴	《中国共产党执政以来的历史性进步》（2021. 2）	《中国共产党》2021 年第 8 期
5	刘怀荣	《中国文化的早期生成及特质》（2021. 2）	《文化研究》2021 年第 9 期
6	李傲寒/陈引驰	《都城的延伸与分隔：齐梁诗赋中的京郊别业》（2021. 4）	《中国古代、近代文学研究》2021 年第 10 期
7	王增福	《“两个相结合”与马克思主义中国化的内在逻辑》（2021. 5）	《高校思想政治理论课教学研究》2021 年第 6 期
8	廖久明	《田仲济对郭沫若感情变化过程探究》（2021. 4）	《中国现代、当代文学研究》2021 年第 11 期
9	谢慧聪	《〈鲁迅全集〉编注史上的“征求意见本”》（2021. 4）	《中国现代、当代文学研究》2021 年第 11 期

续表

2021 年《新华文摘》摘编情况			
序号	姓名	题目及刊发期次	转载刊名和复印期号
1	杨威	《新时代增进人类命运共同体价值认同路径选择》（2020. 6）	2021 第 5 期，论点摘编
2	张礼恒	《晚清中韩建交：国际公法与宗藩体制的博弈》（2021. 1）	2021 年第 10 期，论点摘编
3	闫春新	《董仲舒的感应之“天”及其应有之意》（2021. 3）	2021 年第 19 期，论点摘编
4	高继文	《中国共产党百年奋斗与中华民族伟大复兴》（2021. 4）	2021 年第 20 期，论点摘编
2021 年《高等学校文科学术文摘》摘编情况			
1	魏建	《以场景红利为核心提升城市品质》（2021. 1）	2021 年第 3 期，主体转载
2	贾英健	《中国传统政治权力的历史反思及其现代性生成》（2021. 2）	2021 年第 3 期，主体转载
3	臧旭桓/董婧璇	《电子银行、金融便捷与家庭消费》（2020. 5）	2021 年第 1 期，论点摘编
4	冯永刚	《学校制度文化育人的逻辑向度》（2020. 5）	2021 年第 1 期，论点摘编
2021 年《中国社会科学文摘》摘编情况			
1	傅永军	《强制阐释、公共阐释与中国阐释学的创造性建构》（2020. 5）	2021 年第 2 期，主体转载

第三编

山师学报作者发表论文感言

87 岁上的教训

孙良明[1]

昕光并转宗刚同志：

第 4 期快正式出版了。

这期发表拙文，引文校对多误，是 87 岁上的疏忽，是一次教训。

我不会电脑，多年来的经验是，电脑打出后，引文要校对原文，不能据手写稿；并相告年轻同志。

可这次疏忽，看打印稿，未看手写稿，更未校对原文，只是将打印稿顺了一下；原因是认为《新著》相当熟了，无须再查原文。没想到，打印稿错误这么多！

幸亏你们审稿严谨，让再校对引文。我看过，又让女儿据原文一一校对，改正了错漏！不过给你们增添麻烦，深为内疚！

校对本来是我的缺项。稿子看几遍，“有目无睹”。书文正式出版后，里面文字、标点错误，就像饭锅、饭碗里有几个苍蝇那样恶心难受；不过不能改正了。

敬佩编辑态度严谨，深致谢意。

孙良明
2014 年 9 月 9 日

① 孙良明(1927—2020)，男，山东师范大学古籍整理研究所教授。孙良明教授在 1959—2014 年 50 多年间，发表在学报的论文共有 31 篇。近 10 年发表在学报上的论文有《谈汉语单复句学说“源”“流”的方枘圆凿关系长期存在——兼说汉语现代语法学史一个“历史性的大误会”及其原因》(2012 年第 1 期)、《1924 年的黎氏文法新探——纪念〈新著国语文法〉出版 90 周年》(2014 年第 4 期)。

山师学报两任主编的情怀与文缘

周海波[①]

翟德耀老师寄来他新近编著的《文学编辑书简——学人与学报》，这部厚重的著作收录了他任山师学报编辑和副主编期间与诸多作者的交流、通信，其中的作者多为熟悉的师友，读来如见其人，激动不已，诸师友亲切的面容出现在眼前。拜读这些书信，更深刻感受到德耀老师在扶持青年学者、邀约名家大师、促进学术发展等方面所付出的辛勤劳动。

书信是电子通信出现之前最常用的交流工具，具有悠久的传统。翟老师是位有心人，他与众多作者保持良好的关系，以书信与作者交流，约稿、组稿、编辑稿件，而更有心的是，他保留了那么多作者的来信，为学报、为学术史保留了珍贵的记忆，让我们通过这些书信再次认识并加深了对师友们的印象。

我本人比较懒散，更不善于与人打交道，很少写信问候或者请教。但翟老师对我的关切之情让我难忘。这部学人书简中所收录的谷辅林教授写给翟老师的一封信，记录了两位老师对一位青年教师的关怀。这封信写于1986年11月26日，至今已是30多年的时间。谷老师时为曲阜师范大学文学研究所教授，他虽然没有给我上过课，却因为某种机缘而对我特别关心，并有意培养我在郭沫若研究方面做些事情。在谷老师指导下，我从郭沫若小说研究开始，逐步深入了解郭沫若的创作，进而研究了郭沫若历史剧、传记文学等方面的内容。他帮我投寄到山师学报的《郭沫若历史剧真实性

---

① 周海波(1958—)，男，青岛大学文学院教授、博士生导师。曾在学报发表过《中国现代文体学视野中的“型类的混杂”》(2020年第5期)、《策略与方法：整理国故与新国学的几个问题》(2018年第6期)、《金声玉振显品格，创新趋优呈高远：学术史视野中的朱德发教授的学术成就》(2014年第5期)、《“大系”与中国“新文学”本位观的确立》(2012年第3期)。

问题再探讨》，就是我初涉郭沫若也是中国现代文学研究的习作之一，试图从新的角度重新理解历史创作中的真实性问题。谷老师在信中说，“从美学的角度，论述创造主体与对象主体在史剧创作中的碰撞与调和”。我现在依稀记得，在谷老师的办公室，他看完这篇文章的初稿后，脸上露出欣喜的笑容。又过了几天，我将谷老师修改后的稿子誊抄一遍，他顺手写下了这封信，寄给了翟老师。那时，我可能还不认识翟老师，所有对翟老师的印象都是从谷老师以及其他老师那里听到的。

我记不清是什么时间拜识的翟老师了。也许应该就在 1986 年，这年夏天和年底，分别在龙口和在济南召开了两个学术会议，一个是在龙口召开的山东省中国现代文学学会年会，一个在济南召开的山东省茅盾研究会成立大会。我记不清翟老师是否曾参加过龙口会议，但至少他会参加茅盾研究会的成立会议，因为他是学会秘书长，也是重要的会议发起人之一。会议上的翟老师忙来忙去，既要负责会务，又要组织学术讨论，所以，即使在会议上拜见过翟老师，也可能没有深入的交流。

1988 年春天，我与谷老师合作完成的这篇论文发表在《山东师范大学学报》第 2 期，那时，我刚刚认识翟老师不久。

就是从发表这篇论文开始，我注意到了《山东师范大学学报》，虽然过去也曾经学习过这份刊物上的一些文章，但发表过文章之后，更感觉这份刊物亲切、实在，爱不释手。在我的学习过程中，感受到《山东师范大学学报》是一份值得阅读并不断追踪的学术刊物，它的用稿眼光独特而准确，既能够站在学术前沿形成与学术界的对话之势，又能立足自我，坚持学术品格。那些年，仅我注意到的学术话题，就有五四新文化运动与文学、鲁迅及其现代重要作家、齐鲁作家与作品等，这些选题与论文，当然离不开翟老师的辛勤付出。

又过了几年，我与一位青年学者合作的论文投寄给山师学报。这篇文章题为《黄昏里的生命独语——京派文学创作的一个侧面》，是我在学习京派创作时的一些体会和认识，难免带着好奇与幼稚。这篇小文能在山师学报发表，虽然前后的情节与细节已经记不清了，但与翟老师的提携有着直接关系，这是毫无疑问的。翟老师平时为人低调、谦逊和蔼，鼓励后进不事声张。

翟老师退休之后，我反而有更多机会向他请教。在一些学术会议、学会的社团活动或者其他活动上，经常能看到翟老师的身影，几次交流与学术发言，都感受到了翟老师非同寻常的学术情怀。他慢声细语、逻辑严密的会议发言，每次听来都有耳目一新的感觉。从一位编辑与学者到一位学者兼学术组织者，展示出翟老师不同的身份、不同的风采。

某种意义上，“继任者”李宗刚教授不仅接过了翟老师文学编辑的接力棒，而且承担了学报再度振兴的重任。宗刚教授是现代文学研究方面的著名学者，以他的学识和才干，担任学报主编能够更好地发挥他的学术特长，创造更多的成绩。

事实也是这样。宗刚教授上任主编后不久，学报就以新的学术风格和面貌呈现在读者面前，让学术界对这份“普刊”刮目相看。2014 年 9 月，山师举办“朱德发及山东师范大学学术团队与现代中国文学研究”学术研讨会。会议期间，宗刚主编给我安排任务，让我根据这次会议收到的学术论文和大会发言整理出一篇会议综述，进一步整理和突出朱德发教授的学术成就与贡献，彰显山师学术团队的整体实力与学术特色。朱老师是宗刚和我的恩师，宗刚主编安排的这个任务不仅是对恩师的一个小小报答，也是对朱老师以及山东师范大学学术团队的致敬。会后，由我与我曾经指导的中国现当代文学硕士研究生闫晓昀执笔，在综述会议论文和会议发言的基础上，完成了《金声玉振显品格，创新趋优呈高远——学术史视野中的朱德发教授的学术成就》的长篇文章。这是一篇“不是学术”论文的学术论文，“不是学术”是指这是一篇会议综述式的文章，只能说由闫晓昀和我执笔完成，参加这次研讨会的全体学者才是这篇文章的真正作者，或者说是会议主办者、参加者共同参与完成的一篇文章；“学术论文”是指文章本身具有一定的学术价值，凝结了几十名国内学者的学术观点、学术思想。我们知道，这时的山师学报仍然在为冲击“C 刊”而不懈努力，宗刚主编能拿出相当的篇幅发表一篇综述式的文章，需要胆识，更需要学识和编识。所以，宗刚主编策划、设计、编辑的这篇文章，是倾注了他的心血的一篇文章，也是他瞩目于国内学术界和山师学科发展的一个重要选题。宗刚主编不仅仅以严谨的、高品格的学术情怀来办刊，而且以丰满的感情来办刊。这种情感是超越世俗、超越功利的，是以学术为本、以刊物品格为本，“让学术回归自身”的编辑情怀。文章写作过程中，宗刚教授多次来电来信（微信）指导文章写作，多次谈到他对朱老师的认识，对山师学术团队的认识。

宗刚主编敏锐的学术眼光和深厚的治学功底，培养了他出色的选题策划能力和编辑能力。他本人不仅非常熟悉学术界的研究现状，而且曾承担过多项国家课题，对于学术发展方向、选题论证等都能做到得心应手、及时准确。因此，这些年来，宗刚主编不仅是站在山师学报的角度，而且是站在学科建设与发展的角度，站在整个学术研究和理论建设的高度，去分析学术研究的最新动向，把握学术前沿的态势，运筹学报发展的方向。经他组织的学术课题和学报栏目大多引起了学术界的关注，成为某一学术领域不能绕过的话题。2017 年底，我非常荣幸地获得国家社科基金重大项目，宗刚主编第一时间打来电话表示祝贺，同时就课题的一些想法以及研究思路与我进行交流，提出了诸多中肯的意见。在后来的多次联系中，他又热情指导，给予鼓励，同时又发出邀约，如有成熟的文稿可以投寄给学报。经过几年的研究，我完成《中国现代文体学视野中的“型类的混杂”》一文。该文得到宗刚主编的充分肯定，随后刊发于山师学报 2020 年第 5 期，成为我负责的这项国家重大课题的重要成果之一。在与宗刚主编的交流中，我深刻感受到他作为学报主编所具有的强烈主体性，这里既包括他作为学报主编和文学编辑的主体性，也包括学报刊物的主体性，同时又非常尊重作者本人的主体性，尊重学术研究与论文撰写过程的客观规律。

山师学报能在众多刊物之林中站稳脚跟、形成特色，并不断扩大影响，这与宗刚主编的精心探求密不可分，也与他的学术追求紧密相连。正是这样，宗刚主编以学术品格为学报选题的重要依据，看重论文的学理性对于学术发展的意义，而不是特意追逐所谓的学术热点，既注重刊发论文的社会反响，而又不唯转载、引用的简单化数据，他以学术的方式回应时代的命题，与学术界进行对话，从而形成了稳重扎实、论究学理、发扬学术的学报风格，使学术刊物既具有学术的严谨，又带着让人感到亲切的温馨的气息。

学术成长路上的良师

张新英①

学报主编李宗刚老师发微信问我："能不能写一篇回忆性的文章，讲讲自己作为作者和山师学报的故事。"我受宠若惊，赶紧回复："学报对我有知遇之恩，能写！必须写!"

回完信息，我与山师学报的过往画面在脑海中一幕幕掠过。算起来，从2012年第一次在山师学报上发表论文，10年间，我在学报发表的论文也有5篇了。10年间，我与学报共同成长：学报托举了我的学术成长之路，我也见证了学报的涅槃重生。

我于2008年8月从中国传媒大学博士毕业后回到母校山东师范大学任教。其时，我对于学术尚处在一知半解的状态。其后几年，忙于结婚、生子、带娃，在学术上颇为懈怠，眼瞅着人到中年而成果寥寥，自己的内心不免焦虑，对自己的学术能力也产生了深深的怀疑。2012年4月，我怀着忐忑的心情，将自己的一篇论文发给了学报主编李宗刚老师。彼时，宗刚老师担任主编不到一年，正带领编辑部对学报进行大刀阔斧的改革，全力以赴向"C刊"发起冲击，学报的用稿标准和之前相比自然严格了许多。而我之所以鼓起勇气将论文发给宗刚老师，是因为宗刚老师曾是我的本科

① 张新英(1979—)，女，山东师范大学新闻与传媒学院项目教授，博士。曾在学报发表《国防电影：困境中的艰难突围——以电影〈壮志凌云〉为例》(2020年第5期)、《电影〈夜半歌声〉票房奇迹探秘》(2019年第1期)、《对中国第一部短故事片〈难夫难妻〉几个问题的质疑与考证》(2014年第4期)、《〈阎瑞生〉：从社会新闻到电影——中国第一部长故事片拍摄始末探究》(2013年第4期)、《农村题材电视剧中的女性形象类型及其文化意义》(2012年第4期)等文章。

专业老师，教了我们整整一年的基础写作课程，我大学期间发表的几篇散文随笔和小说，便是宗刚老师不断鞭策指导的结果。在我的印象中，宗刚老师对年轻人总是不吝肯定和鼓励。我知道，即便我的论文达不到在学报发表的标准，但至少可以得到宗刚老师专业的指导和帮助。论文发过去不久，宗刚老师那边便给了回复，具体内容已记不太清了，大致是询问了一些论文的信息，然后告诉我学报对论文质量要求很高，需要满足各种条件，我的论文需按审稿程序交由专家评审，然后再确定能否录用。大概两周以后，我拿到了审稿意见并先后对论文做了两次较大的修改。论文修改期间，责编孙昕光老师精益求精的专业精神以及耐心细致的工作态度给我留下了深刻的印象。他文字功底深厚，经他之手修改过的文字，令人顿生"旧貌换新颜"之感。最终，那篇题为《农村题材电视剧中的女性形象类型及其文化意义》的论文发表在学报 2012 年第 4 期上，然后被人大复印报刊资料《影视艺术》2012 年第 11 期全文转载。宗刚老师听到论文被转载的消息后很高兴，大大鼓励了我一番，告诉我："你现在是对我们学报作出贡献的人了！"后来这篇论文还获得了山东省第七届"刘勰文艺评论奖"。论文的发表和获奖让我重拾学术自信，也激发了我的学术热情。

一年后，我的第二篇论文发表在学报 2013 年第 4 期上，被《人大复印资料·影视艺术》2013 年第 10 期全文转载。同样的，我再次收到来自宗刚老师的肯定和鼓励。在学报发表的论文被认可，宗刚老师是发自内心地高兴，他很开心地看到，学报当时虽然已被排除在核心期刊行列之外，却为像我这样的学术新人提供了一个发表论文的阵地和舞台，我们的论文被认可，也意味着对学报办刊质量的肯定，于学报而言，这便是最高的荣誉和最好的回报。

其后的几年，我又陆续在学报上发表了 3 篇论文。这个数量，对我这样一个并不知名的作者而言，已是难得——因为学报是双月刊，每年的期数和版面有限，而学报为了保证论文质量，对论文的字数又有要求，常有学界大家在上面发表万字以上乃至数万字的长文，这样一来，版面就更为紧张。而每次修改和校对论文的过程，于我都是一次提升。在山师学报发表论文之前，我虽然也在其他学术期刊发表过一些论文，但并不知道论文编校的具体过程，更不懂得其中的烦琐与艰辛。我清楚地记得，每次从编辑部拿回来的论文修改清样上都密密麻麻地写满了编辑老师的批注和修改意见，大到论文逻辑结构的安排，小到具体文字的表述乃至标点符号的用法，让人一看便心生“敬畏”——“敬”，是敬重编辑老师的认真和细致；“畏”，是震惊于自己的论文居然存在这么多问题，而自己却一无所知。尤其是在论文的引文和注释方面，学报的要求更是严苛到了极致：论文的每一处引文和注释，都必须找到出处的原文并在原文上做好标注，然后拍照或截图提交，以确保所有引文和注释无误。记得宗刚老师曾经说过，以他的编辑经验来看，论文的引文和注释出错率极高，要么是引文出错，要么是出处有误，即使是那些态度严谨、著作等身的学术大家，也很难保证引文百分之百准确。而如果引文或注释有误，很可能会误导后人，因此必须慎之又慎。为了确保引文和注释无误，学报编辑部可谓煞费苦心，才想出这样的方法。我有一篇论文是研究中国早期电影史的，涉及的史料引用有60多处，当编辑老师让我按学报的要求提交引文出处时，我还有点不以为然，一方面觉得这是个耗时费力的活儿，需要把那么多引文出处再重新查找一番；另一方面是因为我对自己的引文和注释很有信心，认为自己在论文撰写过程中都已经认真核对了，应该不会再出什么差错。但令我没想到的是，按照学报的要求一来，不少错误便像显微镜下的细菌一样现了原形：有的引文出处跟上一处混淆；有的引文因原文出自印刷质量欠佳的民国报刊、自己又未认真核对因而出现了文字摘录错误；有的纯粹是因为自己粗心大意而导致引用有误……我用了差不多整整一天的时间，才将引文全部核对完毕，在感佩编辑用心良苦的同时，也不禁为自己的不严谨而惭愧，想到论文的这些错误若是未做修正便发表出来，那真是愧对学报的厚爱和编辑老师的信任，日后更是无颜面对学界同行了。想到这些不禁有些后怕，又连夜将引文核对了第二遍，竟然再次发现了一些问题。到了第二天，我还是有点不放心，又进行了第三次“自检”，确定没有问题了才提交给编辑王盛辉老师。我以为这样就可以了，但当我去编辑部送修改稿的时候，发现王老师正在电脑上逐字逐句核对我提交的引文照片和截图！学报办刊的严谨和细致，由此可见一斑。他们精益求精、追求完美的办刊精神，已经内化成一种深入骨髓的自觉意识。不管作者是学术大家还是学界新人，他们都一视同仁，他们认真守护学报质量的这份执着和坚定，也感染着学报的作者们。至少于我而言，学报教会我如何踏实、耐心地修改完善一篇论文，让我一次次体会到认真细致、严谨规范对于写作的重要性，这对我写作素养的提升大有裨益，我内心由衷地感激。

2019 年，经过 8 年奋战，山师学报终于跻身“C 刊”行列，这个重磅喜讯虽然姗姗来迟，却也在意料之中。是呀，只要听说过学报对论文质量的高标准严要求，只要目睹过主编宗刚老师和其他编辑老师们通宵达旦的工作状态，只要亲身经历过编辑老师们对稿件细节近乎偏执的推敲和修改，你就会明白，学报是如何一步步成功实现它的“登顶”计划的。而登顶旅程中的千辛万苦和个中滋味，可能只有当事人能真正体会。对此，主编宗刚老师在他的回忆文章《难忘的学报七年》和《我的八年办刊历程》中记述得非常详尽。记得 2019 年第一次读完《我的八年办刊历程》后，我感动得热泪盈眶。2021 年宗刚老师将此文收录到他的《跨界的文学对话》一书中，并赠书于我。时隔两年再读此文，依然备受鼓舞和感染。我将阅读感受通过微信告诉宗刚老师，宗刚老师回复：“我们还是要把自己的时间奉献给事业，这样人生才会有价值和意义。”我总觉得，如果把学报比作一个人的话，那么它应该既有长者的沉稳和厚重，又有中年人的成熟和踏实，更有年轻人的果敢和闯劲。它在低谷中能耐得住寂寞，在喧嚣中能守得住本心，它一直在自己的学术园地里默默耕耘，悄悄蓄力，静待自己播下的那颗种子生根发芽。如今，这颗种子迎来了春暖花开。作为学报的一名普通读者和作者，我非常幸运地在学报的扶持和帮助下获得了自身学术的成长：学报为我的学术之路铺垫了最初的也是最坚实的基石，我在学报发表的几篇论文除被人大复印资料转载和获奖外，也“帮助”我申请到了国家社科基金后期资助项目；而学报的稳步成长和华丽蜕变，又激励着如我这样的读者和作者在学术之路上不懈努力。

很多年了，每隔几个月，我和同事们的邮箱里便会收到宗刚老师发来的最新一期学报电子版，以方便我们阅读和学习。我知道，这里面的每一篇论文，不仅仅是作者心血的结晶，也浸润了主编和编辑们日日夜夜的辛劳和付出。他们对待论文的认真负责和细致严谨，对待作者的热情包容和不厌其烦，成就了今日学报的声誉和辉煌。我何其有幸，学术成长路上能够得到学报的有力托举和温暖鼓励，并见证学报发展的这段关键历程，而我对学报的感激之情却无以回报，只能将它化作动力，一路感恩前行。

我跟山师学报的那些事儿

韩　琛[1]

说起来,我去过山师学报编辑部两次。每次都跟朱德发先生有关。

2006 年秋天某日,忽然接到朱先生电话,问我博士论文写得怎样。如他所料,自然不怎么样。于是一时语塞,不知如何回答。闻我讷讷无言,话筒那边的朱先生语气略显淡淡地说,有几章算几章,拿来我看看。说完,就把电话撂了。那会儿,刚转入师门不久,跟朱先生接触不多,见他话音未落便挂电话,就以为对自己有所不满,立时忐忑不安起来。

其实,说完事情便撂电话,这是朱德发先生的风格。他向来有事说事,说完就完,绝不拖泥带水。对我来说,真正理解这一点已是毕业多年之后。仓皇踌躇许久,终于整理出几章文字,给朱先生送去。不久,又接到朱先生的电话,要我到他那里去。去了,朱先生先谈论文,语多鼓励,以为总体还好,写下去就行。一时间,我那颗悬空的心稍稍落下几分。末了,朱先生回书房,拿出写好的三封信,让我寄出去。三封信无一例外,都是寄给学术刊物编辑的,向他们推荐我的论文。一封给《东岳论丛》的曹振华老师,一封给《东方论坛》的冯济平老师,还有一封给《山东师范大学学报》的翟德耀老师。

因为朱德发先生的一封信,我与山师学报就此结缘。次年 3 月,也许是 4 月,接到翟德耀老师的信,要我到编辑部一趟,去拿论文校对稿。如今,已经忘记这个消息得自邮件还是电话,唯一记得的只有自己的高兴。当时,我还住在校内,于是立刻下楼,一路打听着,找到学报编辑部。隐约记得,编辑部

[1] 韩琛(1973—),男,青岛大学文学院教授。曾在学报发表《再造文明与复古革命——世界史上的"五四"》(2019 年第 6 期)、《竹内好鲁迅研究批判》(2017 年第 4 期)、《对抗的激情与快感的政治——同性恋亚文化与"第六代"电影的同性恋影像》(2007 年第 1 期)。

跟几个单位共用一座三层小楼，其中一个居然是校办工厂。

小楼东西向，难得见阳光，走廊内黢黑昏暗，像一条地道。应该在走廊的尽头，是翟德耀老师的办公室。办公室房间不大，或者说很小，里面堆满杂志、信件和书籍，桌上地上满满都是。翟老师的办公椅，便在一堆书信中间。现在想起来，其时印象最深刻的是堆在桌上的很多信封，便想象自己的投稿信，应该也曾是其中一封，唏嘘庆幸之余，平添几丝惶恐。办公室狭小逼仄，又加上书信堆叠，有些杂乱，但翟德耀老师看上去却格外精致干练，衣衫发型一丝不苟，他站起来招呼我。翟老师言语轻缓，稍带点方音，却字字咬紧，无一句不清楚。我静静听他谈及朱德发先生，以及他对论文的意见。翟老师最后说："文章写得不错。"

自己听下来，一时感动莫名，至今不能忘怀。其时，博士论文煞尾困难，工作未有着落，足当一地鸡毛之谓，翟老师的鼓励，使当时的我，一如春风在沐。说完事情，便跟翟老师一起下楼，穿过花园样的校办工厂，在门口彼此别过。至于翟老师帮我编发的那篇论文，是论述中国地下同性恋电影的，题目是《对抗的激情与快感的政治》，这在当时算是比较另类的选题。然而，翟老师却慨然接受，并以为文章写得不错，这对我当然是很大的支持，让自己有理由永远固执己见，在学问路上不断错进错出，屡辟新途。

那半年间，除了翟德耀老师，《东岳论丛》的曹振华老师和《东方论坛》的冯济平老师也分别在各自刊物上编发了我的论文，我也因此有资格参加论文答辩，并顺利取得学位。

时光荏苒，去不可追。又见到翟德耀老师是在朱德发先生的追思会上。应该是会议结束吧，我在门厅里向他问安。翟老师说，文章写得很好。翟老师说到的文章，是我写的纪念朱德发先生的文章，被收在追思会文集中。其实，并不是我写得怎样好，而是来自朱先生的深情厚谊，让我们每个人都能彼此共情。细细回想，与翟德耀老师的交集，总共也就这么几次，讲过的话都加起来也写不够一张纸吧。然而，每次都能感受到他的君子风度，以及对于后学之辈的抬爱之情，所有这一切，并不是些许文字就能说尽的。

好像就是在这次追思会中间，我第二次去了山师学报编辑部，这次是跟李宗刚师兄一起，他此时已经是学报的主编。当然，也可能是我记错了，兴许是另一次会议，时间的线头在记忆中总是混乱不堪，择出一根往往挂连着另一根,而且不明所以地纠缠在一起,闪回若蒙太奇:十几年过去,一眼看上去,院子还是那个院子,小楼还是那座小楼,校办工厂还在不在,如今却不记得了,楼内走廊里安上了玻璃隔断,翟德耀老师的那间办公室,却已经不晓得在哪个位置。说起这次去编辑部的原因也与学术、论文无关,记得是宗刚师兄喊我去给谁拿点啥。但最后到底拿了什么,实在是记不清了,似乎仅是一纸签章的会议邀请函。

等签章的时候,记得宗刚师兄说,他们正在整理学报的历史资料,还引我去看那些堆叠如山的资料,他言谈举止间充满了莫名的自豪。我当时想,这些有啥可整理的。后来看到翟德耀老师编著的《文学编辑书简——学人与学报》,宗刚师兄主编的《山师学人视阈下的中国现当代文学——"山师学报"论文选:1959—2009》,便稍稍明白这些资料汇总出版的重要性:学报成为核心期刊、学科成为重点学科,当然是极为重要的当下成绩,但都建立在点滴积累的历史传承的基础上,这个学报的每一辈编辑人,每一篇刊发的论文,每一次给作者的建议,都是其历史赓续不已的有机组成部分。

在山师学报发表过 3 篇论文的我,自然也忝列于这个学术历史之中。2017 年,我在学报发表论文《竹内好鲁迅研究批判》,文章的责任编辑便是宗刚师兄,此时距翟德耀老师给我发文的 2007 年,已过去了整整 10 年。回忆起来,论文的发表过程虽然有点小波折,却足见宗刚师兄作为一个编辑的责任心,当然还有对我的照顾和爱护。其实,最初寄给宗刚师兄的论文题目,并不是发表出来的模样,而是有一个惊悚的标题:《文学与法西斯——竹内好鲁迅研究批判》。可以想见,一向稳健平和的宗刚师兄,最初看到这个题目,肯定会不以为然,哗众不是学术!然而,他还是请山师日语系的老师审阅文稿,最终判断文章尚有一二可取之处,应该可以修改发表。及后,他又跟我商量,最好把主标题去掉,夸张耸动又不合时宜。宗刚师兄说得很对。自己为人为文一向头铁,得亏刊物编辑老师们如他一般,给我做许多折中缓冲,让我的论文得以顺利发表。在当代中国,要做个真正的学术期刊编辑是极不容易的事情,因为既要保护学术创新,又要注意不能政治越界,欲有效平衡思想自由与政治秩序,总是需要投入许多的精力和智慧。好在,宗刚师兄既有学术家的理性,又不乏实干家的能力,游刃有余于学术研究与编辑工作之间,在两方面居然都很卓越,令我等只能汗颜不已。

及至2019年,我在山师学报又发表一篇文章《再造文明与复古革命——世界史上的“五四”》。这一年,恰逢五四运动发生100周年,然而纪念活动却迟迟未有。当我将论文寄给宗刚师兄、拜托他在学报发表的时候,其实是做好了被退稿的准备的,这倒不是因为论述的是“五四”,而是觉得文章太过历史化、理论化,不怎么像一篇文学类的论文。投稿几个月后,收到宗刚师兄的来信,信中称经过专家外审,大作刊出需做修改校订……还特别提醒,要注意引文的准确性,务必一一校核。仔细校核的确是做到了,而且还不止一遍,即便如此,还是出了错误。校审稿寄回去之后不久,宗刚师兄忽然发过来一张文稿电子版,下有附言一句:“这个是技术性问题。”

啥技术问题?要这么郑重其事。放大一看,文稿中用红笔圈写出一个“劢”,对应的是文中“张君励”的“励”。原来,许多年来,我一直自以为是的“张君励”,其实是“张君劢”!“张君劢”!“张君劢”!好家伙,那一瞬间,好尴尬难堪,脚板几乎都在冒蒸汽。技术性问题,不是开玩笑的,直接导致的严重后果是,我把文中出现的所有人名,又一一对了三遍,生怕再出错。纵使这样,也并没有一次完结。几个月后,宗刚师兄又发来消息,要求进一步核对文稿:

“大作马上进入发排阶段,编校工作即将成为过去,我们未能发现的错误将与期刊一同永久于国家图书馆,请您做最后的读校工作。我从事编辑多年的感悟是,发现文稿错误的过程犹如抓虱子的过程,实在是无法穷尽的!但是,你我抓不到虱子不等于所有的虱子都被消灭了,而是因为能力所限没有找到那些隐藏得更深的虱子而已。形象地说,大作一旦印刷成品就等于所有隐藏的虱子都晒在了中国知网上,它一有机会就会跳到专家眼前,让作者和编辑不再舒畅。请您再找出几个错误,拍照,在明天上午九点返回编辑部。”

对于宗刚师兄的执着用心,作者有什么可说的?我于是又逐字逐句校对一番,直至深更半夜。这篇论文之后刊登在山师学报2019年第6期上,于该年度12月出版,我真正收到这期刊物,已经是2020年春了。这两个年头交接之际,正是新冠疫情肆虐的开始。在这三年间,中国和世界开闭无常。于此危机状况之中,学者们在继续学术研究,编辑们在校审学术论文。其实,很想知道宗刚师兄在编辑文章时,还会不会遇到类似指“劢”为“励”的作者?一定会吧!今日之中国也许什么都缺,却永远不缺自以为是的愚人。

到山师去是 2001 年,认识朱德发先生也在这一年。知道李宗刚师兄时,他还在读朱老师的博士,同宿舍的老宋,时常跟我提起他。到编辑部见翟德耀老师,是在 2007 年春。那年夏天,我离开山师。许多年过去,斗转星移,物是人非。等疫情过去,我要再去山师学报编辑部,看看在它楼前的庭院里,是不是还藏着一座隐形工厂。

回忆我与山师学报的初次相遇

陈若谷[①]

2016 年 5 月中旬，济南的暑气已开始从大地升腾起来，某一日，忐忑等待中的我终于收到了硕士学位论文的外审意见，当时并不知道这篇论文《边界的偏移与固守——新世纪长篇小说的文体形式研究》会迎来怎样的命运。打开档案袋，扑面而来的是满满两张纸的评审意见。仔细一看，内容恰切、一针见血，字体刚劲、从容优雅，视野开阔而不失细致。修改意见中提出的那些问题，我混混沌沌有些感知，被点透后有恍然大悟之感。表格落款处的签名是李宗刚。

隔了几天，我们这一届山东大学文学院中国现当代文学专业的同学要正式答辩了，答辩当天才知道山东师范大学李宗刚教授、《山东师范大学学报（人文社会科学版）》李宗刚主编是我们的答辩主席。虽然大家素昧平生，但答辩过程中，李老师非常清楚每篇论文的情况，可见做了充足的功课。最令我震撼的是，当宣布我们通过答辩、取得硕士学位的时候，李老师字正腔圆、声如洪钟，几乎用尽全力，为我们此阶段的学习赋予了极高的仪式感。我能领会这份用心，是李老师出于对教育事业的珍视，出于对青年学子的尊重。就这样，在紧张的氛围下，我的硕士求学经历画上了一个圆满的句号。

休息间歇，李宗刚老师把我喊到他面前，单刀直入地问：“陈若谷同学，你这篇论文写得不错，愿不愿意稍微删改一下，把文章发表在我们

---

① 陈若谷(1989—),女,现为山东大学人文社科青岛研究院助理研究员,北京大学中文系博士。陈若谷在攻读博士学位期间,曾经在学报发表《边界的偏移与固守——新世纪长篇小说的文体形式研究》(2016 年第 5 期)。

《山东师范大学学报》上?”当时我已经考上北京大学，将于9月入校，随韩毓海教授攻读博士学位。虽然山大的氛围相对宽松，但我对硕博研究生论文的发表难度早有耳闻。就这样，在学术门前正感到迷惘和怯弱的我，诚惶诚恐地接受了这次意外的约稿。

在那之后，李老师又联系过我几次，内容多为确认论文的进度。很快，我的学位论文在删去基本格式和综述之后，保留了近四万字的主体部分，发表于2016年第5期的《山东师范大学学报（人文社会科学版）》上。但事情并没有结束。过了几个月，李老师突然给我打了一个电话，这个电话让我感念至今，而且由于感动和惭愧，我跟谁都没有说起过。李老师在电话里，像是考我似的，问我是否记得《日光流年》是谁的作品？我脱口而出：“阎连科的啊。”李老师沉默了两秒，说，他重新翻看我的论文时偶然发现，我笔误写成了贾平凹。我很着急，那怎么办呀！李老师说，他想办法，看能不能联系知网改过来，并且嘱咐我日后学习和写作务必要更加仔细，珍惜自己的学术声誉。

回想起来，这次约稿的过程，只是李宗刚教授的日常工作，他每天都要与诸多文稿和作者打交道。但对我个人而言，这是一个慷慨的邀约，也是一个沉甸甸的承诺。很多老师告诉过我，当场拍板决定发表硕士生的学位论文全文，对于一个学报，尤其是对有学术影响力且版面极度紧张的学报而言，是空前绝后的一件事。每每听到这样的夸赞，我在感激之余只有语塞，不知该如何表达自己复杂的情绪。如今，正好有机会回忆这个过程，表达内心的感谢。

我进入以学术为主业的人生状态，如果从硕士求学开始算起，不足9年，而以学术为职业才不到2年。自认为是心肠热而眼光冷的秉性，是否具备韧性还未曾经历时间的检验，因此我不敢奢望“以学术为志业”的境界。认真说来，最轻松自在的学习生涯几乎都在硕士阶段，因为那时候，刘方政、丛新强、马兵、史建国等诸位老师设计的课程，点、线、面结合，给我们的阅读也好、模仿也罢，框定了一个丰富但不至于庞杂的体系；加上导师贺仲明教授的手把手指导，我只需要呈现自己学到了什么就可以，按部就班、井然有序。然而在博士求学和毕业后的独立研究阶段，学术陡然变得孤独而艰难起来，在漫长无边的渺渺道路上寻找方向时，夜里图书馆外路灯下的身影是我唯一的依靠。如马克思·韦伯所言："学术生涯是一场鲁莽的赌博。"尤其是我们投身于人文学科（而非有模型和程式的社会科学和理工科），所学的其实是通过人类表达的源头——人文艺术——来理解人、社会和政治的各种现象。但是呢，这些东西不能被"科学"地证明，只有通过自我感悟、同辈交流和师长建议等来判断自己关切之话题是否合理合情。因此，起步阶段的年轻人往往局促自卑，只能羡慕地看着成熟的学者们纵横捭阖地谈论趣味和情怀。

在某种意义上，年轻人非常渴望包括学术期刊主编、编辑在内的前辈学者的提携！因此，一个学术期刊不能单纯为了顺利出刊而集结自己的作者队伍，还要有意识、有远见地创造一个学术的共同体。作者们在书写中折射自身对所处时代的认知，综合起来就存在一个如何呈现的问题，那么编辑部的眼光就至关重要，而且还需有朝晖夕阴、气象万千的包容度，为学术梯队排兵布阵。相对而言，我认为学报要比其他学术期刊肩负着更重要的使命，因为立足于学校发展，就不仅仅要着眼于发表大家的文章，还要加强对未来学人的培养，要将在门外张望的年轻人拉进来——而我就是其中的一个幸运儿。李宗刚主编曾告诉我，如果有好的稿子完成了可以投稿给学报。当然，至今我也没有完成心目中的好稿子。我一直都觉得，这是我和学报之间的一项"债务"。若我不能成长为一个真正够格的学术研究者，那就是辜负了学报主编的期望，而加倍的努力则是我需要付出的"利息"。心里惦记着这份旷日持久的"债务"，我写下了此文。

在极致中突围

——记山师学报主编李宗刚

栾梅健[①]

学者与编辑之间的关系常常是微妙的。

有十几年的时间，我的办公室在《复旦学报》主编办公室的隔壁。我们年纪相仿，都是中文系的教授，也是同一年大学毕业的，平时见面总是说说笑笑、客客气气。有一次开门碰到了，他说道："老梅，有什么文章吗?"我笑道："最近忙得很，没写什么。"又隔了一阵，碰到了，他又问道："忙得怎么样？有文章吗?"我嘿嘿一笑："瞎忙！没什么文章。"有了这两次关于文章的话题后，我们之后见面，很多年，就再没提文章的事了。

其实，他问我，是出于礼貌。一个老朋友，隔壁办公室的，不主动问一下，似乎不怎么体己。而我，学术上出道已几十年，培养的博士研究生都有好几十个，有的还当了核心期刊的负责人。如果我的文章给了他，他说不能用，或者轻一点，说是要修改一下才能发表，那该是如何的尴尬?常常看到身边的同行，因为在一个栏目中自己的文章被放在了最后一篇，或者在封面上自己的文章题目没有用大字突出，抑或一个年轻人的文章放到了自己文章前面，而与该刊物绝交的事例。所以，我的两次婉拒，既是实情，更多的还是自我保护。好在复旦学者如林，他根本不愁好的稿源，而我，硕士研究生时就有论文被《新华文摘》全文转载，也从未因为论文发表而求过别人。

---

① 栾梅健(1962—)，男，复旦大学中文系教授，博士生导师，曾在学报发表《现代武侠小说的奠基之作——论〈江湖奇侠传〉的时代性与浪漫主义特征》(2019 年第 5 期)、《青藏高原的行吟诗人——论阿来的文学观》(2022 年第 2 期)。

而这次与李宗刚主编联络、交往的经过倒是有点例外。

记得最早结识他还是2005年。那年，我们在浙江嘉兴举办巴金国际学术研讨会，根据巴金研究会会长陈思和老师的提议，专门设立青年学者论坛，以期发现有前景的年轻人才。先是征文，然后评审，最后选择了几位优秀参赛者到嘉兴开会。我是副会长，也是评委，只记得看到李宗刚的征文，大家都眼前一亮，无可争议地把票投给了他。我是会议主办者，头绪繁多，而且那次中国作协的翟泰丰来了，因此比一般的学术会议又要忙上许多。因而，那次见面并没有多少交流，只是觉得他很精干，文章写得不错。

第二次见面是在山东德州。那是李宗刚在山东举办郭澄清文学创作研讨会，他邀请我参会。记得有一天，突然接到他的电话，问我愿不愿意到德州去参加郭澄清的研讨会？我当时几乎是没有考虑就答应了。一是郭澄清的《大刀记》是中学时就看过的。二是参会者中有孟繁华、陈晓明和吴义勤等人，都是老朋友。三是开会地点在德州，在京沪高铁没有开通之前，德州是朝发夕至的京沪快线上的一个特殊站点。我常常是早上8点左右从上海上车，大概下午3点停站德州，此时饥肠辘辘，到站台买上一只德州扒鸡，津津有味地饱餐一顿，然后洗洗手，收拾干净，正好就到北京了。现在能到扒鸡的产地德州开会，那自然是不会错过的。这次的角色正好反了过来。李宗刚是会议的主办者，忙前忙后，不亦乐乎。

后来，我们又在几个学术会议上碰到过；再后来，听说他做了《山东师范大学学报》的主编。2019年，我写了一篇论述20世纪20年代著名武侠小说大家平江不肖生《江湖奇侠传》的论文。这倒是一篇积学之作。2010年前后，上海市委宣传部原副部长徐俊西先生牵头主编《海上百家文库》大型丛书，由我负责平江不肖生武侠小说卷的编选工作。对于其代表作《江湖奇侠传》，我先是寻找最初的版本，又是进行文字校对，花费了不少时间。同时，在深入阅读与思考以后，我愈来愈发现以前的评论不太公允。中国社科院文学所的袁良骏先生认为这是部神仙、魔幻的封建性作品，而我的导师范伯群先生尽管觉得作品不存在反动的内容，但飞刀砍人、远程气功等神招有些不可思议，认为这部作品仍应归入神魔小说一类。不过，我想这部武侠小说发表于1923年1月，当时正是“五四”个性解放时期，文学上浪漫主义思潮盛极一时，而平江不肖生本人留学日本多年，年轻时崇尚科学，并不是一个冥顽不化的乡野秀才。因此，我断定这是一部具有强烈时代性的浪漫主义作品。文章写好了，又反复斟酌了几遍，于是决定拿出去发表。

投给谁呢？这倒有些犯难了。按文章的内容、预期反响来看，投给《中国现代文学研究丛刊》比较合适。一是该刊影响大，我以前曾在上面发过八九篇文章，而且大部分都转载了。二是傅光明当时是常务副主编，30年的好朋友，好文章应该给他。不过，感觉又不太合适。文章中的观点与导师范先生的说法不同，发出来后师兄弟们怎么看？思来想去，觉得找一个不太引人注目的刊物发表算了。

当时还真的不知道《山东师范大学学报》是核心期刊——是文章发表后，一位朋友才告诉我的。为什么要投给它呢？首先，当然是李宗刚任该刊的主编。几年不见，以文会友吧。其次，我小时候迷恋《水浒传》，山东是出英雄好汉的地方，研究武侠小说的论文似乎应该发到山东去！

文章用微信发给了李宗刚，不久便收到了他热情洋溢的回复，说感谢惠稿，很快就会发出。嗬！山东人真是爽快，老朋友不错。不过，接下来的事情倒是有些麻烦了。

隔了一阵，收到了他的微信，说得很客气，大概是引文中可能有些错误，希望能重新核对一下。引文有错误？这不可能！我一直对自己的研究生严格要求，绝对不可能出现常识性错误。而且，我曾与温儒敏、程光炜一起在核心刊物《文艺争鸣》上主持过三年的“百年文学史论”栏目，特别强调文句、引文、格式的规范。我的论文会有引文错误？不存在的。当时有点不开心，于是，微信也不愿意回复。我想主编们大概都是这样，虚张声势一下，试图引起作者的注意，错误嘛，倒是不一定的。

不知道是隔了一天还是两天，收到了他发来的图片。如果是微信，就不看了，现在是图片，可能是样刊出来了？点开一看，是两张照片，一张是我文中引述的鲁迅先生的一段话，另外一张是《鲁迅全集》中的原文，错误的地方用红笔画了出来。这一看，头皮发麻了。《鲁迅全集》是书房必备的，赶快取出来一对，还真的是错了一个字。唉，马虎不得！马上改了过来，恭恭敬敬返回。这李宗刚，还真是认真。

隔了不久，他又发来了微信，大意是在网上购买《江湖奇侠传》没买到，论文中引述小说部分看不到，感觉有些不放心。有了上次鲁迅引文的教训，我也不敢疏忽，迅速翻开原文，仔细核对了一篇，并将校对过的文章重新发给了他。隔了一天，他没回复。咦，还是因为没看到原著不放心？于是，我赶紧安排研究生用快递将《江湖奇侠传》给他寄去。这次，他回复得很快，并用了两颗红心。

《现代武侠小说的奠基之作——论〈江湖奇侠传〉的时代性与浪漫主义特征》就这样定稿了。不久，它发表在《山东师范大学学报》2019 年第 5 期上。2020 年第 3 期的中国人民大学复印报刊资料《中国现、当代文学研究》进行了全文转载。在一些学者最近出版的几本论著中，都引用了文章中的观点。

我时常想，李宗刚在一个学术资源不是非常丰富的山东，靠一己之力将一个普通师范大学的学报办成了核心刊物，这主要来自他的执着、认真与顽强。

他将编辑工作做到了极致，同时，也使他主编的刊物在全国同行中脱颖而出、艳压群芳。

山师学报对我的扶掖

国家玮[1]

先从我与山师学报的缘起谈起吧。

我是青年学者，对于学术问题，思考还算活跃，但产出其实不多，是那种“眼高手低”类型的人。我的学术研究基本围绕不同时期困扰我的各类具体问题展开，这恐怕也是我熟悉的一些“80后”学者展开自身问题意识的共同取径吧。

2014年，我博士毕业，到山大工作。因为博士论文做了与鲁迅相关的内容，就被划为研究鲁迅的学者。其实，我心有不甘。一开始，我就为自己设定了“不以鲁迅是非为是非”的研究“原则”，且对鲁迅“立人”/“唯人论”思想方法的质疑展开讨论，已经将话题跳转到了启蒙在世俗世界中的有效性上面。大概也就是从那时起，我对进入文学问题的方法论做了一些调整，试图将文学问题置入具体的历史势能中，引入政治、经济、微观的社会心理等维度重新照见文学的可能性与有限性。

当时的思路是，刚刚到山大，做一点地方性研究，一方面更好地融入在地学术共同体，另一方面也试图从地方性中提取可能的普遍性问题。这一思路，促成了我对抗战前夕济南、青岛双城文学生活的系列研究。我提出了一系列问题：“五三惨案爆发，中原大战打得如火如荼，人口数量锐减，乱世中的人们为何却大量融入济南布棚、席棚听唱包青天的鼓词？军阀韩复榘以山东一省为自己的独立王国经营，以进德会织结文化网络，为

[1] 国家玮(1983—)，男，山东大学文学院副教授、硕士研究生导师，文学博士，山东大学青年教学能手。曾在学报发表《“画报”中的“港市想象”——以1930年代的〈青岛画报〉为中心》(2018年第2期)。

何却反受百姓欢迎？而 1929 年成立的青岛特别市又为何在其官办画报上以泳装少女、运动会、展览会等打造城市标志，区别于上海的脂粉气，另立出中国现代性的另一种可能？”我使用了经济学研究中的“预期”概念，并将其有限度地移植到对文学生活及文化心理等问题的解释中，写成了一系列论文。

最早接受这一研究思路并给我发表机会的就是山师学报。文章从投稿到被录用，只用了一个星期；而文章从被录用到最终改定，则用了半年多的时间。依我有限的经验，但凡遇到这样的审稿、发稿节奏，与你对接的编辑大概自身也是持续思考的学者。他们大都一眼就能判断出你文章的学术价值，尤其是文章论域是否属于前沿研究。不过，与一般学者相比，他们除了对学术问题本身的兴趣外，更有着一般学者没有的洁癖：任何一处可用可不用的标点，任何一处可能引起歧义的概念，甚至表达中如果你刻意或不经意使用的全程判断等，都要一一确认。山师学报主编李宗刚教授大概就是这样的人，我认识的另一位编辑，《文艺研究》的李松睿兄大概也是如此。与那些对自己文章多少有点洁癖的学者相似，我其实也不太能接受那些以己之好恶指挥作者的编辑。正因此，对李宗刚教授就要格外道一声谢——他只纠你概念使用之错、文字表达之错、引文引用之错，却很少干涉你的研究思路。让我尤其感动的是这篇讨论战前青岛“本位文化”建设的文章最终需要从地方性研究中跃升出来，与上海摩登构成的现代性范式进行“对读”，重新勘探现代中国“现代性”的复杂质地，这一从地方性上升为普遍性的思考已经使这篇文章由“微观论文”变为“中观论文”，没有足够的篇幅是无法将这一论域展开的。初稿不到 1 万字，我思忖已经不少，不少杂志生怕你写多，来回往复改了又改，只是为了精简内容。我自然也不好意思提多加字数的事。可没想到，李宗刚教授竟在我左右为难、不知删哪儿之时，一个电话过来，认真地说，这个题目实在很有意思，得展开，奔着 2 万字去写，说够为止，剩下的问题我来处理。听了这话，我着实有点感动。我也算发表过不少论文，编辑大都让你多体谅，作者太多，你又是青年学者，“人微言轻”，要不就适当再少点，这样的事遇见多了，也就成了习惯。如今，遇到默默替你扛下压力、让你发挥到极致、剩下问题他来处理的主编，心中有种说不出的滋味。

行文至此，忽然想起这些年虽然与山师现当代文学诸位先生接触不多，但从他们的治学精神中获得不少教义。比如，身边不止一位朋友对我讲起，他们从事学术研究的动力是因为朱德发先生。老先生最富启发的思考、最活跃的研究是在50岁之后，持续不断，并且始终极为关注年轻人的研究，与年轻人对话。2020年，忽然收到消息，得知我获得首届朱德发“五四”青年学术奖著作奖，这奖项每年大概只有一部著作入选。我完全糊涂了，自己竟从来不知道这事。后来才知道，这事也是魏建教授、李宗刚教授等在“幕后支持”，为了保证“学术第一”的原则，全程匿名评审，大概要经过几轮评选。获得这个奖，我很荣幸，一是因为这是纪念朱先生，其为人为学，我真心佩服；二是因为评审全程透明，干干净净，这背后带给我的鼓励让我很感动。前面说过，我产出有限，不是那种勤奋型的学者，但对学术，我认认真真对待，每年所写，都是积累了一些时日才肯动笔。在学术被视为“生产”的当下，很多时候有点吃亏，因此，这一奖项给了我坚持自己学术方式的信心，我很珍视它。

很长一段时间，我比较“独”的性格，影响了我的为人和为学。我喜欢户外，算是个“老驴”，荒野沙漠，走了不少地方，但从来都是独来独往，圈内人称为“独驴”。学术研究，很长一段时间，我都自认走得是“野路子”，现实代入感太强，失掉了“学问”应用的持重。并且我向来不太看重学术共同体的作用，总觉得学术是自己做的。我得感谢上面提到和没来得及提到名字的先生们，最近这两年，你们时时对我的帮助，学术会议上互相的讨论和碰撞，让我愈发觉得，在一个“和而不同”的学术共同体里，自己能收获更多的东西。对我来说，我排斥各种给人或事排座次的行为。但当我看到山师学报入选CSSCI来源刊物名录时，还是很开心，我知道，这是对真正在做学术的人、真正努力办刊人的“回报”。那时，我便想起，第一次与李宗刚教授见面时，他匆匆从我手中接过给他评审的硕士学位论文，对我说：“家玮，我要赶回去写完一篇论文。你看，这车里也怪乱的，没时间，这些年所有的精力几乎都放在学术和学报上了。”说完，就匆匆走了。我想，这大概是知识分子应有的模样吧。

意外的“头题”

史建国①

2020年第6期的《山东师范大学学报》发表了我的《南社与新文化运动——以〈民国日报·觉悟〉为中心的考察》。这是我第一次在《山东师范大学学报》上发文章，此时距我博士毕业回到山东工作已10年有余了。这期间跟学报的主编李宗刚教授也不可谓不“熟”，山大、山师两个校园就隔着那么几公里，研究生答辩、学术研讨等很多学术活动都有机会跟李老师见面交流，但我一直没向学报投过稿。这主要有两个方面的原因：一是对于自己的文章缺乏信心，怕匆忙交出去会见笑于方家；二来也是理解办刊的不易，在中国这样一个人情社会，作为主编光是想法拒绝那些各种各样的人情稿就不胜其烦，我也就不愿再去添麻烦了。

2020年四五月份，我完成了《南社与新文化运动》一文，比较长，有近两万字，大部分刊物都不会接受这样的篇幅，而山师学报有过许多刊发长文的先例，于是我便鼓起勇气发给李老师。几天后接到李老师电话，他对我的稿件给予了肯定和鼓励，同时谈了学报的用稿情况，并建议我将文章先投给国内其他影响更大的刊物试试看。当时我以为是文章水平不够，这是李老师的一些客套话，于是也客气地表达了感谢，这事就过去了。我准备沉淀一阵子再重新修改一下。因为论题有关南社，属于近代文学的研究范畴，而我的专业却是现当代文学，涉足南社研究似乎有些“越界”了。在学科划分越来越细、壁垒越来越森严的今天，研究者的视野和知识结构

① 史建国(1981—)，男，山东大学文学院教授，文学博士，系山东省签约文学评论家、上海交通大学传记中心研究员。曾在学报发表《南社与新文化运动——以〈民国日报·觉悟〉为中心的考察》(2020年第6期)。

越来越呈现出局限性，“越界”成了一种危险行为，弄不好就会成为专业人士的笑柄。所以这篇文章我虽然下了不少功夫，但确实心里没底。

不料几个月后，李老师又问起这篇稿子。我如实说还放着没动，他便让我改一改，发给他，他请专家看一看。于是我重新翻出来改了一遍，然后发给了李老师。接下来一切似乎很顺利，很快就进入了编校环节。主编李老师、责编孙昕光老师反复地与我联系修改稿件，而在这个过程中我也见识到了学报编辑团队的敬业与执着。从开始学术写作起，我就坚持涉及的引文必须是自己查到的，尽量避免转引，坚决不做虚假注释，所以对于自己论文中引文的准确性还是比较自信的。收到责编孙老师的微信，要求提供每一条引文原始资料的照片或截图，我还私下嘀咕有没有这个必要。不过当我整理好每一条引文的原始资料照片或截图，再去与文中的引文核对时，还是发现了好几处错误。错字、多字、漏字的情况都有，这让我为自己的自信感到汗颜，同时也意识到论文写作过程中再怎么细心也不为过。李老师和孙老师非常细心地校正文章中的一些表达问题，有时为一句话该怎么说就会同我反复斟酌好多遍，这样一种认真负责的态度令人肃然起敬。我常常想，当今社会学术生产虽然十分繁荣，但是大部分论著是没有多少读者的，认真的读者就更少见了。虽然学术评价常常以被引用率作为指标，但有时引用率其实说明不了太多问题。一个人引用了你的文章就意味着他认真读了你的文章吗？不见得！所以，我以为学术论著问世后即便遭遇了尖锐的批评，也应该对批评者心存感激，不管他的理解有没有偏差，至少他认真地读了你的论著。从这个意义上来说，每一个写作者都应该感谢为自己作品的问世付出了大量心血的编辑人员，因为他们是最认真的读者。

文章定稿后，学报的微信公众号先期公布了当期学报的目录，一些师友看到后向我道贺，说我发了头条文章。我这才意识到文章的位置确实是头题。后来李老师说“这是学报历史上首次由副教授承担头题任务”，我听了后既感激李老师的信任和鼓励，同时也惴惴不安，生怕文中还留了什么纰漏，影响山师学报的声誉。好在文章发表后反响还不错，著名南社研究专家、南社与柳亚子研究会会长、中国近代文学学会副会长孙之梅教授特意发信息给我表示鼓励：“建国，拜读了大作，甚好！”后来孙老师又邀我参加山东省近代文学学术年会，与近代文学领域的学者们交流，再次收获了不少学者的肯定。再后来，文章还被《高等学校文科学术文摘》2021 年第 2 期学术卡片转摘……大致说来，这“头题”总算没有引来一些负面评价，这让我略微感到心安。

还有一个小插曲，文章校对时，我的职称其实已经通过了评审，正高聘任从当年 9 月算起，只是当时学校还未正式下文公布，所以职称仍写副教授。而这一个时间差让我意外成了山师学报历史上首位发头题的副教授，这篇文章对我而言也有了特别的纪念意义。

再次感谢主编李老师和责编孙老师的辛勤付出！

与山师学报结缘的日子

谢慧聪①

山师校园的东北角，有座灰色的三层小楼，掩映在高大的白杨树后面，很不起眼，山师学报编辑部就在这里。上去二楼，走到最里面是主编李宗刚老师的办公室。一个简易的沙发、几张桌椅，到处堆积的报刊书籍，让房间显得很局促。在这狭窄的天地里，李主编一干就是10年！这10年里，山师学报从普刊再次步入“C刊”行列，实现了质的飞跃，折叠在角落里的一张老旧行军床，见证了李主编为学报、为学术奋斗的日日夜夜。

李宗刚老师2011年任职于山师学报，2014年我拜入恩师门下，先后完成硕士、博士学业，也是从这时起，我与山师学报结下了不解之缘。

在七八年的时间里，山师学报只有四位编辑老师，编辑刊物的同时也都在学院任课，学报账户上仅有的“几两碎银”不足以支付学生助理的费用。因此，我和一众同门便成为学报的编外专员。李老师治刊严谨，让我们先从“跑堂”做起，负责送稿、取稿、取信、取期刊，穿梭于编辑室、刊发室与收发室之间，几乎见证了一篇文章刊发前每一版的修改稿，从正文到引文，从句式表达到标点运用，文章在这一过程中会被涂改成“大花脸”！经过一段时间的耳濡目染，李老师觉得我们“行有余力”了，就传授了一项新技能——核对投中学报的文章中的引文。治刊严谨的李老师嘴上常挂的一句话就是，很多学者存在着“凡引必错”的问题，对于一篇严谨的学术论文来说，引文的准确是最基本的，但很多学者对此不是很重视，

① 谢慧聪(1982—),女,山东师范大学国际教育学院讲师、博士,曾在学报发表《〈鲁迅全集〉编注史上的“征求意见本”》(2021年第4期)。

我们是编辑，我们必须保证从我们手中出去的稿子百分之百准确！因此，在学报老师们的指导下，我们开启了核对引文的工作。

刚接触这项工作时觉得新奇，后来逐渐乏味，可谓是苦不堪言了。一条条引文像一条条虫子，而我们则需要在浩如烟海的资料中搜寻这些“虫子”。查找的过程是急迫的、焦灼的，找寻了半天，花费几个小时的功夫找寻几条引文却最终无果，这是常有的，时至今日那种沮丧感有时会让我从梦中惊醒。但是慢慢掌握一些要领、能够顺利地找到引文的原文出处时，内心则欣喜无比。如果能核对出一处错误，则像立了大功一样兴奋和激动！我自认为有一项还说得过去的小优点，就是能坐得住，能认真地沉下心来。现在想来，大概得益于查找引文的那段痛并快乐着的经历。

寒来暑往，在多次的“跑堂”与核对引文中，我初次与学术碰撞，但并未擦出火花。当时的我已过而立之年，在一众“90 后”中比较“老”，而我也是一门心思地想着硕士毕业后回原来学校继续做我的辅导员，因此也并未想过与学术有更多的交集。

就这样过了一年。突然有一天，导师对我说：“杨振声这个人对新文学在大学校园中的推广与发展起到了关键性作用，但大家对他却知之甚少，这其实是值得研究与挖掘的，你关注一下。”导师的这种认识，应该是来源于当时他正在攻克的“民国教育体制与中国现代文学的发生”这一课题。那段时间，导师集中精力研究文学教育，并撰写了系列论文。而这时候也正是学报攻坚克难的重要阶段，导师几乎不眠不休，有很长一段时间基本上吃住都在学报办公室。学报、课题、教学，浑然一体地融入他的生命中，他不知疲倦、乐此不疲。我们一众同门很多都不太理解，已经是教授、博导的他为何还如此拼命？在很多像他这样年纪的人，都已经开始享受生活，而他还每天吃着包子，喝着稀饭，一日两餐，奔波于约稿、改稿、备课、上课、写作……就在我的感叹与不解中，老师忽地将我拽到了他的课题组。

由于我之前所学的专业多与影视文学相关，所以对现代文学的很多作家作品的了解还停留在大学时选修课的水平上。关于文学教育的课题，我之前从未接触，对杨振声更是闻所未闻，查询他的资料真是难上加难。在导师的指导下，我从杨振声年谱开始着手。

此后，查找杨振声的文章、搜集他的评论资料就成了我的日常。在此过程中，每天的我要么泡在网上，要么扎进学校图书馆的特藏室。至今，我仍然清晰地记得2015年3月的某一天抚摸1933年《大公报·文艺副刊》的那种激动、欣喜与小心翼翼，恍惚中感觉自己抓到了历史。在日复一日的查找中，我对待学术的态度和思想也发生了转变，从最初的快点完成就可以解脱，到慢慢享受“找到”的快乐，从有点儿抗拒到有点儿痴迷，在对难以辨认的繁体字的个个击破中体会到“成功”的喜悦，而每当与导师分享新发现时，他那爽朗的笑声，忽然使我明白“子非鱼焉知鱼之乐”?

直到今日，我开启学术的探索从与学报接触开始算起，刚满8年，而进入以学术为生的状态还不满2年。七八年来，我见证了学报的发展，亲历了读书的快乐，享受了写作的折磨。而在这个过程中，导师与学报是我完成学业的支柱。每当倦怠时，走进那座三层小楼，看到奋斗不止的导师、忙忙碌碌的学报的老师们，我总能感受到满格的电量，而学报走廊中高悬着的红色的“马上就办”，再一次地提醒我，时不我待!

工作后，新手上路格外忙乱，每天的备课、上课等各项工作让我应接不暇，这种状态直到学期末结课才结束。暑假即将到来，我有了得以喘息的机会，找出之前参会的论文，并着手修改。修改中颇有收获，便跑去向老师汇报。而一直以来，我最开心的就是与导师分享我的收获。

三层小楼上依旧是学报所在的二楼最忙碌，导师安静地听完我的汇报，并认为文章中所呈现的这份名单不仅很有史料价值，而且能呈现当年编纂《鲁迅全集》的“国力”，鼓励我将论文中的这一部分再做仔细修改，并投一下山师学报。听后，我弱弱地问了一句：“老师，这样好吗?是不是不妥?”随即听到了老师爽朗笑声：“学报愿意为每个青年人提供展示自我学术风采的舞台。”

导师向来严谨，搞研究如此，办刊亦是如此。为了保障高质量的校阅，通常一篇稿子由主要责编全面负责稿件，包括找两位专家评审、综合反馈意见、联系作者、校对文字、引文核查、修改完善等，其他编辑老师则需要完成轮阅。我这篇小文的修改、审阅等相关事宜主要由责编孙昕光老师负责，我是既怕又喜。孙老师文字功底深厚，温文儒雅，有君子之风，但是工作起来一丝不苟，精益求精。导师对孙老师的文字造诣与人格魅力总是发出由衷的赞叹，并且不止一次地嘱咐我们多向孙老师学习。每每见到经孙老师修改的稿件，我都会多拜读几遍。自然，拙文经孙老师修改后，立马显现出不一样的成色，顿觉焕然一新。在学报孙昕光老师以及诸位老师们的修改建议下，经过数十次的打磨修改，清样的定稿终于印出了，孙老师说可以把最后的修改稿送主编审阅了。闻言我长舒一口气，如释重负！

但好景不长，没过一天，我就接到了老师的电话。

至今，我仍记得7月的一天上午，临近中午12点的时候，我接到了导师的电话，电话那头传来熟悉平和的语调："工农兵学员和工农兵是一回事吗？你连工农兵和工农兵学员都没搞清楚，这怎么能行？"随后，老师详细地给我讲解了二者的区别："工农兵学员是非常特殊的一批人，直白点说就是一批工农兵大学生，可不是普通的工农兵。不过你没经历过那段历史，不太清楚他们的区别也是正常的，想当然地就把他们认为是同一种人，这也很正常。但是学术研究容不得半点马虎，史料运用要恰当，更要让人信服。"跟随老师读书以来，他从未这样严厉地批评过我。老师说，我的底子弱、起步晚，但是做事很有毅力，而且也能坐得住，尤其是认真的劲头还是很难得的。我其实心里明白，我哪是底子弱，分明就是没有"底"。这个电话对我来说是永远的警钟！为了鼓励我们，我们取得的任何一点进步，老师都会发到我们的"桃李满园"微信群，和大家一起分享从事各行各业的学生们的成绩。而每当师兄或师姐们转发他的众多成果、获奖信息时，他却总是格外惜墨，并鼓励我们多向身边更优秀的学术大家学习。

值得高兴的是，在学报老师们无数次的修改、校对后，这篇文章终于在山师学报2021年第4期刊发，然后又幸运地被人大复印报刊资料《中国现代、当代文学研究》2021年第11期全文转载。当我把这个消息告诉老师时，老师正在开会，电话那头传来低沉但难掩喜悦的声音："很好！被人大复印资料转载是一项很高的荣誉，不夸张地说，对你，是有划时代意义的，说明你已经真正进入学术研究的梯队了，一定要卯住劲儿，继续跑！嗯，不错，很好！"老师低声的话音中甚至还带着些许激动！我感慨良久，一直以来，老师总是将最宽容的态度、最仁慈的心、最热烈的激赏和最真诚的鼓励给予身边的年轻学者和学生们，对他来说，似乎我们取得一点点进步、微小成绩，都是可以大加赞赏并与人分享的。老师从不吝啬对后辈学者、年轻一代的奖掖提携！老师的这种精神，师承朱德发先生，并将之发扬光大。后来，在老师的鼓励下，我的这篇论文报名了“朱德发五四青年学术奖”，并获得“提名奖”。这些微不足道的成绩让我有了坚持下去的决心和信心，也使我对未来的路充满期望。

现在想来，如果说我今天能够从浩瀚无边的文献中迅速地找到我想要的文献，这种功力的练就其实就藏在最初导师交付于我的那些查找学报引文的工作中。也正是学报这些看似平淡琐碎的工作，让我鼓起了敲响学术研究之门的勇气！多年之后，当我撰写博士论文时，我才恍然明白，作为一名导师，在发现自己的学生除了有坐得住冷板凳的耐力外，其他并无所长，但即便是这样的特点，也被老师视为难能可贵的品质，仍可以在文献史料中做点研究时，他便动了恻隐之心，鼓励我考博，并破了自己不招收门下硕士生的先例！多年的学报引文核对工作，导师的鼓励、肯定、认可和引导，让我找到并始终保持着学术兴趣，使我找到了自己人生最大的价值所在！

认真且有水平的主编和编辑
——《田仲济对郭沫若感情变化过程探究》发表过程记

廖久明[1]

拙作《田仲济对郭沫若感情变化过程探究》在《山东师范大学学报（社会科学版）》2021 年第 4 期发表，9 月 5 日，该学报的微信公众号进行了推送，不但得到了众多学者点赞，中国现代文学研究会副会长张中良教授还给我私下留言："久明教授关于田仲济对郭沫若态度的分析实事求是，富于历史感。"人大复印报刊资料《中国现、当代文学研究》2021 年第 11 期又全文转载了拙作。得知《山东师范大学学报》准备策划一本学报与学者互相成就的文集后，我觉得自己有必要写一篇文章，介绍一下相关情况。

众所周知，在"C 刊"发表文章很难，对一个二本院校的老师来说更难，哪怕作者是博士加教授。尽管拙作的研究对象是曾经担任山东师范大学副校长的田仲济先生，在一次学术会议上我还与山师学报主编李宗刚教授有过简单交流，拙作完成后，仍然请最近被聘为该校首批资深教授的魏建先生推荐给李主编。拙作通过微信发过去四个多小时后，魏建先生告诉我："大作读了，写得好，学术史价值很高。我马上转给李宗刚并力荐。预祝早日面世。"（2020 年 7 月 28 日）时间过去近 10 个月后仍无消息，我请魏建先生询问拙作有无可能发表？6 个多小时后，魏建先生告诉我："大作能发，快排上了。"（2021 年 5 月 26 日）

2021 年 6 月 14 日，李宗刚教授加我为微信好友，并转来了专家的审稿

① 廖久明（1966—），男，乐山师范学院四川郭沫若研究中心主任、教授。曾在学报发表《田仲济对郭沫若感情变化过程探究》（2021 年第 4 期）。

意见:“这篇论文选题很有新意,田仲济对郭沫若感情的几经变化,代表了相当一部分中国现代知识分子对郭沫若的认识,而且论文中对这种变化的梳理和分析都是很见功力的。论文的主要缺点有三:一是对两个人之间的感情变化谈得多,对‘这种变化应该在部分中国现代知识分子身上具有不同程度的代表性’开掘不够;二是局限于对田仲济为人的肯定,忽略了田仲济作为中国现代文学‘第一代’学人的典型个案价值及其在中国现代文学学术史上的意义;三是文中重复的内容较多。该论文应该采用,但还需要修改和提升,建议修改后发表。”同时告诉我:“请您据此进行修订提升。可以放开修改,最好是能够把这件事讲深讲透,字数可以再增加一万来字。”根据审稿专家的意见,我对第一点和第三点进行了修改,并将未修改第二点的原因告诉了他:“第一,拙作的标题是《论田仲济对郭沫若的感情变化过程》,如果论述‘田仲济作为中国现代文学“第一代学人”的典型个案价值及其在中国现代文学学术史上的意义’,似乎有些离题;第二,蒋心焕、杨洪承先生的《田仲济先生与中国现代文学》《田仲济文学史研究和编纂实践的当代意义》及湖南师范大学2009年硕士毕业论文《筚路蓝缕 以启山林——论田仲济文学史著述对中国现代文学史的学术贡献》对此已有相当详细的论述,我似乎没有必要再论述。”李主编认可了我的修改和保留意见。6月17日,李主编又发来了文本复制检测报告单,总文字复制比高达38.8%。看见该检测报告单,我心里“咯噔”一下,看来拙作又只有拿到《郭沫若学刊》发表了:我曾经有一篇文章,因为不愿意降低文字复制比,故未能在一家“C刊”发表,最终只好拿到自己担任副主编的《郭沫若学刊》发表。对此,我告诉李主编:“我核对了一下,即便是用红色标明的文字复制部分,我也都用显著的形式表明是引用。”“由于我长期从事史料研究,一直坚持直接引用,所以我文章的复制比一直偏高,不知贵学报是如何处理这种情况的?”李主编回复我:“只要是引用就问题不大。”我立即意识到这确实是一位学者型主编,知道如何正确对待引文。在我看来,研究与创作不一样,研究强调在前人基础上的拓展、深化,既然如此,直接引用很明显比间接引用更好。正因为如此,文本复制检测报告单只能作为参考:根据该报告单查看复制文字是否标明出处、是否为合理引用,而不能将复制比作为一篇文章能否刊发的标准之一。

2021 年 7 月 6 日，责任编辑孙秋英女士将排版后的拙作通过微信发给我，同时发来一位作者提供引文原件的模板，叫我根据该模板提供拙作引文的原件。第二天 16：37，我便将引文原件按照模板发给了孙女士，接下来便进入了校对环节。浏览当时的聊天记录，发现 7 月 7 日 21：17，我们还在为校对一事交换意见。当时正是大热天，孙女士竟然不分上下班地校对拙作，并且如此有水平，我因此将对她的看法告诉了李主编："这几天孙秋英老师都在校对拙作，她不但特别认真，晚上还在加班校对，并且特别有水平，指出了拙作多处表达不太明确的地方。""我之前遇到编辑校对时只校对文字，没想到孙老师还校对内容，并且建议很好。""学报有这么好的编辑，可见您管理有方，难怪贵刊越办越好。"李主编告诉我："孙老师语言修养和学术素养都非常好。"8 月 18 日，孙女士将整期的 PDF 版发给了我，并给我留言："麻烦您再把一下关。明天发给我，好吧？我们明天定稿。"8 月 24 日，李主编将定稿的 PDF 版发给了我。

以上便是我在《山东师范大学学报（社会科学版）》2021 年第 4 期发表《田仲济对郭沫若的感情变化过程探究》的主要过程。在这一过程中，主编李宗刚教授和责编孙秋英老师给我留下了深刻的印象。我坚信，有这样的主编和责编，《山东师范大学学报（社会科学版）》一定会越办越好！

两位未曾见面的导师

卢国华[①]

那天打开李宗刚老师发过来的微信时，心里还有一丝疑惑：“李老师还会给我发信息?”因为之前，李老师已经在电话里告诉我，我的那篇稿子有明显的问题和偏向，虽然已经改了几次，但与学报的要求还有差距。我自己本来就没多少信心，同时又觉得因为自身的局限，稿件中存在的问题我可能无法彻底修改，只能心虚又尴尬地请李老师撤稿，同时也表示了感谢。李老师当时没多说什么。我以为这件事已经结束了，没想到还会收到李老师的微信。

等我打开微信，是一长列照片。一页页地点击翻开，我顿时震惊了。

十几张照片，拍的是那篇稿子。每一页上都密密麻麻用红笔写满了修改的文字。那些文字是手写的，一笔一画，非常清晰。从标题到稿件最后一行，几百行的文字，几乎每一行的字句、标点、文段甚至观点，都有李老师的修改、补充和调整。

等我因震惊而僵死的头脑清醒过来，第一反应是从上学到现在，我所有的学习经历中，我交过的每一份作业，从没得到过老师这样的优待。

接着我想，这哪里是修改，简直是重写啊。

然后我想，我怎么会得到这些，我怎么配得到这样的机会和待遇?

李老师专门抽出时间，放下手里正在做的事和正在读的书，关掉疫情中最重要的联络工具——手机，花了一天一夜，把这篇稿子一字一句地改

---

① 卢国华(1970—)，男，山东青年政治学院文化传播学院青年教师，博士，曾在学报发表《村落记忆中的“建构”与“增值”——房干村村名“阐释”的个案分析》(2021 年第 4 期)。

究。在电话里听到这些，我不知该说什么，只是听着。感受特别复杂纠结又无法言表，感激、羞愧、感动、不安、抱歉……难以名状。即使隔着话筒，我依然无法说出除了“谢谢”之外的任何词语，但这“谢谢”只是心里万千感受中最轻的一缕。

我还没有见过李宗刚老师，只在照片中看到过他的样子，在别人那里听说过他的名字和影响力。但我单方面觉得他就像我的老师一样。他知道我正在做乡村文化方面的调查和村落记忆的采集。他说：“这很有意义，但你不能止于调查和采集，还要做些研究。”这些话，我肯定会一直记得。

徐道春老师是稿件的责任编辑。我猜测，徐老师编辑这个稿件的过程，应该就像教授给小学生讲课，或者更像家长辅导小孩子写作业，对方犯的错误让人气到忍无可忍，自己还是得耐下心来，一字一句给他从头讲解。

我出的差错一再让徐老师无法忍受。

比如，即便他已经给了我模板，我还是在引文拍照中因为理解偏差出现了纰漏。

比如，一次校对修改时，发给徐老师后才意识到改动不是在最新一版稿件上进行的。

比如，稿件中插入的图片，排版后才发现清晰度不够，必须重新拍摄。

比如，在一个补充注释中，我竟然把互联网材料作为依据，这意味着我对学报在这方面的要求一无所知。

徐老师不得不一遍遍地指导：图片中不包含注解功能的赘余部分可以裁剪掉，以便于排版；“某某村村名”的第二个“村”字不能省略；图片排序一定要准确，图片说明一定要完整；等等。担心我出更多的错，他甚至会再讲一遍编辑符号、标点使用等最基本的编辑规范和要求。

从接到徐老师第一个电话到给徐老师发出最后一个微信，回头再看看这个过程，我最强烈的感受是：跟着徐老师上了一堂全面系统的编辑课。而当那些记忆沉淀下来之后，我觉得最让我记在心底的是埋藏在徐老师言谈话语中的诚恳和对自己工作的执着。

从进入大学到博士毕业，山东师范大学承载着我求学的全部经历。和所有同学一样，我向来都把山师学报看作学校学术价值和地位的标志。但我个人几乎没走进过学报的大门。

这是因为我一直站在学术的门外。或者是因为自身天赋不够、能力不足，或者是因为对学术研究存在认知上的局限，即使年纪不断增长，也没能真正领悟学术的真谛和做研究的方法，只一味漫无目标地随波逐流，却并无点滴进益。只是最近几年，在参与乡村文化调查中发现了自己好像从小时候就喜欢做的事情，想要听到那些正在消失的村落历史，想要留下藏在村民心里的关于村落生活和个人生命的记忆，于是我开始尝试做村落记忆采集方面的事情。

就是在这种情况下，我有了这次和李宗刚老师、徐道春老师接触的机会和经历。这段经历更新了我对学术的理解和态度，我想继续往前走。

我不知道以后是否能写出真正符合学报要求的论文，但我知道我肯定会写。现在我把这段经历写下来，是因为我觉得它很重要，我要记录并保存下来。不管怎样，我会继续努力留下更多关于村落的记忆，更会记得李老师说的："不要止于调查和采集，还要做些研究。"

2021 年的夏天，在新冠肺炎疫情带来的持续困扰和焦虑中，在家人重病带来的痛苦、煎熬和奔波中，我最感激的是两位未曾见面的老师。

我与山师学报

王　彬[①]

拙作2021年在《山东师范大学学报（社会科学版）》第5期发表，让我印象深刻的是编辑部无论主编还是各位编辑老师，做事都非常认真、及时、到位。相比来说，我却不得不为自己的拖延和粗心而自惭形秽。

记得去年投稿给山师学报，后来李主编联系我，把编辑部王盛辉老师的微信推给了我，说王老师会联系我，他负责这篇稿子的编校工作。当时王老师还在上课，下课后他把编辑过的PDF清样发给我，同时给我一份模板，让我根据这个模板核对引文，确保无误后再将引文中每一条注释的出处拍照集结在一个Word文档中，同时打印出清样，用红笔做第一次编校，再用扫描全能王做成PDF发回。在我的刊发经验里，从未遇到过这样严格的要求，尤其要将每一条引文的出处拍照。我意识到这绝对是一个严谨求实的好办法，能够确保每一处引文凿凿有据。过了三四天，我按要求完成，但是笨拙的我用扫描全能王制成PDF后，红笔编校却显示成黑色，只好和王老师说很抱歉，不太会使用扫描全能王，给他添麻烦了。当时王老师正在现场忙着布展，2021年是山师学报创刊65周年，学报举办创刊65周年系列活动之一——学报近十年编校清样展，这绝对是应该好好参观学习的展览。经过与编辑部的编校往来，我有了切身的体会，学术论文的编校的确倾注了各位编辑老师大量的心血，他们在背后默默地给别人的论文做嫁衣，其认真求实的态度让人钦佩。

---

① 王彬(1980—)，女，山东大学马克思主义学院副教授，博士，曾在学报发表《互动仪式链视阈下的青年网络爱国主义教育探究》(2021年第5期)。

大概国庆节以后，王老师联系我填写作者相关信息采集书，同时让我再看一遍清样，没有问题的话就送印刷厂，可是填写采集书时我又一次制造了麻烦。几天后王老师微信留言说我提供的身份证号不正确，仔细一看之前自己填写的作者相关信息采集书，竟然多加了一个“0”，真是囧得无地自容，赶紧道歉、修改。一周后，王老师发给我文章的微信推送版，为了格式美观，里面加了一些图片，他叮嘱我再次审核一下，看哪里需要修改，特别是图片，让我看看是否合适，看后我回传了一张图片让王老师替换。学术期刊在这个互联网的时代也在与时俱进，期刊推送文章的微信版，不仅扩大了文章的影响力，也提升了期刊的影响力，但这无疑给编辑部增加了工作量。三天后，孙老师给我发信息，告诉我稿费已经报到财务，注意查收，如果没有收到，请告知。五天后，我就收到稿费，发信息告诉了孙老师。直到今天我才知道孙老师是编辑部的综合科科长，也是编辑部的编校主力，不是只负责财务，还是个多面手，她严谨高效的工作作风给我留下了深刻的印象。

今年（2022 年）新年伊始，我就答应李主编写写刊发论文的感受，但是由于我的拖延，将近 3 个月过去了，当李主编再次询问时我还未动笔，实在是汗颜。梳理去年和编辑部老师们的编校往来，匆忙写此小文，感谢学报，让我在这次刊发经历中收获满满。自李宗刚老师 2011 年担任主编以来，他始终致力于构建学报和作者的学术互动共同体，感激学报作者对学报的支持，尊重每一位作者。作为学术晚辈，感谢李主编抬爱，我也更加敬佩李主编的情怀。所以当听说李主编想编辑一本作者和学报的书时，我再次感受到他为构建学术共同体倾注了大量心血，只是我的拖延愧对编辑部同仁的努力。最后，我相信山师学报会越办越好。

作者与编辑深度交流沟通的意义何在？
——来自作者角度的反思与总结

刘俐俐[1]

《文艺评论价值体系建设论纲——兼及重大项目组织和致思方式呈现》在《山东师范大学学报（社会科学版）》2022 年第 1 期发表了，得到了学界的关注，作为论文作者我自然很欣慰。实话说，与编辑打交道之初感觉很累，觉得他们过分严格苛刻，仔细过人：矫正错字漏字和标点正误；辨析、斟酌甚至重新选取语词；讨论句式工整与否，调整排列顺序；斟酌内容提要；商榷中图分类号的选取……毋庸置疑，这已属于编辑与作者之间的深度沟通。那么，这种深度交流和沟通的意义何在呢？我特意阅读了阎现章主编的《中国古代编辑家评传》[2]，目的是回到中国始于先秦的文史不分及其后延续文史互渗的文化传统中，学习和体会传统文化河床中的思想家、哲学家、文学家关于编辑的思想，以求对于作者与编辑深度交流沟通的意义有更深入的理解和把握。

一、规范汉语是充分体现学术风格的保障

学者都有自己的研究领域、研究方向和学术风格。著述的文字表述各有特点，或者长于明快简洁的短句，或者长于一气呵成的长句，各有自己的句式偏好。我作为论文作者，始终坚持学术和著述风格自由选择的权利，

---

① 刘俐俐(1953—)，女，南开大学文学院教授，博士生导师，曾经在学报发表《文艺评论价值体系建设论纲——兼及重大项目组织和致思方式呈现》(2022 年第 1 期)。

② 阎现章主编：《中国古代编辑家评传》(上、下)，河南大学出版社 1996 年版。

甚至认为风格第一原则，规范汉语从属于著述及其表达的风格。概言之，从未思考过著述风格与规范汉语的关系。这次和编辑的交流实践，让我切身认可了规范汉语与学术风格是相互统一的，规范汉语是学术风格充分体现的保障。

让编校实践来印证吧！

首先是对于工整的要求。论文句子应该工整，合乎汉语语法，句子和句子之间要体现出清晰的逻辑关系。我的文章中有许多欠缺之处，编辑一一指出后我均做了认真修改。比如，“（二）重大项目组织和致思方式探索”标题之下的“2. 尊重‘同’与‘独’的各自价值，使开阔视野与具体领域相结合”，其中的“使”字为编辑提议所加，并列句变成了使动句，前后两句呈现了清晰的因果逻辑。工整除了指句子外，还指小标题依次的两句，应该互相对应。再比如，“3. 发散思维与凝聚思维相结合，反复参照抵达学术目标”，这个小标题是经编辑建议将原来的“环环相扣地推进”修改后的样子。修改后的小标题，不仅与内容相吻合，与上句对应得更工整了。

其次是选词应细心斟酌，应该与句子以及与全篇整体内容相符。如“价值体系必须有理想”，“必须”替换了原来的“需要”。再如“底线问题必须引起注意”，“必须引起注意”替换了原来的“由此被提出”。

再其次，应注意同一词性的语词不必叠加，避免叠床架屋的啰唆。如“‘品质评价’标准在总体稳定中伴随着文学发展而调整与变化”，该句原来在动词“调整”前面还有一个动词“进行”，去掉“进行”，意思更清晰简洁。这类的再如“致思方式在组织中践行，组织方式是致思的结果”，去掉“践行”前原有的“得到”，以及去掉了“组织方式”后面原有的“本身就”，意思表达不受任何影响，句子反而更加简洁清晰。文章中避免出现病句是最起码的要求。

除此之外，如何使引用符合汉语规范，也成为交流的主要问题。我的文章中引用了课题组成员田淑晶的一篇很有分量的论文《文学批评标准的限度及其限度超越——以钟嵘〈诗品〉的“误判”为中心的探讨》中的一段话：“但触及批评标准运用限度强以批评的现象也因此出现。”该句中“强以”这个语词的使用，我始终感觉生硬和费解，也太不通用。编辑也不认可此句式，问我这个引用是否有错。通过细心查阅纸媒原刊确认引用无误。怎么办？该语词处于引号之内，通过讨论，我和编辑达成了共识：将此句从引号内移出并改为转述。转述的句子改为“由此容易引发批评标准运用限度强加于批评的现象出现”，巧妙地解决了生硬、不通用和费解的困境。

经过句式和语词的斟酌和打磨性修改，我发现论文依然保持了自己一贯的学术风格，即便屏蔽署名，也可一眼认出作者是谁。换句话说，学术著述风格在严谨规范的汉语中得到了很好的体现。其实，编辑如此严格的句式和语词要求，与中国古代优秀的编辑思想不谋而合。在我国古代文论家文章家那里，文通字顺是对文字的首要要求。如孔安国概括孔子编辑思想为“芟夷烦乱，剪截浮辞”①，即为文字表述方面的要求。

二、形式逻辑与内容逻辑的互相检验与完善

在本论题域中，形式逻辑指论文各部分的段落布局，内容逻辑指论文阐述内容的深层关系，形式逻辑和内容逻辑都来自作者。但在与编辑的深层次沟通中，编辑则对论文的形式逻辑提出了一些修改建议，作者汲取、修改，我将此效果称作形式逻辑与内容逻辑的互相检验与完善，并认为编辑与作者在此方面的深度交流沟通非常有意义。编辑在章法结构的形式逻辑方面积累了丰富经验，他们对论文内容完整规范的逻辑有着自觉的检验眼光，能够提请作者修改得更加完善，甚至激发作者发现值得继续思考的问题。

这篇文章分为四个部分：第一，理论基础与必要说明；第二，功能论研究；第三，标准论研究；第四，后续问题与重大项目组织和致思方式等。编辑建议：“正文之前宜加入四部分内容概述。”我接受了他的建议，补入了下面一段文字：“本论纲的第一部分梳理和介绍课题研究既有理论基础，并作出必要说明。理论基础包括以审美为基点、文学评论位置、价值关系

---

① 孔安国《尚书序》的概括：“……讨论坟、典，断自唐虞以下，讫于周，芟夷烦乱，剪截浮辞，举其宏纲，撮其机要，足以垂世立教，典、谟、训、诰、誓、命之文凡百篇，所以恢弘至道，示人主以轨范也。”徐寒编译：《四书五经》[一]，线装书局2017年版，第295页。

中的实践属性等；必要说明包括文艺评论以文学评论为中心的选择理由、课题最终学术目标与实践研究的含义、底线与理想的思维方式、整体研究逻辑及重大项目组织和致思方式的自觉意识等方面。第二部分是功能论研究，在文学批评理论领域，首次区分了假说功能型和实际功能型两种考察视角及其理论，分别考察探究了两种功能类型。第三部分是标准论研究，分为文学批评标准的理论与实践研究两个方面。理论研究围绕标准建构方法论、普适性与限度、资格评价和品质评价两者区分思路等展开；实践研究沿着品质评价方向，以中国政府文学奖为核心予以综合考察，旨在探究评奖的价值观念蕴含与指向。第四部分是后续问题与重大项目组织和致思方式，总结归纳了后续研究的若干问题以及重大项目组织和致思方式。”

反思和体悟添加这段文字的道理，就是孔安国接着“芟夷烦乱，剪截浮辞”以及随后说的“举其宏纲，撮其机要”。举其宏纲，本论文属性本身就是“举其宏纲”，自然应“撮其机要”。“撮其机要”的合理性在于，论纲关涉范围广，蕴含信息量很大，况且每部分均有若干问题。概述一下内容分布，让读者先期有了对总体内容的印象，便于阅读和把握论文全文。添加文字的第四部分并未如前三部分那样介绍。原因在于“摘要”部分有“大致概括为：……”。而且副标题“兼及重大项目组织和致思方式呈现”提示了这部分不是正面展开论题，而是在全文已客观呈现的基础上对组织和致思方式的简要概括。

三、促进作者编者双向思考

深度沟通能够促进作者与编者的双向思考。发现问题才能引发思考，而发现问题的关键是刨根问底和不得过且过的认真。为了说明这方面的意义，我们从几个点来看看。

其一，“举其宏纲，撮其机要”引出的思考和启示。

接着上面叙述的编辑提议正文之前宜加入四部分内容概述的话头，实话说，论文写作时确实没有此考虑。事先没有考虑的还有：添加文字的第四部分并未如前三部分那样介绍。如今概括第四部分与前三部分的关系是：前三部分呈现的组织和致思方式为深层次思考的性质，第四部分则侧重简要地将外在表现的组织和致思方式予以概括，形成与“呈现”的互补关系。反思编辑的建议和修改后的阅读效果，意识到了编辑主要是出于方便读者阅读的自觉意识，从论文形式逻辑角度调整的建议更有益于内容逻辑的传达。

编者帮助作者获得了如此自觉的篇章结构意识，引发了作者对组织和致思方式概括的反思。经过反思，我发现第四部分有深入阐述和修改的空间。诚然，论文发表之后发现了缺憾固然遗憾，收获了思考却让人欣慰。引发的思考在于致思方式就是思维运行方式，那么，总体思维方式源出何处？由此点出发可阐发为怎样的思维思想以及具体理路？当然，思维方式及其阐释和阐发，属于思维科学领域，存在于抽象层面。只有将其运用于具体论域，某思维方式及其思维思想才能显示其生动有效性。作为论纲，本篇论文从价值体系建设论域概括出来的几个做法和特点固然稳妥合适，可以说，已经具有具体论域，但作者并未反思和寻觅采取该种组织和致思的方式，原始出于何处，更未做过阐释以及阐发思维思想的工作，暴露出作者思维及其思维思想的不自觉。由此启迪我，后续需要就重大项目建设的“思维原初及其价值”专门予以研究。如果此前即有这种自觉意识基础，目前这篇论文的致思方式必定有更恰切深刻的表述。但是，话说回来，当初因为课题尚未展开，没有任何研究经验，也难有深刻的思想。所以，研究经验与思维思想互为因果。学术研究和论文发表永远在路上，能发现有价值的问题并决意进入研究，比目前获得的研究结果更令人欣喜。为此我感激编辑的提示。

其二，“中图分类号·文献标识码”引出的思考和启示。

编辑征求该论文提要和关键词下面的“中图分类号·文献标识码”引发的思考更值得叙述。

以往我从未有过编辑征求“中图分类号”意见的经历。该论文责编则问我中图分类号定位在“I0”可否？我知道“I”指文学，“I0”指文学理论，这没有问题啊，我以往发表论文均如此标识。但该责编又逐级下移地询问了几个层级的分类号归属问题，越下移内涵越具体，距离本论文选题也越远。最后，我们确定，该论文的分类号确定在“I0”，这个似乎无效的询问和商榷过程，对于我却在一刹那间生动地意识到论文跨学科的综合性，甚至已经跨越了文艺理论范畴，与哲学领域的价值哲学分支产生了交织，并且覆盖了中国语言文学其他相关学科。中图分类号定位在“I0”的文艺理论属性，既避免了偏执于纯粹抽象理论一端，又避免了偏执于诸如中国民族文学、儿童文学、古代和现代文学的具体的任何一端。“文学理论”符合中国古代刘勰的“不偏执一端而圆通”的理论思想①，既不偏执纯粹的价值哲学一端，也不偏执民族文学等四个实践子课题中任何一个分支学科的一端，在两极之间形成的论域内追求圆通圆融之一体之所在。在此基础上，我对文学理论概念的感受和体悟也更加生动了。

体悟给了我一个启发：纵向考察分类号，可以体认各学科之关系，尤其在建构中国学术体系和话语体系中，可用来发现一些超越且难以归入现有学科划分体系的现实问题，这些问题迫切需要解决。或者说，我意识到了中图分类号的定位，以及循级下移的尝试，可成为文学研究的考察方法。以实践性例子来看，自从带领课题组做重大攻关课题以来，我每每发现儿童文学批评和研究缺少对应儿童文学特殊性的有效批评理论及其概念，此困扰已有很长时间。近期我与博士生一起萌生了建设儿童文艺理论或者文艺美学理论的念头，也已有博士生以此为博士论文选题。最近开始了研究的第一步，即梳理既有儿童文学研究状况究竟如何，尤其想探究儿童文学领域发表的论文，借助中图分类号的启示：如果中图分类号以“I0”标识，那么，这些论文的所谓“文学理论”，所指究竟是什么？我们采取的就是分类号逐级下移的考察方式：以“I0”为起点平移获得“I1”，该分类是世界文学，顺之下移则获得了“I106”即作品评论和研究，再下移则获得了“I106.8”即儿童文学。我们明白了此处“I106.8”的“儿童文学”，是归属于“世界文学”中的儿童文学“作品评论和研究”。以“I0”为起点再平移获得“I2”，该分类是中国文学，顺之下移则获得了“I207”即“各体文学评论和研究”，再下移则获得了“I207.8”即儿童文学。此处“I207.8”的“儿童文学”，则归属于“中国文学”的“各体文学评论和研

① 详见田淑晶:《文心与禅心:中国诗学中的空思维与空观念》,中华书局2021年版,第105页。

究”中的“儿童文学”，或者说，是儿童文学的“各体文学评论和研究”。以“I0”即文学理论为起点下移，获得了“I05”即“各体文学理论和创作方法”，再向下移则获得了“I058”即儿童文学，此处“I058”的儿童文学，归属于文学理论范围之内的“各体文学理论和创作方法”。这样我们就获得了三个不同所指的“儿童文学”概念。继而经过知网数据统计得知，“I106.8”论文有1083条，“I207.8”论文有6505条，“I058”论文有136条。第三种“儿童文学”论文数量最少。以我自己题为《“以美均衡真善”的儿童文学价值观念》[①] 的论文为例，刊物选取的中图分类号是“I0”。现在我更清晰地意识到，如果更具体标识，则应是“I058”，归属于文学理论范围之内的“各体文学理论和创作方法”的儿童文学理论，列在“I058”论文的136条数据中，区别于“I106.8”和“I207.8”。初步假设，我们要建设的儿童文学理论应该属于此类。截至目前，我们自觉意识到，中图分类号作为梳理资料及其学科类属的路径与方法，有效、清晰且便捷，当然有待于后续继续尝试和总结。

在这个工作中还发现，分类号的错讹较为普遍，错讹有多种。试举一例，我们重大攻关课题组的儿童文学子课题负责人李利芳的《论发展想象力作为童年文学的主导功能》[②]，分类号为I106.8（世界文学、作品评论和研究、儿童文学）。其实，该论文是课题组文学功能研究环节的重要研究成果，定位在所谓的“世界文学、作品评论和研究、文童文学”，可能因为论证中的文献和资料较多来自其他国家的作家作品，所以，被归类在I106.8，论文的诉求其实在儿童文学理论。此类问题非常多见。原因既有前面谈及的儿童文学尚未有独属于自己的文学理论，编辑难以有儿童文学的理论意识。错把引述文献和论据，理解和定位在世界文学意义的儿童作家的作品评论和研究了，这是辨识的失误。还有一种情形，大类的编辑分类没有问题，但无法呈现其下属的分支属性，这就不利于精准投送到目标读者群。此类问题非常多见。从便于检索的功能角度看，分类号和论文关键词的作用相似，所以有论者提出应该给一篇论文标引多个分类号：“图书分类标引

---

① 刘俐俐:《“以美均衡真善”的儿童文学价值观念》,《社会科学战线》2021年第1期。

② 李利芳:《论发展想象力作为童年文学的主导功能》,《兰州文理学院学报(社会科学版)》2021年第4期。

主要是为了排架或检索，便于找到文献即可。而期刊论文分类标引主要是为了检索，期刊论文一般涉及多个学科或主题，因此要尽量对其标引多个中图号，以提高文献检全率。”①

我国古代没有中图分类号，但有“辨章学术”的思想。“辨章学术”是汉代刘向的编辑思想。“辨”，辨别；“章”，条目、规程。“辨章学术”即在学术史基础上进行的学术分类工作，使各门各类学术辨别清楚，条分缕析。刘向的思想承上自先秦和司马迁、司马谈等。南宋郑樵从编书的角度对此进行了阐发，在《通志·二十略·校雠略》中说：“古人编书，必究本末，上有源流，下有沿袭，故学者亦易学，求者亦易求。”显然，“辨章学术”的目的很明确，就是王利君《期刊论文中图分类号标引现状及改进策略》中说的“便于检索”和“提高文献检全率”。辨章学术则以“易学”“易求”表述。今人的中图分类号和“辨章学术”殊途共归。

那么，编辑询问这个似乎多此一举的问题，在编辑一方原因何在？事后反思，我意识到原因可能有三。

其一，他编辑的论文遍布中国古代和现当代文学等学科。按说一般均以第一层级分类号即可，但编辑逐层向下询问，便于他更准确地把握论文具体学科领域的分支属性，给作者提出具体的有参考价值的修改意见等，也可避免上面说到的“大类的编辑分类没有问题，但无法呈现其下属的分支属性，这就不利于精准投送到目标读者群”，有可能给出下移的更具体一层的分类号。概言之，责任心让编辑自动地确立了他这一始终遵循的编辑规则。

其二，对于我这篇文章，因为辐射和囊括了中国古代文学、现代文学、少数民族文学和儿童文学，逐级下移询问中图分类号，有助于准确把握其中关涉的这些学科分支，是从怎样的角度进入价值体系建设的视野和论纲总体构架的。当然，就中图分类号的讨论，引发了编辑其他哪些思考，我不得而知。但关于分类号的询问和讨论乃至建议，看似简单，其实对编辑要求很高。章学诚曾言：“非深明于道术之精微，群言得失之故者不能为

① 王利君:《期刊论文中图分类号标引现状及改进策略》,《江苏科技信息》2021 年第 7 期。

之。"[1] 这仅是对书籍分类的论说，具体到某一篇文，难度更大。文章分类号欲起到即类求文、因文究学的作用，需要编辑精微地辨析，审慎地操作。

其三，"文质相扶"总体要求以及"孤者辅之"的案例意义。

促进作者编者双向思考，得以表述的主体侧重作者一方。我无法得知深度交流沟通激发了编辑哪些思考。从上述编辑对作者文通字顺、形式逻辑与内容逻辑相吻合等要求来看，可概括为是编辑对论文"文质相扶"[2]总体要求的若干体现之点。必须说明，章炳麟概括的是"文质相扶"，但后人常写作"文质相符"。两者参照和统观地理解，可以认为，相扶是手段，重过程和关系。由此处理妥当的相扶过程，达到"相符"的目的。我所说的编辑的"文质相扶"的总体要求，兼有过程手段和目的两方面含义。内容逻辑与形式逻辑不吻合，就是《论语》提出"质胜文则野，文胜质则史"。文通字顺，则如同古人杨雄所说的"实无华则野，华无实则贾，华实副则礼"[3]；王充说的"外内表里，自相副称"[4]；叶燮说的"然必须其人之发于喉，吐于口之音以为之质，然后其声绕梁，其调遏云，乃为美也"[5]等意思相当。也就是章炳麟概括的"文质相扶"。于是，编辑就会从各个角度努力实现"文质相扶"，即"文质相符"。当遇到前述"强以"这类句子，编辑感觉理解可能有困难，所以就要想办法，将句子改得好读易懂。我们商定将"强以"从引号中引出转换成转述，就是解决的办法。在我理解，就是编辑的"文质相扶"总体要求之下的"孤者辅之"。古人说："纷者整之，孤者辅之，板者活之，直者婉之，俗者雅之，枯者腴之；剪裁运化之方，斯为大备。"[6] 意思是杂乱的整理清明，只有孤证的辅以注释，呆板的灵活处理，直白的写得婉曲点，俗气的雅化些，内容干瘪的补充得丰盈些。"强以"使用偏狭，不易懂，移到括号外面，等于给此"孤者"做

---

① 章学诚:《文史通义/校雠通义》,中华书局 1936 年版,第 1 页。

② 上海人民出版社编:《章太炎全集——太炎文录初编》,上海人民出版社 2014 年版,第 120 页。

③ 支伟成编:《扬子法言》,泰东图书局 1923 年版,第 16 页。

④ (东汉)王充:《论衡》,陈蒲清点校,岳麓书社 1991 年版,第 214—215 页。

⑤ (清)叶燮等:《原诗　一瓢诗话　说诗晬语》,霍松林注解,人民文学出版社 1979 年版,第 46 页。

⑥ (清)刘熙载:《艺概》,上海古籍出版社 1978 年版,第 1—2 页。

了个注释，是追求文通字顺以及通篇“文质相符”的体现。编辑以“强以”句子为例，说此现象是编辑们常遇到的难题，编辑界尚未有定论，一直以来，他总想写篇文章好好讨论这个问题。我想，如果未来编辑就这个难题撰写论文，我们这一修改最起码可资例证。

遇到较真儿的编辑是学者的幸事，学者要善于抓住如此深度交流沟通的机会，总结自己的优势和短板所在，以使自己在学术上不断进步。现在我隆重推出这篇论文的责编，他叫徐道春，笔名徐方闻。

感谢你，山师学报，我的良师诤友

陈　君[①]

和之前一样，我又在晚上 11 点多收到了《山东师范大学学报》主编李宗刚老师的微信。在看到具体内容之前，我内心一怔，心想："完了，论文可能还有需要完善的地方。"然而，这个疑虑很快就被打消。"你能不能用纪实的笔法写一篇在《山东师范大学学报》发文的感受?"李老师的邀请让我惊讶不已，甚至有些措手不及。片刻之后，我欣然接受了李老师的邀约，回复道："谢谢您对我的信任，您和学报给了我很多帮助，这文章，我必须写!"

我与《山东师范大学学报》结缘于 2020 年，那是我第一次向学报投稿，至今已时过两载。两年间，素未谋面的主编李老师和责编张登德老师不辞辛苦，任劳任怨地帮助我反复打磨文稿，最终完成了这篇论文《我国职前教师教育外部质量保障体系调整策略研究——基于借鉴日本经验的视角》。在两年的交流中，我感触颇深，从某种程度上来说，是《山东师范大学学报》造就了现在的我，它拓宽了我的研究思路，给了我更广阔的发展空间。

我的学习经历比较复杂，本科和硕士学习的都是日语，博士学的是日本教育史，2011 年 7 月进入华北理工大学从事日语教学。初出茅庐时的我，对于如何开展学术研究还处于一个懵懂的状态。"大学教师只有在好杂志上

---

① 陈君(1983—)，男，华北理工大学外国语学院日语系教授，硕士生导师。曾在学报发表《我国职前教师教育外部质量保障体系调整策略研究——基于借鉴日本经验的视角》(2022 年第 2 期)。

多发表论文才能评上职称，评上了职称才可以高枕无忧”，这样的想法在任教之初深深地影响着我，在那几年里，我拼命写论文、发论文。凭着专业优势，相较于其他人员，我可以更快地获得关于日本教育研究的第一手资料，所以，分享日本教育发展的最新成果成了我早些年论文写作的主题。这种投机取巧的写作方式着实让我在前几年的科研中尝到了甜头，我也在北大核心杂志上发表了几篇文章。但随着时间的流逝，此种急功近利的写作方式的弊端也愈发明显：我遭遇了学术研究瓶颈期——研究思维固化，研究视野狭窄，论文内容局限于“……的新进展及其启示研究”，再难创作出更高质量的论文，往“C 刊”投稿收到的尽是退稿通知。投稿受挫的苦闷让我一度陷入迷茫，我开始怀疑自己是否真的具备科研能力，是否还能够在学术的道路上继续走下去。

怀揣着不安，我抱着“碰碰运气”的心态将自己写的一篇 9000 多字的名为《日本职前教师教育质量保障体系研究》的稿子投给了李宗刚老师。说实话，我并未抱太大的希望。一是像我这样的“青椒”，人微言轻，言是言了，但在人才济济的学术界里依旧翻不起什么“涟漪”；二是像《山东师范大学学报》这样的“C 刊”发表的都是大家的文章，而像我这般的无名小卒能够“中奖”的概率实在渺茫。然而，令人意外的是几天后我收到的并不是退稿通知，而是学报对论文的相关要求以及修改意见。欣喜之余，我被李老师的真挚所感动，于是我振奋精神，按照李老师给出的建议对论文做出大刀阔斧的修改。我将论文题目修改为《日本职前教师教育外部质量保障体系研究》。不可思议的是，李老师在其后短短几天的时间内便给出了回应。以此为契机，我们互加了微信，以便论文后续工作的沟通交流。也就是这般，我与李老师频繁的“晚间学术交流活动”就此开始了。

“我白天比较忙，真的没有时间和你沟通论文，但是我又不想你们这样的年轻人由于没有良好的学术平台而丧失继续搞学术的信心，所以晚上可以谈一下你的论文。你的文章缺乏问题意识，你要真正站在国家发展大义的基础上思考问题，真正为国家解决发展中的难题。我因为你的文章专门和搞教育的专家进行了咨询，他们给出了一些修改意见，你看能不能修改?”李老师的话清晰地印在我的脑海里。从心里讲，初听这席话时，我内心五味杂陈，有些不是滋味。但很快，李老师就通过微信把他的研究论文、专著尽数分享给我，想让我从中迸发出一些论文修改的灵感。李老师对待后生的这份真诚令我动容万分，更是激发了我的干劲。经过认真修改，我将这篇13000字、名为《我国职前教师教育外部质量保障体系调整策略研究——基于借鉴日本经验的视角》的论文交给了李老师。

论文进入校对阶段后，我再次被李老师和张老师严谨求实的工作精神所打动，也进一步加深了对学术研究活动的认知。李老师对论文的要求极其严苛，每次在和我商讨完论文修改的内容之后，都会特别叮嘱我："一定要注意论文的规范，尤其是引文和注释的格式，如果在引文和注释上出错，会误导其他人。"虽然我在修改论文的时候也格外注意了格式问题，但还是犯了引文不规范的错误。记得有一天晚上11点多，李老师突然打电话过来，特意跟我确认了几篇参考文献，并提点我："你参考的这篇文献次数有点多，要突出你的文章与这篇文献的不同，你的文章'新'在哪里，否则论文的创新意义就会减弱不少。这个修改可能有点难，你看能不能改出来。"我又按照李老师的要求重新梳理了我的论文和这篇论文的不同点，突出了论文的创新之处。也许是担心我陷入修改困境，第二天一大早李老师便特意发消息问我："论文修改得怎么样了，还有什么困惑吗?"经过几个来回的交流，在李老师的引导下，我最终将这篇论文修改完。时隔甚久我才知道，仅仅因为这次修改，李老师特意征求了责编张登德老师的意见，和张老师聊了近半个小时。

相较于李老师的严谨，张登德老师的"严苛"程度也不遑多让。在提交论文时，张老师要求我将论文的每一处引文和注释都在原文献上标注出来，拍照截图以保证每条引文和注释都准确无误。其中有一处日文文献，引用的是我10年前从日本带回来的复印资料，由于当时复印时遗漏了版权页，这又给论文的校对工作增加了不少麻烦。张老师对此是分毫不让，要求我无论如何必须提交版权页。无奈之下，我只能拜托日本的朋友专门去了一趟日本东京大学图书馆才解决了这个问题。

从与李宗刚、张登德两位老师的日常交流中，我深切体会到两位老师对学术规范近乎"疯狂"的执着，而正是这份执着让我深刻明白了严谨的态度对于论文写作的重要性。我深信，像被学报老师们严谨的学术态度所折服的我一样，这种"疯狂"也一定使学报的每一位作者都收获颇丰，而这份“疯狂”也会通过学报的文章从而感染到每一位读者。

虽然在论文修改过程中，我曾多次想向困难低头放弃，但在学报老师的鼓励与指导下，论文最终得以顺利发表。这次的经历不仅帮助我重拾了继续在学术道路上砥砺前行的信心，更提升了我论文写作的境界，让我在未来的学术道路上可以越走越远。

以上就是我投稿《山东师范大学学报》的一点感想。由衷地感谢《山东师范大学学报》为我这样的“青椒”提供了施展拳脚的平台，也感谢李宗刚、张登德两位老师一路走来的不吝提携、悉心指导。在此，我真心祝愿《山东师范大学学报》越办越好。

感恩遇见

——山师学报前辈学人印象记

朱　睿[1]

2022年的春天，疫情卷土重来，多个重要城市被迫按下暂停键，在疫情造成的“倒春寒”中，一种别样的温暖涌向我的心头。

无论原创还是翻译，一篇稿子脱手，从它踏上通往相关编辑部的路开始，作者或译者的内心都会生出一种忐忑、一份牵念。它的质地如何，有何优长与不足，它会遇见怎样的编者，这些都关乎它此次旅程的意义。我的译稿《瘾与恩：菲利克斯·拉维松的〈论习惯〉序言》是幸运的。稿子的幸运便是作者的幸运，这次机缘使我有幸遇见了几位令我敬重并长怀感念的前辈学人，他们是山师学报主编李宗刚老师、编辑孙昕光老师，以及译稿审校专家李玉麟老师。

山师学报编辑部和作者之间，真的存在一条绿色通道。编辑部收到我的拙作没几天，孙昕光老师便和我取得了联系，通知我拟用拙作的消息。孙老师在电话中向我表达了对译稿的肯定，同时指出了现稿存在的一些问题，需要进行修改。我是新手，虽然此前也在专业刊物上发表过哲学论文，但孙老师的电话对我来说仍是一个不小的喜讯。因为这篇稿子是我的翻译处女作的一部分，字里行间倾注着我的情感，甘苦自知，它的初航命运如何，我自然较为关注。

几天之后，我收到了孙昕光老师发来的修改意见。修改意见包括许多

---

① 朱睿(1986—)，男，华中科技大学哲学院博士研究生。曾在学报发表翻译稿《瘾与恩：菲利克斯·拉维松的〈论习惯〉序言》(2022年第2期)。

内容，需要修改的地方孙老师都在文本中用红笔作出了细致的标注，比如文章在格式方面存在的问题，个别标点的错误以及注释中符号的错用、误用等等。孙老师还特别嘱咐我，每一条引注都要提供引文在原本中有所呈现的照片文件，其严谨负责的态度令我肃然起敬。

在改稿期间，孙老师常常在深夜12点发来消息，询问我相关概念的使用情况，并就表达方式上的一些问题与我讨论，平易亲和，没有一点前辈学人对后学居高临下的姿态。有时我已入睡，次日醒来看到孙老师凌晨发来的信息后立即回复，很快又收到对方的回馈。我不止一次猜想，孙老师是不是又度过了一个不眠之夜？如此反复修改，字斟句酌，孙老师的敬业精神让我的心里一次次泛起暖意。

为了确保译稿的准确性，编辑部后来又把译稿交给了专家李玉麟老师进行审校。李老师在认真核实了译稿文本的基础上，作出了多处批注，一些值得商榷的地方给出了修改意见。在他作出修改的地方，有一些是由于我在翻译经验上的不足所造成的，另一些则纯粹是因我的粗心大意所致。其中有一处，我在翻译的过程中“看走了眼”，把“生存”（英文：existence）译成了“经验”（英文：experience）。李老师指出了我的错译，帮我改正过来。在学界以外的人看来，这或许算不上什么大错，但从哲学角度看，这是一个关乎概念准确性的问题，说是一个重要错误也不为过，而这个错误完全是因为我的疏忽造成的。假如翻译过程中多核实几遍，译后自校时认真斟酌几次，这样的后果是不会出现的。一词错译，其谬大矣。这次教训，我当谨记，并举一反三，在以后的工作中避免第二次犯错。作为译者，我深知审校译稿是一件耗时耗力的工作，尤其像我这种尚在起步阶段的译者，审校作品时付出的精力会更多。李老师审读细致入微，让我深怀愧意，同时深怀感激之情。

临近定稿时，主编李宗刚老师专门打电话给我，叮嘱我扎扎实实做学问，勿存功利之心，在自己的田地里努力耕耘。李老师还表示，以后若有新作，他可以帮我看看。李老师身为学报主编、教授，负责审稿、治学、写作、谋划各种相关工作，繁忙程度可想而知，但对我这样一个青年学生仍关爱有加。他那洪亮的声音、关切的语气、直截了当的表达风格，使我感受到一种力量，一种师长对晚生的鼓励和期许。

漫漫求学路，于我何幸哉。我的硕士导师邓晓芒老师学风严谨，他的译著《康德三大批判》，对康德与黑格尔的句读，以及其他著作，无不饱含着他对学术的虔诚。我的博士生导师张廷国老师也是如此，无论治学、翻译，还是著述，都以自身的严谨和严格为学生垂范。相识未必都谋面，由一篇译稿作媒介，如今我又幸遇山师学报的几位老师。山师学报之所以卓立学林，是因为编辑部有一些优秀学人，他们在版面十分紧张的情况下，不薄名人厚新人。我自己的体会至为深切，从拙作被接纳到在老师们的帮助下完成修改，再到主编最后定稿，在这个过程中，我觉得自己在为学态度、为学方法，乃至对细节的注重等方面都获得了某种提升。我和几位老师素昧平生，他们的深厚学养、师德学品以及一丝不苟的敬业精神，在我的脑海里渐次浮现出几帧宽厚有力的侧影，成为我记忆中明亮温暖的部分。

扶我上路的人，我必永怀感念之心。

我与山师学报的学术“邂逅”

周 琦[①]

四月的北京，正值柳絮纷飞、生机盎然的春日，窗外传来的喧嚣声衬托得室内格外安静。此时，一股细微的暖风涌入室内，为有些沉闷的空气带来一丝新鲜的气息。我刚刚完成学校布置给我的一份学术文化节论文的评审任务，合上笔记本电脑，端起水杯，忽然听得手机传来提示声，原来是山师学报的李宗刚主编给我发来消息。我心中忐忑，不知是否是待发的论文出现了什么问题，当得知是李老师希望我能谈谈发表论文的感受时，才略松了一口气。

就在过去的几天里，我的论文终于定稿并将于《山东师范大学学报》2022 年第 2 期刊发。这篇文章虽然历经多次修改，回想起来却无烦闷的感觉，反而颇有收获和感慨，盖因李主编对我的文章所进行的殷殷指导和对学术新人的提携。投稿论文是在我的博士论文其中一节的基础上修改而成的，但因经验缺乏，对于期刊论文的体例有不熟悉之处，李宗刚主编希望我根据所写主题再度完善文章结构，给我提出了中肯的修改建议：“你的论文是从翻译的角度来研究茅盾，这是中文系的人一般不常写的，选题挺好，但是这篇文章目前还不是期刊论文的结构，第一部分要单独划分出来，对茅盾的总体译介情况作一个较为充实的勾勒。”对于我来说，求学致知之路上能遇名师指导，实为幸事，更何况我刚刚博士毕业进入高校担任教职不久，对于期刊的文章录用、修订和刊发的标准一知半解，正当惶恐之时，

① 周琦(1992—)，女，北京交通大学语言与传播学院讲师，曾在学报发表《民族性的“遮蔽”及其背后——论沈雁冰对格雷戈里夫人剧本的译介》(2022 年第 2 期)。

能够得到主编的亲自指导，原本浮躁的心情反而沉淀下来。因此回过头来，再去对论文字斟句酌地细加推究，反而又看出不少可堪修改进益之处；甚至于每看一遍，都要为几处字句的表述在内心反复纠结。还好李主编随即把责任编辑孙昕光老师的联系方式推送给我，经过与孙老师的沟通、交流，对论文进行了反复修订，终于将论文的遣词造句和相关体例不断优化，得到了李主编对论文的肯定，并最终定稿。

在校对过程中，还令我印象格外深刻的一点是山师学报对学术规范的严苛要求：所有的注释都需找到原书引文内容进行拍照，照片统一放入Word文档中，再在其上标注出引用的部分和信息，按照稿件页面注释所在的页面顺序依次整理，最终形成单独的一份“引用文献”文档。由于我的论文所引用的一本英文版原版书籍借自北京大学图书馆，因而需委托仍在北大的同学将图书借出，并翻到相应页码拍照发送给我；所引用的民国时期的一篇文章，又需一篇篇翻出来与电子版进行核对、截图并整理。我起初接到编辑关于校对引文的要求时还觉太过麻烦，心中也不以为然，但是在真正校对的过程中，我竟然发现不止一处单字或标点的错误，不免惊出冷汗，实在深感惭愧。蓦然间我意识到期刊对参考文献要求标准的严苛，可谓从源头上切断了学界可能出现的以讹传讹现象。往小了说，这是对学报质量进行严格把关；往大了说，这是以身作则地为人文社科的学术规范做基础性的工作。还记得孙昕光老师在联系我校对稿件时，提示我有一个最初转引的文献必须查到英文版的原文并更正。我还注意到他将我的英文引用中的一个不恰当的标点都特意标注了出来，专门把截图发给我，让我重新修订；并要求电子版的清样必须打印出来，在纸稿上进行修订和手动标注，再拍照发送给编辑——对于长期使用电脑写作的人来说，自然知道纸稿校对中会发现一些在屏幕上容易被忽略的问题，但是没想到学报已经料事在先，替粗心大意的投稿者想在了前头。在此意义上，学报可谓是我的老师，教会我这个学界新人做学问要秉持严谨的态度。整个投稿和校对过程中，我深刻感受到了编辑部严于律己、精益求精的学术精神。而这种精神，毫无疑问也将融汇到我今后的学术生涯中。

全国高校的学报共有千余，学报作为高校内常规的学术机构设置，其发展方向和整体架构大同小异，然而作为学报掌舵人主编的情怀和诉求，却决定了学报的特色和发展方向。李老师作为学报主编，其学术眼界当然不是我一个刚刚博士毕业的后学可以置喙的，但是李老师的为人和工作作风，却令我深深感佩。

因学报编辑部就在我的老家山东济南，与我本科就读的山东大学也相距不远，在假期修改清样之时，我便去学报编辑部拜访李老师。编辑部位于山师校园的一小院中，小院中间坐落着一座三层小楼，楼龄显见已很悠久，门前是向院门口延伸的台阶和两排绿植。登上二楼，楼道两边墙面上张贴着学报60多年以来的发展大事记，有岁月雕蚀的痕迹。楼道尽头便是李老师的办公室，进门一眼望去，办公室布局显得有些“寒酸”，空间十分局促，显是许久没有修缮过了；一旁的架子上挂着衣服，角落有些灰尘，饮水机上放着两个塑料瓶，门内还置有一脸盆架，可供洗漱之用。在早已现代化的大城市中，这种几乎是“上个世纪”风格的简陋配置已经极为少见了，以至于从未设想过此番情景的我，局促间竟不知说什么好。但李老师倒是坦然一笑，指着墙上挂着的一幅幅奖状说，一年之中无论工作日或节假日，他大抵有360多天都在此间度过，阅读、写作、审稿……书桌和书架都明显有些陈旧了，显见再好的家具，也抵不住一位勤奋的学者日夜伏案苦读的“磋磨”；阳光从窗户中斑驳照进，洒在拥挤的室内，映着地面桌上的一堆堆书籍，倒为此“陋室”增添了不少书香气息，让人窥见此间居士“谈笑有鸿儒”的气度。李老师轻车熟路地翻到几本学报书丛的选集送给我，因我是中文系的博士，几本书特地选的都是中国近现代文学研究的论域。我心有所感地坐了下来，就投稿的文章与李老师进行了一番交谈，最后，李老师语重心长地说道，青年学者不应仅仅以发文著书为目标，也不应盲从权威，因比较文学专业的学生往往拥有更广阔的国际视野，更当在贯通中西、博取兼收之中，立足于中国当下的现实需求，探索、发现并逐渐形成自身的学术核心观点和学术立场，这样便仿佛有了中流砥柱，在信息时代知识洪流的冲击中能够持有一颗有主见的学者之心。李老师还强调：“培养学术新人也是我们杂志的责任。你有国外留学的经历，有很好的英语基础和学术视野，作为学术新人，一定要有高要求，要有学术精品的意识和追求。”短短的几句话，让我感受到了一位学术型主编的情怀。从编辑部小楼离开后许久，对谈的其余细节已不甚清晰，唯有这番话依然萦绕在我的心头，久久不能忘怀。

写到此处收笔，并非内心感触已到此为止，而实是笔者能力有限，无法将心中未尽之语一一形诸文字。想起李老师曾叮嘱我要“继续从严要求自己、超越自己，以打造出精品”，这何尝不是李老师担任主编以来所一直身体力行的原则呢？学报今日的成就与辉煌，便是水到渠成的结果。我有幸参与到这一过程中，并无得意之感，唯有战战兢兢、愈发勤勉，只望不负学报作者的身份，回报李老师对青年学子的培养之恩。

看似寻常最奇崛，成如容易却艰辛

郭超颖[①]

感谢我的论文的责编徐道春老师，感谢英文编审李玉麟老师，也感谢编辑部所有编辑老师的帮助。在与徐老师的交流中，徐老师也转告了其他编辑老师的一些审稿意见，后来我得知编辑部的工作流程是一篇稿子不仅责编要看，其他编辑也都要认真审校。

徐老师是一位非常负责任的老编辑，后来了解到徐老师做过报社编辑，在专业性上，徐老师对文字的把控是十分简明而准确的。徐老师为我整篇文章的编辑付出了很大心血。如原文中有一句“从西汉哀帝，刘歆首次发难为古文经争立博士”，徐老师打来电话，说这里有可能造成歧义，汉哀帝是刘欣，这里是经学家刘歆，二者的名字、声音实在太相近，因此帮我改为“从西汉哀帝时刘歆首次发难为古文经争立博士”。实际上，如果不是徐老师坚持，类似这样的地方自己是不会修改的。不过，发表的文章是给读者看的，而且不能预设读者的专业方向。何况这里刘歆还确实改过名字，《汉书》记载汉哀帝建平元年，刘歆改名“刘秀”，这是避讳，后来应劭认为此为应图谶。所以，我想这样修改是非常好的。

此外，徐老师非常谨慎地对待出注的问题。按照我原来的习惯，会有枝蔓的问题，初衷是希望作为观点的一种补充或提示。例如文章有一处：“《公羊·桓公元年》经‘郑伯以璧假许田’，许田是鲁国国君朝觐天子时住止之邑。《公羊》认为王城远郊，诸侯朝见天子，都有住止之邑。”这里

① 郭超颖(1987—)，女，山东师范大学文学院副教授，文学博士，中国古典文献学硕士生导师，国家语言文字推广基地(山东师范大学)副主任。曾在学报发表《汉唐经学视域下的〈仪礼〉经义诠释与文本生成——以“宿戒”厘定为例》(2022年第2期)。

有一个脚注："《异义》：《左氏》说诸侯有大功德，乃有朝宿、汤沐之邑。"徐老师告诉我，这类出注不是很规范，有顾左右而言他的嫌疑，要不就放到正文，若不放置正文，就说明《公羊》这条的出处，不能在《公羊》这里又迁延至《左氏》之说。以上这样的问题，都属于规范性的问题。

举一反三，其他一些琐细脚注，与徐老师商量后决定，删去了一些文字。

在英文摘要的审校中，李玉麟老师认为我提交的翻译已经很认真，但还有个别词可以更准确，因此与我沟通过好几次。李老师对我所谈"宿戒"的翻译，先是拿去了全文，我讲述了我的意思，然后李老师自己读了文章，说了他的理解，咨询我是否符合文意，然后李老师又与我商定了几个词，特别是副标题，改为"Taking the way of how to define 'Sujie' as an Example"，后最终改为"The Rules of *Su* and *Jie* in sending invitations in advance"。两者对比，如果说开始我提供的翻译只想表达"郑玄对'宿戒'作厘定"，那李老师的修改则是加了理解性的内容。

这几年的写作投稿经历让我了解到不同刊物的不同风格。山师文科学报也有自己的风格，有自己的体例规范。你来我往、不厌其烦地沟通，也就有了一个互相了解对方工作的机会，我也了解了编辑老师们是如何审稿的。"看似寻常最奇崛，成如容易却艰辛"，这是这次交流中自己对学报编辑部工作的一点浅显认识。

学报的编辑老师们工作严谨执着，对待我这样学术上才刚刚起步的年轻人却很有耐心。我想，这种耐心，也是学报对待年轻人的一种鼓励。学报主编李宗刚老师在文学院青年教师教学课题恳谈会上，多次提到"培养年轻人""支持年轻人"，引导年轻人做好教科研规划，要有信心恒心。李宗刚老师还希望青年教师要有一种学术雄心，要埋头苦干。

学术研究需要传承，也需要创新，如何写出有益于他人、有益于社会的文章，也是我最近几年一直在思考的问题。正如鲁迅先生所言："心事浩茫连广宇，于无声处听惊雷。"这篇文章到了编辑校对的最后阶段，我又接到了一份主编审稿意见，李老师谈及研究时应该如何在文献的基础上更有思想性，去尝试做一个思想性学者，这对我触动很大。希望这次投稿发文是一个转变的开始，让我在接下来的工作中，学会更好地表达自己。

助力青年学者成长成才的良师
——《论习近平生态文明思想的人民性特征》发表手记

刘　斌[①]

论文《论习近平生态文明思想的人民性特征》在《山东师范大学学报(社会科学版)》发表之际，学报李宗刚主编发信息问我有没有兴趣写一写论文发表的经历与感受。我没有任何犹豫，回复李老师一定写好。对于青年学者，在CSSCI来源期刊发表论文是非常困难的事情；同时，能够在CSSCI来源期刊成功发表论文，也意味着自己的问题意识与写作能力得到了质的提高。《山东师范大学学报(社会科学版)》是重要的CSSCI来源期刊，论文投稿到学报后，编辑部李宗刚、张登德、王盛辉等老师给予精心指导，提出了具体修改意见。我认真理解、领会相关修改意见，前后数次易稿，最终形成一篇合格的论文。我把这个充实提高的过程及个人感受写下来，以兹回忆，并为个人未来学术事业发展提供启示。

学报编辑部对论文质量要求非常高，这是学报能够连续入选CSSCI来源期刊、并在众多高校学报中名列前茅的重要法宝；学报编辑部特别重视鼓励、培养青年学者，并将培养青年学者作为自己的重要使命。以上两点，令我感受深刻。

犹记得投稿到学报时的惴惴不安。不出所料，从写作思路到文献注释，再到具体撰写，李宗刚老师都提出了修改意见，可谓一针见血。李宗刚老师治学严谨，学养深厚，在学术领域享有很高声望，当然工作也异常繁忙。

① 刘斌(1982—)，男，山东师范大学马克思主义学院副教授。曾在学报发表《论习近平生态文明思想的人民性特征》(2022年第2期)。

因为此次投稿，有较多的机会就论文写作及相关学术研究问题向李老师请教，实在难得。李老师不辞辛苦，拨冗审阅论文，给我提出专业而具体的指导意见，我荣幸之至。第一，李老师特别强调论文写作的严谨性与创新性，要求言之有据、言之有物，因此，要求我在梳理评析已有研究成果的基础上提出观点。第二，李老师特别重视论文结构完整，重视理论升华。如果说有问题意识、能够解决学术问题是学术研究的基础，那么理论升华则能体现出更高层次的学术意识与学术价值。第三，李老师根据论文的不足，特别给我推荐优秀文章，敦促我学习借鉴，并叮嘱我学习借鉴的方向与重点，令我感动。他博闻强记，对读过的、编辑过的论文娓娓道来，让人敬佩。李老师的修改意见已经不局限于论文本身，而是学术研究方法的全面传授，对我学术事业的发展颇有帮助。李老师鼓励我再接再厉，吸收借鉴不同学科的研究方法，形成自己的学术风格和特色。

张登德老师在文献注释及写作的准确规范方面要求严格。张老师要求我将与论文注释相关的文献拍照或者截图，用作核对，以保证注释引用规范准确。注释是论文提出观点的重要支撑，其重要性不言而喻。张老师的要求，不但保证了注释引用的规范准确，而且工作细致，留痕留迹。另外，张老师还进一步加工润色论文，使其可读性大为提高。

王盛辉老师在论文的行文细节方面提出了很多具体的指导意见。王老师是编辑部年轻有为的编审，对论文写作有独到的见解，他审得很仔细，提的意见也很具体。比如，王老师要求务必处理好行文中“人”与“人民”的关系，以免出现概念混淆。“人”与“人民”是两个不同的概念，有区别也有联系。根据王老师的意见，我及时作了修改，才没有出现低级错误。

编辑部各位老师为修改完善论文提供了很大帮助。修改意见集中之处也正是自身欠缺之处，因此，我积极思考，在深刻领会、理解的基础上，多方借鉴，转换思维方式，打破思维定式，使论文的逻辑性更强，极大地提升了论文质量。回头看论文写作及修改完善的经历，自身在治学思想、治学方法、治学意识等多方面获得了很大的飞跃。

期刊编辑部的鼓励与支持是促进青年学者成长的关键。众所周知，学术期刊之间的竞争非常激烈，每两年一次的 CSSCI 来源期刊筛选，直接关系学术期刊发展，也因此不少期刊编辑部对青年学者不甚友好。面对激烈的竞争，山师学报编辑部热情地关注、鼓励与支持青年学者，这种使命感令人敬佩，也令青年学者高燃学术研究的热情。李宗刚老师作为编辑部带头人，不辞辛苦，拨冗指导青年学者。学报编辑部的各位老师学风严谨，专业素质扎实，我将以此为激励，努力提高自己的学术水平。

学术研究是没有止境的精神修行，青年学者应该不辞辛苦且信心满满，期刊编辑部则是促进青年学者快速发展的桥梁。从投稿到修改，再到定稿，我和学报编辑部紧密地联系在一起。我唯有坚持学术之路，努力撰写出高水平学术论文，才不辜负学报编辑部各位老师的热情鼓励与悉心指导。

用魄力与严谨重铸学术辉煌

——谈我在山师学报两次发稿的经历及感受

孟文博①

第一次和山师学报相识，是在2011年的下半年，那时我刚刚开始在山东师范大学攻读中国现当代文学专业博士，师从魏建老师，李宗刚老师是给我们上课的几位博士生导师之一。记得那个学期每个博导包括朱德发老师在内都给我们上一次课，每个导师所讲授的内容都各有特色。其时，李宗刚老师刚接手山师学报不久，正在大刀阔斧地对学报进行改革，而李老师给我们上课的主要内容也是不离本行：从一个学报主编的角度谈论文的写作与投稿。同学们听完课后的普遍感受是实用性特别强，同时也非常钦佩李老师深厚的专业知识和崇高的敬业精神。

到了第二学期，也就是2012年上半年，我开始在魏建老师的指导下进行郭沫若研究，具体是郭沫若前期文艺论著的版本校勘与史料阐释。我的研究一开始便涉及郭沫若于1925年出版的《文艺论集》，这是郭沫若最早的论文集，也是其最重要的论文集之一，它收入了郭沫若1920到1925年间的30多篇论文，涵盖历史、文化和文学等方面，是学界研究郭沫若历史观、文化观和文学观非常重要的参考资料。以前老一辈学者黄淳浩先生在校勘了不同时期的《文艺论集》后，于1984年出版了《〈文艺论集〉汇校本》，为学界提供了一个很好的研究范本。但是黄先生的《〈文艺论集〉汇校本》着眼于较为明显的改动，而“至于一般文字变动，为避免繁冗，则

① 孟文博（1977—），男，山东大学文化传播学院副教授，曾在学报发表《郭沫若〈《文艺论集》汇校本〉补正》（2012年第6期）、《郭沫若前期文艺观历史流变考论》（2022年第2期）。

不一一录出”。这种方法使此《〈文艺论集〉汇校本》显得简洁明了，但是造成的遗漏也相当多。因此我在魏建老师的指导下，不再“避免繁冗”，而是将每一处改动都标注出来，以便更清晰地看到历史全貌和流变历程，进而更加方便地加以研究。我的这项研究成果最终形成一篇名为《郭沫若〈《文艺论集》汇校本〉补正》的论文。由于黄淳浩先生之前没有“一一录出”的“文字变动”很多，因此我的这篇论文篇幅也较长，达到了5万字。我把这篇论文给魏建老师及当时中国郭沫若研究会会长蔡震老师进行审阅，两位老师都认可了这篇论文的学术价值，但他们都认为这样一篇5万字的论文，篇幅过长，不大可能在学术刊物上刊发。而在这个过程中，我想起李宗刚老师在给我们上课时曾说，山师学报最看重的是论文的学术价值，能够发较长篇幅的论文，因此我抱着试试看的态度把论文发给了李宗刚老师。回忆当时，我在把这篇论文投给山师学报后，是没抱多大希望的，毕竟我只是一个普通的博士生，这篇论文的篇幅也过长了些。后来我才知道，李宗刚老师收到这篇论文后非常重视，咨询了很多郭沫若研究界的专家，专家们普遍比较认可。但因为论文篇幅问题，也遇到了非常大的压力，最后李老师顶着巨大的压力，发表了这篇论文。而就在这篇论文发表大约3个月后，人大复印报刊资料《中国现代、当代文学研究》2013年第3期便进行了全文转载。这既是对我这篇论文质量的认可，也是对山师学报的认可！

直到今天，这篇论文还在中国人民大学复印报刊资料《中国现代、当代文学研究》保持着单篇全文转载论文篇幅的最长纪录。而对于我个人来说，这篇论文的发表也是我坚定郭沫若研究方向、在学术研究中步入正轨的一个标志。从那时起，我和山师学报便结下了不解之缘，始终关注山师学报的发展，也经常能得到李宗刚老师的指导。我知道山师学报在李宗刚老师的带领下，稳扎稳打，不断发展，一步一个脚印，从李老师接手时的近乎“一穷二白”，到2021年初再次“杀”入CSSCI来源期刊行列，十年磨一剑，重现了往日辉煌！

2022年，距离我在山师学报第一次发稿又过去了10年。这一年是郭沫若诞辰130周年，我想以山师学报的学术敏锐性，会再次刊发有关郭沫若的纪念文章，于是又把一篇论文投稿给山师学报。李宗刚老师收到论文后很重视，但也说学报执行严格的外审制度，他身为主编，也要充分尊重外审专家的意见，需要等到外审结果后才能进行下一步的工作。后来两篇外审意见反馈回来，都对我的论文表示认可，这时李宗刚老师才安排责任编辑孙秋英老师具体负责我这篇论文的编辑工作。孙老师极其严谨，要求我对每一处引文的出处进行拍照或者截图，用以核查校对，一开始我还不太理解这样的要求，从博士毕业到现在，我大大小小也发表了20多篇论文，还从来没有一个刊物这样要求过。但当我硬着头皮按要求做时，才知道这项工作是多么有必要！正是在这个过程中，我发现文章中很多注释都是有问题的，有的引文错了，有的页码错了，还有的出版信息错了。在纠正这些错误的过程中，我不断汗涔涔下，意识到自己以往的治学态度是多么不严谨。接下来再次让我感到意外的是，校对引文注释只是个开头，孙老师紧接着对这篇论文进行了极为详细的审校。孙老师的这项工作几乎是不分昼夜的，在近一个月的时间里，孙老师每每在晚上10点多把修改后的稿件拍照发给我看，以确认各种信息是否准确。在修改稿中，孙老师把每一处有问题的字、词、句都标注出来，细加甄别，详加修改，现在我翻看孙老师发给我的修改稿，一张张都是“大花脸”，布满了修改后的红色笔迹，这些修改让我感觉在孙老师面前自己就像个小学生，经常羞愧到无地自容。

现在，我的这篇让李宗刚主编和孙秋英老师大费周折的论文终于在《山东师范大学学报》2022年第2期上发表了。回顾这段经历，我感觉自己不仅学到了很多、改变了很多，也从一个侧面理解了山师学报何以能十年磨一剑，“磨”出锋芒，“磨”出辉煌！山师学报靠的就是这份魄力与严谨，这是一份高端学术期刊所具有的可贵品质，也是我辈治学的榜样！

感恩与随想
——记《山东师范大学学报（社会科学版）》对我的扶掖[1]

李金燕

拙文《论鲁迅后期启蒙思想的嬗变与深化》在《山东师范大学学报（社会科学版）》2022年第3期刊发后，收到许多师友的褒奖和鼓励。尤其是一些在读的博士生学友，他们不仅为我高兴，而且亦感到一种希望——因为年轻学者发表论文实在太难，刊物首先要看作者的学历、职称等，有的刊物甚至规定不发表硕士研究生的论文。而我作为一个毫无资历、背景的博士生，论文能够被一个在研究界享有盛誉的刊物录用，感到非常幸运。

于是，我通过微信向李宗刚主编和编辑部表达了诚挚的谢意。通过读李主编的文章以及向李主编请教，我感到李宗刚主编既是一位很有历史意识的学者，更是一位注重学术建设、重视培养年轻人的老师。自2011年李宗刚老师担任学报主编以来，他先后主持编写了一系列反映学报发展历史的丛书。这不仅使我对《山东师范大学学报（社会科学版）》的办刊理念有了更深入的了解，也令我更深切地感受到，在李主编的带领下，学报编辑部诸位老师为学报的发展所付出的异常艰辛的努力。他们兢兢业业、精益求精的工作态度，令我由衷地敬佩。这些感受只有亲身经历，才能有深刻的体会。

记得拙文投给学报不久后，我就收到李主编发来的一份外审意见，希望我能够认真参考外审专家的意见，进一步修改完善自己的论文。外审意

① 李金燕(1989—)，女，现为华东师范大学中国语言文学系博士研究生。曾在学报发表《论鲁迅后期启蒙思想的嬗变与深化》(2022年第3期)。

见很中肯，对扩展我的研究思路、继续深入研究该问题有很大的帮助。论文修改后，我发给李主编。随后，在孙秋英老师的具体指导下，我的论文进入编校环节。

先是感动，然后就是惭愧，我意识到自己在学术研究方面的不足。学报对引文和注释准确性和规范性的要求十分严格，甚至是严苛。孙老师是一位非常认真负责的编辑。她首先让我按照学报的格式调整和补充了一些信息，随后，她传给我一个引文校对模板，要求我按照模板，将论文所有引文的原文和版权页一一拍照，并黏贴在每一个引文和注释下面，进行校对。校对完毕，再发给她。我开始做这件事时，感到有些烦琐，觉得没必要。可是，随着校对工作的推进，我逐渐变得忐忑不安起来。因为我在论文中陆续发现了几处引文有疏漏的地方。当我把引文和注释校对稿发给孙老师后，孙老师又对引文进行了逐字逐句的校对。

孙秋英老师不仅对论文的注释、引文和标点等进行细致的校对，而且耐心修改了论文中一些表达不通顺或观点表达不明确的句子。令我十分感激的是，孙老师在校对过程中，还指出了拙文中一处观点论证不充分的地方。这对一个师出无名的我来说，实在是一种鞭策。对于上述问题的修改，孙老师都通过微信与我进行了沟通。其中，涉及需要对论文某些观点或概念进行修改时，孙老师还会不厌其烦地征求我的意见。我们经历了半个月的密切互动，终于完成了初稿的校对。

孙秋英老师这种严谨的工作态度，不仅体现了她对待学术的虔诚，以及对研究者思想和观点的尊重，而且体现了她对自身所从事工作由衷的热爱。她不仅仅将编辑工作当作一个工作，而且将它当作一个事业。尽管在现实中编辑常常被认为是“‘为他人做嫁衣’的匠人”，但在孙老师看来，编辑是“富有奉献精神、创新精神的”，可以“通过其加工的学术论文”来“实现自我价值”的。诚如他们所说的那样，“编辑稿件不仅是‘借他人之酒杯，浇自家之块垒’，而且是直接参与到作者论文的建构历史进程中”①。正是因为孙老师拥有这种思想主张，才促使她将自己所编辑的文

---

①　孙秋英、李宗刚:《学术期刊编辑的现实困境与突围路径》,《山东理工大学学报》2020年第4期。

章，像对待自己的孩子般地给予耐心、细致的照料与呵护。

编辑与作者之间这种密切的互动，不仅促进了文章质量的提升，而且提升了研究者的写作能力。我深受其益。这次论文的校改，使我意识到自身写作存在的一些不足。这对学术刚起步的青年学者的学术发展有很大的帮助。

可以说，研究者成果的呈现，离不开编辑的创造性工作。一些优秀的成果，往往是由编辑和作者合作完成的。一种好的学术生态，也是由刊物、编辑和研究者共同构建的。在当前的学术环境下，刊物和编辑起到更重要的作用。因为当前刊物并不缺乏好的研究成果，但是由于种种原因，有些好的成果和论文很难发表。特别是对于青年学者，他们可能有许多好的观点或新发现，但由于他们资历浅，文章写作未必很成熟，所以往往得不到支持和鼓励。这对于中国学术发展是非常不利的。但李宗刚主编非常注重帮助和提携青年学者。

我与李主编我有过两次通话。第一次是在我投稿后不久，便接到李老师的来电。我与李老师未曾谋面，不知谈什么好，当时内心有些惶恐。没想到，李老师毫无架子，他的随和与坦诚，很快就驱散了我的紧张感。我们聊了近半个钟头。他仔细了解了我的研究方向、研究兴趣以及将来的研究计划等，也知道我面临着即将毕业、找工作等多方面的困难。最后，他说道："我们刊物还是很注重扶植年轻人的。"这让我非常感动。

拙文临刊发前，我与李宗刚主编又有过一次通话。他对我说了许多鼓励的话，印象最深刻的是，李主编说："学术新人要精心打磨自己的每一篇文章，好好把握每一次展示自己学术成果的机会，将自己最好的一面展现出来。要是年轻人发表的文章，一直没有产生反响，慢慢将会被归为没有学术影响力的学者之列。"我由衷地对李主编的帮助表示感谢。他鼓舞我说："希望你在学术上继续耕耘，将来有所成就。这就是对我们最大的回报。"我与李老师素未谋面，他却像对待自己的学生一样给予我耐心的指导和鼓励。他的殷切期望，既使我顿感压力，又令我倍感温暖。

《山东师范大学学报（社会科学版)》所表现出的学术情怀和不懈追求，将鼓励更多的年轻学人敬重学术，乐意奉献，敢于创新，为中国学术发展贡献自己的力量。至于我，定会铭记山师学报的指导和帮助，将感恩化作前进的动力，在将来的学术之路上倍加努力。

一次非常难忘的投稿经历

向阿红[①]

对于一名高校青年教师来说，论文是展现学术成果的重要载体，写文章、发文章无疑是非常重要的工作之一。从学校和用人单位层面来讲，论文是看得见摸得着的衡量指标。尽管破“五唯”已成大势所趋，但“不发表则出局”的问题仍然存在。在日益蓬勃发展的学术环境下，压力巨大，发文章难，发“C 刊”更是难上加难，这让不少青年教师倍感压力。我同大部分青年教师一样，常常被发文章的难题所困扰，屡战屡败，但也屡败屡战。因为我相信，学术能力的提升是多年努力、慢慢积累的过程。失败并不可怕，反而能让我从中找出不足，吸取经验教训，不断提升自己。面对一次次退稿，我曾经很失落，压力也很大，但每次收到退稿通知后，我都会下决心对论文进行再次打磨，反反复复修改，因为我认为没有高质量的投入就不会有高质量的产出。

前段时间，我抱着试试看的态度给《山东师范大学学报（社会科学版）》官方投稿邮箱投了一篇文章——《中国现代诗歌作品修改现象之考察》。在国内学术界，提到中国现代文学学科，必定会提到山东师范大学。山东师范大学的现代文学学科起步很早，但是人才济济，在全国影响很大。山师学人的文学史研究、新诗研究（尤其是新时期诗歌研究）取得了显著的成就。山师学报也是我一直关注的一个学术期刊，一是因为它设有中国现当代文学研究专栏，二是因为它刊载的论文质量高、转载率高，且都是

① 向阿红（1992—），女，现为长沙理工大学文学院与新闻传播学院讲师，博士。曾在学报发表《中国现代诗歌作品修改现象之考察》（2022 年第 4 期）。

一些研究当下学术热点及前沿问题的论文。我投了这篇文章，但心里实在没有底，根本没抱太大希望。出乎意料的是，在我投稿后的第四天，主编李宗刚老师便加了我的微信。李老师说看了我的论文，初步感觉还不错，但是还需要外审。李老师是我非常崇敬的一位学术前辈，能得到李老师的初步肯定，我当时非常惊喜，同时也有一些担忧，因为我不知道文章能否通过外审。很快，李老师便发来了外审专家的意见，总体上给出了肯定评价，但也存在一定的不足，需要进一步修改和完善。李老师让我根据专家意见精心修改。之后，便进入了修订和校对的流程。在修订和校对论文的过程中，山师学报细致的刊发要求着实让我惊讶乃至震撼。大到内容框架、遣词造句，小到标点符号、注释、参考文献等等，都经过了仔细修改。比如，需要将引文出处进行拍照，以确保引文、注释的完全正确与规范。李老师亲自审阅我的修改稿，并一一指出问题，让我修改。有一次，李老师与我通话，针对论文的修改进行了详细交流，并且不断地鼓励我、肯定我的学术研究。李老师的鼓励与肯定，让我更加有信心努力钻研自己的研究方向。直到学报定稿的前一天晚上，李老师还发微信与我探讨论文中写到的关于“朱湘跃海自杀身亡”是“跃海”还是“跳江”的问题，让我核实修改。经过查阅相关史料，朱湘是于 1933 年 12 月 5 日在上海开往南京的轮船上跳入长江自杀身亡的。所以，“跃海”的表述显然不妥当，应该是“跳江”。李老师这种严谨治学的精神实在让人敬佩。这正是我们青年学人需要学习的。

从投稿、审稿到正式发表，可以看到山师学报严格的用稿程序和细致的用稿原则，体现了一种公平、公正的原则。山师学报没有“因人用文”，对投稿者一视同仁，对青年学人更是给予了更多的鼓励和支持，给年轻人提供了一个发表观点、交流学术的平台。这在学术界是非常难得的。因为现在很多期刊发文的门槛都比较高，除论文需高质量外，对作者的身份、职称等也都有一定的要求。所以，越是知名学者的文章，越容易被录用，而很多青年学人的文章往往会被拒之门外。作为青年学人，面对如此之大的竞争压力，我们首先要做的就是要不断提升自己的学术研究能力，在论文写作上下功夫，用心打磨自己的论文，不断提高文章质量。只有使自己的文章达到“真金”的地步，才能不怕“火炼”。

这次投稿经历，让我在学术研究上有了更大的信心。同时，也让我感受到做研究马虎不得，一定要严谨、认真，像李宗刚老师那样，要有一种批判和怀疑的精神。感谢《山东师范大学学报（社会科学版）》给年轻人提供了学术交流的平台，扶植年轻人成长。感谢李宗刚主编对年轻人的鼓励和提携！感谢责任编辑孙昕光老师辛苦的付出！这次投稿经历使我难以忘怀，在此分享给大家！

因为责任，所以奋进
——拙作刊发记

亓文香[①]

青岛大学的崔老师给我推送了一条微信，是公众号“人文学术资源在线”发表的《山东师范大学学报（社会科学版）》2022 年第 4 期目录。接着是崔老师的祝贺。我当然是欣喜若狂的，拙作终于见刊了。

我回复崔老师：实属幸运，水平还差得远，深感惭愧与惶恐。

这是我的真心话。对于一个不惑之年、二胎仅 4 岁的、妈妈级别的高校教师来说，在“C 刊”发文，有多难，恐怕不在其中不知其苦，真可谓：难于上青天。

但是，与生俱来的不甘心与对语言点的敏锐和兴趣，让我乐在其中。勤能补拙，而且笔耕不辍，是我的追求。不管是学术论文，还是随笔散文，我都享受着这种创作，并期待着一种境界：字字珠玑。兴趣指导下的创作并不难，难的是发表。特别是当前，学术竞争空前激烈，高校教师都在被绩效考核和职称评审裹挟着往前走。

拙作《汉语“情态动词＋说”的话语标记化》发端于 10 年前，那时候话语标记研究正在兴头。“可以说”的相关研究几乎没有。我相当于比较靠前地捕捉到了这一学术信息。向国内词汇化专家北京大学董秀芳教授发邮件请教，立刻得到了董教授的肯定和支持：“可以说”的确在词汇化和话语标记化。权威前辈的指点，给了我巨大的动力。在韩国釜山那个整洁舒

① 亓文香(1979—)，女，现为烟台大学文学与新闻传播学院副教授，博士。曾在学报发表《汉语“情态动词＋说”的话语标记化》(2022 年第 4 期)。

适的小房间里，我说干就干，沉浸其中。搜集语料、分析语料、组织成文，一气呵成。论文完成之后，投到国内几个核心期刊，但均被拒绝，大体原因一致：非典型的个案研究，比较难发。

屡遭打击的心情的确苦涩，好在很快被回国后家庭团聚的幸福所包围。在韩一年完成的几篇文章均被我束之高阁。或许，我需要沉淀一下。

一晃春秋几度，倏忽而过。

2021 年 4 月 24 日，第十三届全国汉语词汇学学术研讨会在山东师范大学召开。拙作有幸被选中，我欣然赴会。在学术底蕴深厚、古朴厚重的山师校园，大家如切如磋，共享学术盛宴。拙作于会上和会后都得到中肯的指导，我自己也不断地打磨。彼时，有关“可以说”的几篇文章已有发表。论文的突破和优势在哪里？我不断自问，也不停地向专家请教。文章虽然是以个案研究为主，但管中窥豹，从“可以说”引出“情态动词 + 说”，倘若引起学界对类型化的思考，那岂不也有其价值和意义？继而修改、扩充，投给某高校学报。很幸运，文章通过了外审，但是不巧，学报领导换届，出现变数，拙作刊发与否，成为一个未知数。学术研究讲究时效，我不想再等下去，于是撤稿另投《山东师范大学学报》。

主编李宗刚老师拿到文章，回复：按照流程，先送外审。惴惴不安的焦灼等待中，收到了外审专家的回复。专家高屋建瓴，提出了一些修改建议。但我深知论文还需要提升，迷茫中，李老师出手相助。

李老师虽与我专业不同，但是他思考问题全面、有理论深度，对于论文的症结一语中的。“可以说”的历时考察需要梳理得再清楚一些……

我继续查阅资料，努力扩大视野，提高理论水平。

修改论文的过程，不但让我在学术上得到提升，在如何做学术上，更让我获益匪浅，大开眼界。我看到，真正的专家，绝对不是囿于某一领域，而是在多个领域都有所突破和创新。

作为现当代文学研究专家，李老师对语言学研究有独到的见解。看得出，李老师的研究，打破了学科限制，掌握了规律和共性，三言两语就能指点迷津。在山师学报这个阵地上，李老师是新文科建设的践行者。

几易其稿，论文大抵定稿。

中国美学中讲究“文”与“质”，文质彬彬，然后美文也。优秀的期刊，要求文与质并重。虽然拙作算不上上乘之作，但李老师敢于突破，勇于让学术风清气正，通过发文来鼓励后学者奋进。在李老师的指导下，拙作过了质量关，送到责编徐道春老师手中。

在徐老师这里，我又深切感受到了什么是严谨、什么是团队协作，什么是将制度一以贯之地执行，什么是将责任自上而下地履行。

李宗刚老师亲自发给我学报的用稿体例，让我先通读，彻底了解发文体例后再修改。徐道春老师再发一遍。

印象最深刻的是在引文方面。学报要求作者将引用处找到原文、拍照，然后将照片集中汇总于一个文档之中。不知道这是不是山师学报的独创，总之，这体现了山师学报的态度，那就是：刊发的文章绝对是非常严谨的。

拙作引文和参考文献较多，加上前后完成时间跨度较长，一一找到所有原文的出处，是一个不小的工程。我一接到任务，就倍感压力。徐老师温和又坚定地说："亓老师，任务有点艰巨，但这是必须完成的。请您克服困难，后天发给我。"

那几天，我把两个孩子安排妥当，在办公室里专心致志地查找，并一一核对，确保无误。

引文例证来源完成之后，是格式修改。遣词造句、标点符号、例句正误等等，事无巨细，真的是编辑眼中无小事。从论文的录用到论文的付梓，一共拉锯式修改十余次。每一次修改，徐老师都耐心地与我交流，经常是我将修改稿反馈回去，徐老师秒回。每一篇文章，虽然很难做到十全十美，但是做到尽善尽美、高效高质，是学报每一位老师的追求。

我曾关注过山师学报的发展历程，了解到其办刊60多年来曾经取得的成绩。我为拙作的水平而深深担忧，担心自己的文章不能为学报添彩，反而辜负了编辑部老师们的信任。

我将这种担忧发给主编李宗刚老师，李老师回复：大家都在成长中。

这句话包含了对李老师后学者的鼓励、鼓舞和宽容。李宗刚老师在一篇文章中有一句话："也许，每个人的时间都是有限的，但学报的历史将是无限的。"李老师带领山师学报编辑部披荆斩棘，呕心沥血，用心良苦，其心可鉴。

论文刊发之后，我发微信给李老师，感谢他对普通学人的支持和帮助，表达对他敬业认真的敬佩。李老师回复："没有那么优秀，只是不辱使命。"

"不辱使命"这四字，重于泰山。因为责任，所以热爱；因为责任，所以勤谨；因为责任，所以奋进。谨向山东师范大学学报编辑部的老师们致以深深的敬意。

穿行于科研教学和编辑阵地的攻坚克难者
——记中国现当代文学国家重点学科学位点负责人李宗刚

谢慧聪

山东省省属高校文科类唯一的国家重点学科便是山东师范大学的中国现当代文学。该学科学术底蕴深厚、人才辈出，李宗刚作为学位点负责人、二级教授、博士生导师，又是学校东岳学者拔尖人才、学报主编，继承了学科前辈学者“把学术研究当作一种生活方式”的传统，除了致力于学术研究和学生培养外，还把学报编辑视为自己参与和推动学术研究的重要事业。

一、把学术研究当作一种生活方式

近10多年来，李宗刚曾1次独立获得教育部高校科学研究优秀成果奖（人文社科）三等奖，1次作为参与者获得二等奖；4次获得山东省社会科学一等奖，2次获得二等奖，1次获得三等奖；3次获得山东省高校人文社科优秀成果一等奖。

李宗刚之所以有现在的成就，恰是缘于他的学术研究超越了为稻粱谋的功利阶段，提升到了把学术研究作为一种生活方式的超功利境界。对此，李春林研究员在《东吴学术》撰文《一位人文学者的深广的精神世界》，写道：“作为一位人文学者，他的使命感更突出地表现在他的学术研究上。那十余本学术专著和数百篇论文、评论等都不是为了评职称而著，他在读博之前就已有高级职称；更不是为了稻粱谋。”“李宗刚深广的精神世界，乃是鲁迅思想和五四精神的呈现。”“李宗刚强烈的使命意识和丰盈的情感世界，基于他对人的本质的认识，对人的生命的意义与价值的体认。”

李宗刚常年坚持坐班工作，常常加班到深夜，暑假、寒假，人们也几乎看不到他休息，即便周末，他也经常到学报编辑部工作。正是这种兢兢业业、踏实肯干的精神，才使得李宗刚攻克了学术上的重重难关，发表了多篇高质量学术论文，在学术界产生了较大影响。

对于李宗刚的学术研究，首届国家级教学名师朱德发有过这样的评述："若说2006年出版的《新式教育与五四文学的发生》，是宗刚从现代中国教育与现代中国文学互动关系这个总论题研究中磨出的也是亮出的第一剑，仅仅是初露锋芒，那么即将问世的这本著作则是经过10多年的焠磨而亮出的第二剑，其锋利的光芒主要是从本著作的突破点或创新点上反射而出。"他"通过对五四新文学发生缘由的深入研究，发现文学革命先驱们如胡适、陈独秀、李大钊、周氏二兄弟等都是父权缺失者，正是这种特殊的人生遭遇，促使他们通过新式教育或现代教育的渠道完成了自我人格从传统向现代的蜕变，以时代先锋的姿态充当了五四文学革命的弄潮儿"。他从既往习焉不察的现象中得出了新论，"甚至通过对真伪难辨的史料的层层剥离，将隐藏于历史乱象背后的本真面目展示出来或者把规律性的东西寻找出来，以形成一家之言"。正是在多年的砥砺前行中，李宗刚成长为五四文学发生学和20世纪中国文学教育领域颇具代表性的学者。

近10年来，李宗刚出版了《新式教育与五四文学的发生》《父权缺失与五四文学的发生》《现代教育与鲁迅的文学世界》等著作8部，编选研究资料13部；在《文学评论》《文史哲》《清华大学学报》等期刊发表论文近300篇。其中，CSSCI来源期刊论文有53篇，被《新华文摘》《中国社会科学文摘》以及人大复印报刊资料《中国现代、当代文学研究》等转载的论文有30余篇。

二、把学生培养视为学术的代际传承

李宗刚不仅注重学术研究，而且注重学术传承。在浮躁的学术风气影响之下，有些学者只把自己的功名利禄放在第一位，早就把自己学术道路上的引路人抛之脑后。但李宗刚像农民一样厚道，他把自己求学道路上那些伸出过援手的老师们都铭记在心，并把他们作为自己学习的楷模。

李宗刚的硕士生导师蒋心焕无疑是其学术道路上的引路人。蒋先生2021年初去世后，李宗刚萦绕在心间的一个情结就是要好好地梳理老师的学术人生。为此，他拿出两个多月的时间，写出了近3万字的长篇论文，该文作为头题发表于《长江学术》。北大温儒敏这样说："此文写得很好，让我对蒋先生的学术贡献有更完整的认识，同时更了解'山师学派'的源流与特色。"

李宗刚的博士生导师朱德发是其学术道路上的提升者。李宗刚在诸多场合，经常提及的一个名字便是朱德发。在2019年全校毕业典礼上，他作为教师代表，给即将离开母校的学子们讲述了朱德发"学术逆生长"的故事；在学校70周年校庆的专题片中，他作为学校选定的几个代表教师之一，在谈及学报的发展历程时又讲到了朱德发。其实，作为一名学者，李宗刚早就自觉地确立了传承诸位先生精神的理念。为此，他早在2013年便开启了朱德发讲授课程的全程录像工程，还对朱德发的手稿进行了系统整理。

李宗刚始终对老师秉承感恩之心，除了用自己的实际行动来回报导师，他还不忘其他老师的栽培之恩。例如，李宗刚曾帮助朱本轩等老师完成其著作的编选工作。对此，语文教育专家曹明海在一篇文章中写道："在当今这个功利性社会，有谁这样不为名不为利，甘心情愿做这种事情而付出劳累和心血，并默默无闻地为一位退休多年的老教师编书稿呢？……我一直被宗刚这种可贵的精神和学人品格，深深地感动着。"

正因为从前辈学者那里继承了优良传统，李宗刚把教书育人当作赓续前辈精神的一种途径，当作自己的神圣使命，义不容辞地承担起培育下一代的社会责任。

李宗刚担任导师以来，已经招收硕士生69人，其中有6人继续攻读博士学位，曾就读于包括北京大学在内的名校。他本人招收博士生11人。他在教学中注重"手把手"的教学方式，让学生逐渐领悟到论文写作的内在规律。对此，有人在文章中这样写道："李宗刚带领着他的硕士生、博士生团队，披荆斩棘、勇于探索的精神，正是他所在的山东师范大学中国现当代文学国家重点学科一直以来传承着的人文精神。”

经过多年的辛勤耕耘，李宗刚有付出，也有收获。2019 年，他获得了第五届山东省优秀研究生指导教师称号，主讲课程入选山东省省级研究生教育优质课程；他指导的两位博士生的论文获得山东省优秀博士学位论文，他本人也获得了优秀指导教师称号；2017 年，他带领的博士生团队获得山东师范大学首届“五导”卓越导学团队；2018 年，他又被评为山东师范大学 2018 年度“十佳教师”。

三、把编辑工作当作自我社会价值的实现方式

2011 年，李宗刚开启了其学报主编生涯。这个时期的山师学报，正是历史上的困难时期，其中一个最现实最迫切的问题就是办刊经费严重不足。在这 10 多年的时间里，他的人生场域基本上都在学报办公室，他的时光也大都伴随着编辑工作的进行而悄悄溜走。

2019 年 3 月，南京大学 CSSCI 核心期刊目录（2019—2020）正式发布，山师学报成功入选。李宗刚历经八年的艰难办刊历程终于有了一个圆满的结果。时任校党委书记的商志晓说：“学报全体同志攻坚克难的可贵品质和大公无私的奉献精神展现了当代山师人干事创业的精神风貌。”

2019 年 11 月，李宗刚被全国高校学报研究会授予“优秀主编”称号，并作为优秀主编代表在全国近 600 人参加的大会上发言。站在发言台上，腰椎和颈椎突出多年的李宗刚慨言：“学报的点滴进步都是主编带领着编辑没黑没白地干出来的，在他们业绩突出的背后，大部分有腰椎和颈椎的突出作为坚强的‘支撑’。那么，我们不禁要追问，包括主编在内的编辑，为什么会为了学报业绩的突出，甘愿拿自己的腰椎和颈椎突出‘作支撑’呢？我想，这便是出于主编的家国情怀、历史担当以及志在诗和远方的理想。”在发言的最后，李宗刚不无豪迈地总结道：“根据自然的规律，一切都会归零，包括主编的腰椎和颈椎突出在内。但我们编就出来的学报不会归零，它犹如一叶永不沉没的诺亚方舟，将承载着我们的家国情怀、历史担当驶向诗和远方！”正是基于如此不懈的追求，山师学报在 2019 年进入 CSSCI 核心期刊目录（2019—2020），又在 2021 年再度入选 CSSCI 核心期刊目录

(2021—2022)，从而为山东高校打造人文社会科学研究高地作出贡献。

李宗刚，一名普通的高校教师，在普通的岗位上，有着不甘平庸的韧劲，有着清醒的“历史中间物”意识，有着深深的家国情怀。他把朱德发视为自己的人生楷模，在他的身上，我们看到的是那大海般的永不停歇的生命涌动，是那永远都勃发着的生命绿色，是那永不满足于一种绽放姿势的生命之花，是那永远力图超越自我的生命之魂。

（原发于 2022 年 6 月 1 日，人民网—山东频道）

附　录

坚定文化自信，为弘扬中华文明贡献“山东力量”

——习近平总书记给《文史哲》编辑部全体编辑人员的回信在山东持续引发热议

赵　君　刘一颖

在《文史哲》创刊70周年之际，习近平总书记给《文史哲》编辑部全体编辑人员回信，肯定他们付出的努力，并提出殷切期望。连日来，总书记的回信在山东广大党员干部和哲学社会科学工作者中持续引发强烈反响。大家纷纷表示，要认真学习领会总书记回信精神，坚定文化自信，秉持对中华文明传承发展的责任感、使命感，努力推动中华优秀传统文化创造性转化、创新性发展。

“习近平总书记在回信中对‘两创’作出重要指示，情真意切、思想深远、内涵丰富、催人奋进。”省文化和旅游厅副厅长王廷琦说，近年来，我省搭建尼山世界文明论坛等重大文化平台，创作《孔子》《沂蒙山》等多部优秀传统文化精品剧目，推出了文旅融合精品线路等。“下一步，我们将持续做好儒学文化研究阐发，着力实施齐鲁文化艺术精品创作工程，并聚焦山水圣人、红色文化、生态康养、仙境海岸等优势，擦亮‘好客山东’品牌，为传承弘扬中华优秀传统文化作出新的更大贡献。”

在孔子故里曲阜，孔子研究院将学术研究的“登峰”和传统文化普及推广的“落地”放在同等重要的位置。孔子研究院院长杨朝明说：“一方面，聚焦‘论语学研究’‘《孔子家语》研究’‘曲阜儒家碑刻文献研究’等专题，潜心钻研，让儒学明晰起来；另一方面，坚持‘干部是主导，学校是主场’的传承弘扬理念，打造独具特色的干部政德教育精品课程、专题课程以及现场教学点，面向中小学生开展经典诵读、礼仪教育等，将传统文化的种子植入青少年心中。”杨朝明表示，我们将牢记总书记嘱托，切实担负起时代赋予的文化使命，夯实学术根基，强化普及推广，推进交流传播，将优势发挥出来，将“品牌”树立起来。

《文史哲》杂志副主编李扬眉说：“让世界更好认识中国、了解中国，《文史哲》注重开门搞研究，开设了‘海外中国学’‘世界文明对话’栏目，并在海外发行《文史哲》英文版，先后为两家海外索引数据库收录，在国际学界的关注度、认可度和影响力日益提升。”李扬眉提出，我们将坚持开放办刊、包容创新，努力成为国内国际一流的重要学术交流平台、引领学术潮流的大刊名刊，成为展示文化思想价值的重要窗口、全球文明交流互鉴的重要园地。

中华文明延续着我们国家和民族的精神血脉，既需要薪火相传、代代守护，也需要与时俱进、推陈出新。山东大学校长助理、人文社科研究院院长邢占军说，大学肩负文化传承、文化传播功能。“我们要充分发挥相关学科的优势和潜力，统筹协调校内外资源，着重在学术研究和应用转化层面上，开展中华优秀传统文化创造性转化、创新性发展的研究和实践总结，赓续中华民族精神命脉。”

总书记的回信，不仅给《文史哲》编辑部全体编辑人员以极大鼓舞，也让全省社科期刊编辑人员倍感振奋，为社科研究工作者和期刊编辑工作者指明了努力方向。“近年来，《山东师范大学学报（社会科学版）》推出了一系列优秀论文，在学术界引起强烈反响。深入学习贯彻总书记回信精神，我们将时刻牢记办刊人的使命，把好政治方向关、学术质量关，让期刊成为展示高水平研究成果、支持优秀学术人才成长、促进中外学术交流的平台。”《山东师范大学学报（社会科学版）》主编李宗刚说。

（原刊于《大众日报》2021 年 5 月 12 日第 1 版，有改动）

向史而新　奋进新时代
——社科期刊界深入学习宣传贯彻党的十九届六中全会精神[①]

钟　哲

11月8日至11日，中国共产党第十九届中央委员会第六次全体会议在北京胜利召开。全会重点研究了全面总结党的百年奋斗重大成就和历史经验问题，审议通过了党的第三个历史决议，号召全党全军全国各族人民以史为鉴、开创未来，埋头苦干、勇毅前行，为实现第二个百年奋斗目标、实现中华民族伟大复兴的中国梦而不懈奋斗。在庆祝中国共产党百年华诞的热烈氛围中，在“两个一百年”奋斗目标的历史交汇期，党的十九届六中全会承前启后，继往开来，意义重大，振奋人心。

向史而新，奋进新时代；鉴往知来，启航新征程。连日来，社科界围绕党的十九届六中全会精神开展多种形式的深入学习，各地反响热烈，社科期刊人更以高度的责任感开展广泛研讨，学理智慧涌现。坚守马克思主义学术本位，当好学术中国繁荣发展异彩纷呈的时代记录人、为党和人民述学立论的积极传播者，学术期刊工作者深入研究和准确阐释好全会精神，责任重大，义不容辞。

① 在社科期刊界深入学习贯穿落实党的十九届六中全会精神的访谈中，作为山师学报主编，李宗刚代表学报编辑部分享了自己的学习心得。

1. 自觉服务党和国家工作大局

面对新时代中国日新月异的快速发展，哲学社会科学与真理同行，与时代同步。自觉学习贯彻好党的十九届六中全会重要精神、研究阐释好全会决议重大科学要义，是全党全国的一项重大政治任务，学术期刊人肩负着高度政治责任和光荣学术使命。《西北民族大学学报》总编辑第环宁深有感触，他认为，增强理论自觉与强化理论学习是做好期刊工作须臾不可忽视的政治站位要求。要把学习六中全会精神同学习习近平新时代中国特色社会主义思想、党的十九大和十九届二中、三中、四中、五中全会精神结合起来，把《中共中央关于党的百年奋斗重大成就和历史经验的决议》（以下简称《决议》）同习近平总书记“七一”重要讲话精神，以及习近平总书记关于党的历史的一系列重要论述结合起来融会贯通学。深刻理解精神实质，才能更好地指导期刊编辑工作。理解的深刻程度决定坚决贯彻的成效。将贯彻落实全会精神同持续深入贯彻落实习近平总书记在哲学社会科学工作座谈会上的讲话精神、给《文史哲》编辑部全体编辑人员回信的精神结合起来，必须从历史与现实、理论与实践相结合的角度扎实做好深入阐释工作，才能真正担负起推进研究不断深化的学理责任。紧紧围绕习近平总书记重要讲话和《决议》提出的新思想新观点新论断，努力传播有深度、有力度、有高度的研究成果，学术期刊必须高质量引领学习宣传贯彻全会精神的学理解读逻辑创新，更好地激发哲学社会科学研究的创新活力。

学术报国之志，百年如一。发扬百年优良传统，把学术情怀和家国情怀统一起来，把政治家办刊和学者办刊结合起来，学术薪火才能生生不息。《北京大学学报（哲学社会科学版）》常务副主编刘曙光表示，优秀学术传统的继承不仅要面向历史，更要面向现实。党的百年奋斗历程融汇于历史经验总结和现实成就创造之中，讲清楚“中国共产党是什么、要干什么”，讲清楚“共产党为什么能，马克思主义为什么行，中国特色社会主义为什么好”，讲清楚“过去我们为什么能够成功、弄明白未来我们怎样才能继续成功”，发挥文化强国、凝心聚力、培根铸魂作用，必然能够转化为广大人民“以史为鉴、开创未来，埋头苦干、勇毅前行”的精神力量。

作为开展学术研究交流的重要平台，学术期刊展示着时代的思想高度和学术水平。《兰州大学学报（社会科学版）》执行主编斯丽娟表示，学术期刊承担着学理传播功能，深入研究阐释十九届六中全会精神，就要切实体现为充分发挥期刊引导学术研究自觉服务党和国家工作大局，引领学术研究面向国家重大战略需求、聚焦国家重大理论和现实问题的功用，不断深化对共产党执政规律、社会主义建设规律、人类社会发展规律的认识，为社会主义现代化建设提供强大精神动力和智力支持。

“要认真学习和深入领会十九届六中全会精神，提升自我解读能力，在把全会精神内化于心的同时自觉地外化于行，把外在的要求转化为学术期刊界内在的自觉行动，真正地把研究阐释十九届六中全会精神放在工作的重要位置。”《山东师范大学学报（社会科学版）》主编李宗刚认为，应该在深入学习基础上，积极引领学术界研究阐释十九届六中全会精神转化出的相关选题，以此彰显学术期刊的主体工作意识。同时，学术期刊人应该主动地走出去，积极建构起学术期刊与学术研究者共同组成的学术共同体，不断深化十九届六中全会精神研究阐释的智慧逻辑，有力促进政治话语与学术话语的融通，投身学术报国的宏伟事业。

党的十九届六中全会非常明确地强调了理论的重要性，明确指出“坚持理论创新”是党百年奋斗的宝贵历史经验之一。学术期刊应当结合自身优长，在理论研究特别是理论创新方面承担更多责任。对此，《社会科学研究》杂志社社长、常务副总编辑黄进认为，这个责任担当体现在三个方面：一是提高认识，坚定正确导向。学术编辑人员要深刻领会十九届六中全会的精神要旨，以十九届六中全会精神为指导，把好稿件的政治关，提高辨别力。二是激浊扬清，形成宣传合力。策划选题、开设专栏，组织学者对重大理论问题进行研究阐释，梳理理论逻辑，澄清模糊认识，纠正错误观点。三是要着力从学理上研究论证“两个确立”的时代要求、重大意义和深刻内涵。

“学术期刊要坚守初心，引领创新，特别是在深入阐释坚持中国道路，推动中国特色哲学社会科学学科体系、学术体系与话语体系构建方面发挥作用。”《南京大学学报（哲学·人文科学·社会科学）》执行主编王浩斌表示，尤其在学科体系方面，需要突破西方式现代化进程中所形成的社会科学学科体系的影响，以中国问题研究为中心，用中国理论阐释中国实践，用中国实践证明中国理论。刊发立足中国实际，把论文写在中国大地上的跨学科研究成果，更加具有现实迫切性。

构建中国特色哲学社会科学是一项宏伟事业、长期任务、重大工程。在中华民族伟大复兴进程中，学术期刊积极服务党和国家工作大局，发挥哲学社会科学的智慧工程特色，也体现了一种思想智慧的生产力，与宏大的科研队伍一起共担高质量发展的时代责任。《当代中国史研究》编辑部主任郑珺表示，坚持以党的三个历史决议和十九届六中全会精神为指导，准确把握党的历史特别是新中国史发展的主题主线、主流本质，正本清源，旗帜鲜明反对历史虚无主义，是学术期刊的重要任务之一。同时，组织编辑部成员集中学习讨论，深刻领会《决议》的历史作用和意义，树立正确的党史观和大历史观，在理论与实践双重维度中全面认识党领导中华民族从站起来、富起来到强起来的历史性成就和历史性变革的时代逻辑，并有效落实到编辑业务和学术生产工作中，是学术期刊国家队不断提升思想传播力的重大责任。

学术期刊要创新理念方式，必须牢牢把握正确政治方向和舆论导向。把学习好、宣传好、贯彻好党的十九届六中全会精神作为当前的首要政治任务，是检验期刊理念与质量的试金石。在抓好自身学习贯彻的同时，要充分发挥学术期刊的理论阐释平台优势，积极策划，扎实做好对于全会精神的理论宣传、研究阐释工作，迅速形成规模、形成声势。《天津社会科学》主编时世平认为，在理论宣传阐释研究的选题策划中，要准确聚焦党的百年奋斗重大成就和历史经验，突出中国特色社会主义新时代这个重点；从百年宏观的大历史着眼，观照历史、现在、未来的三维向度结合，既接续传统又映照现实、指引实践。在宏观把握的同时，要具体着眼于各个领域的原创性思想、变革性实践、突破性进展、标志性成果的宣传阐释研究，科学阐释全会精神深刻的历史启示和现实内涵。在研究方法上，要全面运用辩证唯物主义和历史唯物主义的方法论，贯通百年奋斗的历史逻辑、理论逻辑、实践逻辑，深化“两个确立”是人民的选择、历史与时代的选择的重大意义。

2. 着力深化全会精神研究阐释工作

作为开展马克思主义理论学术研究交流的重要平台，学术期刊是传播思想文化的重要阵地，促进理论创新的重要力量。《马克思主义研究》编辑部主任、执行副主编李建国表示，要紧紧围绕党的十九届六中全会的主题，加强对党的百年奋斗重大成就和历史经验的研究阐释，加强对新时代党和国家事业取得历史性成就和发生历史性变革的研究阐释，加强对习近平新时代中国特色社会主义思想的历史地位的研究阐释，加强对马克思主义中国化新的飞跃的研究阐释，加强对中国共产党百年奋斗的历史意义等许多重大理论和现实问题的学理化研究阐释，进一步在研究阐释党的十九届六中全会精神方面发挥坚强引领作用。

党的十九届六中全会取得的重大理论成果，为学术研究提供了丰富的研究选题库。中共中央党校（国家行政学院）报刊社副社长、《中共中央党校（国家行政学院）学报》《行政管理改革》主编焦利表示，要围绕全会决议提出的“十个坚持”，进一步分析阐释中国共产党百年奋斗的成功密码。对习近平新时代中国特色社会主义思想的概括和阐述，是全会决议的一个突出亮点，也是一个重大贡献。进一步阐释论证习近平新时代中国特色社会主义思想在马克思主义发展史、中华文化发展史上的重要地位和贡献，具有重大现实意义。此外，全会决议是一个汇聚革命、建设、改革事业成功经验的极为丰富的思想智慧宝库，进一步加强三大历史决议的系统化研究，有助于科学阐明我国创造经济快速发展奇迹的“秘诀”，为推进重大基础理论与实践研究作出重要贡献。

“深入学习贯彻六中全会精神，继续深化习近平新时代中国特色社会主义思想的哲学研究，是《哲学研究》的首位工作。”《哲学研究》编辑部主任周丹表示，2019 年期刊改革以来，《哲学研究》一直坚持“以现实问题带动基础理论研究”办刊特色，更加突出时代性和问题意识，关注重大理论现实问题。当前，如何深入理解“习近平新时代中国特色社会主义思想实现了马克思主义中国化新的飞跃”，如何系统把握习近平总书记提出的一系列原创性的治国理政新理念新思想新战略，如何全面阐释党百年奋斗蕴含的理论逻辑、历史逻辑、实践逻辑，如何深刻认识“两个大局”“两个结合”“两个创造”以及伟大建党精神等等，迫切需要哲学界思想理论研究者贡献富有思想含量与创新价值的学理智慧。

深入研究阐释党的十九届六中全会精神，政治学领域的期刊要积极发挥本学科研究优势，努力做好用学术讲政治，形成政治性、政治学学理性交融的成果。《政治学研究》编辑部副主任林立公表示，全会决议科学总结了中国共产党百年奋斗的历史经验，进一步明确了“党确立习近平同志党中央的核心、全党的核心地位，确立习近平新时代中国特色社会主义思想的指导地位”具有决定性意义，鲜明指出了习近平同志就中国特色社会主义、社会主义现代化强国、长期执政的马克思主义政党等重大理论与实践课题，提出一系列原创性治国理政新理念新思想新战略，这些重大研究论域决定了政治学研究必须强化基础理论研究力度，有力引领政治学期刊选题策划的学理前沿性提升。

经过几代人的不懈努力，专业化开展社会主义研究类别的学术期刊，不仅成为国内重要的马克思主义、中国特色社会主义理论与实践研究成果发表平台，而且是重要的马克思主义理论学习、宣传阵地。《社会主义研究》副主编王建国对记者说，将进一步突出办刊特色，重点推进党的十九届六中全会精神研究阐释成果的学术生产工作，同时进一步推进对十八大以来党治国理政伟大成就和经验的全面系统总结研究，推进对习近平新时代中国特色社会主义思想的理论体系及其对科学社会主义的原创性贡献的研究，推进对全面建设社会主义现代化国家新征程的重大理论与实践问题研究，以全会精神研究阐释为基点不断提升期刊的学术影响力与传播力。

3. 让党的创新理论“飞入寻常百姓家”

理论创新是社科学术期刊永恒的追求，社科学术期刊又是基于理论创新促进社会实践进步的重要传播力量。扎实开展党的十九届六中全会重要精神和全会决议的宣传阐释工作，需要充分发挥期刊类型与风格各具特色的资源优势，有效推动这项重大政治任务的落地落实。

为了切实做好六中全会精神的研究阐释工作，甘肃省社会科学院杂志社副总编、《甘肃社会科学》主编巨虹表示，将结合办刊方向，及时推进重大选题策划，积极刊发有亮点、有特色、有质量、能产生重要影响的专题理论文章。同时，要在全面深入学习、领会党的十九届六中全会精神基础上，全面加强责任编辑的学术训练，积极参加国内相关学科领域线上线下的学术会议，密切关注学术动向和学术前沿。

《学术月刊》总编辑姜佑福表示，将继续用好“特稿”形式，重点围绕全会决议关于“十个坚持”和“十个明确”中的重大理论命题开展卓有成效的学术选题策划，进一步提升重点选题稿件的学术原创质量。同时，通过学科前沿论坛和学术专题论文，将“十个坚持”的重大历史经验和“十个明确”的核心思想内容与哲学社会科学主干学科前沿议题的探索和基础理论的构建紧密结合起来。

作为学术期刊把关人，我们有光荣的使命、更有强烈的责任，将十九届六中全会精神广泛传播好、宣传好、阐释好。《陕西师范大学学报（哲社版）》主编杜敏表示，不仅要将已开设的“习近平新时代中国特色社会主义思想研究”专栏越办越好，使党治国理政的新理念、新思想更加深入人心，并使之转化为向第二个百年奋斗目标进军新征程的行动智慧，还将开设“百年党史”专栏，进一步弘扬伟大建党精神，不断扩大中国化马克思主义理论的学术影响力，为实现中华民族伟大复兴的实践工作提供坚实有力的学理支撑。

学术期刊是人文社科学者发出专业声音、表达专业见解的最重要平台，以党的十九届六中全会精神系统性解读着力引领哲学社会科学成果创新意义重大。《世界经济与政治》编辑部主任徐进表示，强化十九届六中全会精神的学理研究阐释，迫切需要学术期刊与报纸、电视、广播和网络各类传播媒介打好主动仗，形成既分工又合作的有机联动态势，协同提升学术生产质量与传播实效。

为认真组织策划好十九届六中全会精神研究阐释工作，《学术研究》主编叶金宝表示，将开设“学习研究党的十九届六中全会精神”专题，推动广大社科理论工作者以强烈的责任感、使命感，积极投身于十九届六中全会精神丰富内涵和核心要义的学习宣传工作大格局，增强学理化阐释、学术化表达、系统化构建的有机结合。同时，将结合综合期刊的各学科特点，新增策划一批具有全局性、战略性和前瞻性的重大理论和实践问题的专题，通过多学科交叉融合深化研究和阐释效果。

《西北大学学报（哲学社会科学版）》主编卫玲介绍，作为全国创刊最早的大学学报之一，《西北大学学报（哲学社会科学版）》将充分发挥红色资源优势，引领广大哲学社会科学工作者共同努力，从党的百年奋斗历程中汲取精神滋养和前进力量，把铭记苦难辉煌的历史自信切实转化为担当使命的行动自觉。

聚焦党的十九届六中全会精神研究与阐释，必将成为2022年度学术期刊生产与传播主题。王建国说，互联网时代推出高质量的学术研究成果，必须继续秉持开门办刊理念，还要通过网站和微信公众号向广大学者公布重点选题方向，促进学术传播的跨平台发展，以打造研究和阐释十九届六中全会精神的学术精品力作，同样是基于我们党领导百年学术发展与时俱进的重要历史经验。

当前，不少学术期刊早已提前做好学术生产规划，凸显了前瞻性工作意识。作为《中国人民大学学报》主编，中国人民大学校长刘伟9月初就组织校内专家学者召开专题研讨会，详细部署工作。《中国人民大学学报》常务副主编杨其静介绍说，学报在11月刊发的第六期中设置了专栏，由学校党委书记领衔，从党史、经济、政治、文化等多方面阐释十九届六中全会精神。下一步，围绕十九届六中全会决议，将召开专题学术研讨会，组织更多的前沿学者开展深入细致研究，撰写高水平学术论文。

组织知名学者撰写“学习党的十九届六中全会精神”笔谈文章，是《马克思主义研究》最新一期的刊发重点和亮点。李建国表示，2022年将全年开设相关专栏迎接党的二十大胜利召开。同时，注重充分发挥媒体融合优势，通过纸刊、学习强国号、微信公众号、期刊网站、精选英文版“一体多翼”的传播格局协同发力，努力让党的创新理论“飞入寻常百姓家”。

4. 为党的二十大召开营造良好国际学术话语环境

党的十九届六中全会决定，中国共产党第二十次全国代表大会于2022

年下半年在北京召开。这是我们党在进入全面建设社会主义现代化国家、向第二个百年奋斗目标进军新征程的重要时刻召开的一次十分重要的代表大会，是党和国家政治生活中的一件大事。学术期刊界该如何进一步发挥作用，以优异成绩迎接党的二十大召开？

黄进表示，学术期刊界应该总结好党的十九大以来五年的重大成就和历史经验，对我国的未来发展进行前瞻性研究，为党的二十大召开提供理论参考。时世平认为，学术期刊界要创新联动，从党的十九届六中全会精神的宣传、阐释、研究中，把高度的核心意识、看齐意识体现到学术期刊的编辑工作中，既要有学理阐释的深度，又要有深入浅出的广度，要创新理念方式，推出更多有思想、有温度、有品质的理论宣传精品力作，为党的二十大召开营造良好舆论氛围和理论环境。

除了结合自身办刊方向，发挥不同学科特点，主动策划组织刊发具有理论深度和生动案例的高质量论文外，斯丽娟认为，还要加强优质研究成果的出版传播能力，创新内容载体和方法手段，提高并延伸学术期刊在社会不同层面的影响力，使高质量研究成果能够被更广泛地获取，切实承担起学术期刊的社会责任。

对历史的最好纪念，就是创造新的历史。进入全面建设社会主义现代化国家、向第二个百年奋斗目标进军新征程的新时代，学术期刊要“坚守初心，引领创新”，要有历史自觉、理论自觉、文化自觉，与广大哲学社会科学工作者一道参与到历史的创造中来。刘曙光表示，学术期刊以优异成绩迎接党的二十大的召开，需要做好多方面的工作，这体现在：继续推进马克思主义中国化、阐释中国特色社会主义理论体系，完整、准确阐释习近平新时代中国特色社会主义思想的原创性贡献，围绕党和国家重大理论和实践问题，深入开展群众关心的历史和现实问题研究，发挥智库在实践中概括、总结、丰富、发展、完善理论方面的作用研究，强化学术交流、支持优秀人才的成长，尤其是要加快构建中国特色哲学社会科学“三大体系”研究，进一步深化共产党执政规律、社会主义建设规律、人类社会发展规律研究等，才能为党的二十大召开做好理论准备、人才储备，接续奋斗，发挥应有作用。

习近平总书记高度重视学术期刊工作，在哲学社会科学工作座谈会上的讲话、科学家座谈会上的讲话以及在给《文史哲》编辑部全体编辑人员回信中，都对学术期刊工作作出重要指示，多次强调学术期刊要加强中外学术交流。林立公说，学术期刊应始终立足于习近平总书记重要讲话的工作定位，以高质量的学术传播讲好中国故事，从学术话语创新的角度为迎接党的二十大召开作出新贡献。尤其要重视推出具有标识性概念，容易为国际社会所理解和接受的新概念、新范畴、新表述，引领国际学术界的“百家争鸣”，为迎接党的二十大召开营造良好的国际学术话语与舆论环境。

为迎接2022年党的二十大召开，进一步推动科技进步和哲学社会科学繁荣发展，学术期刊发挥引领作用就更加重要。《四川大学学报（哲学社会科学版)》常务副主编原祖杰认为，一是要继续推动马克思主义中国化的系统研究，结合中国共产党百年经验，丰富和完善中国特色社会主义现代化道路的理论依据；二是要加强对人类现代化和社会转型的系统研究，为中国全面实现现代化提供知识储备和历史借鉴；三是要加强对当下和未来文化建设、社会建设和生态文明建设等党和国家大政方针的研究，为党和国家内政外交提供政策咨询。

站在“两个一百年”奋斗目标的历史交汇点上，学术期刊界要从新时代的高度努力强化学术研究，既立足于中国社会现实问题，又着眼于中华优秀传统文化的创造性转化和创新性发展。李宗刚表示，一方面，要把学术研究与对习近平新时代中国特色社会主义思想的学习和阐释放到重要位置，积极谋划并延揽一流学者创新学术研究方式，切实将研究成果与解决中国社会发展的重大现实问题对接起来，真正从学理建构意义上促进中国特色社会主义实践走向深入。另一方面，要把学术眼光与世界情怀有机结合起来，把中国共产党在百年奋斗历程中取得的辉煌成就和宝贵经验以及向第二个百年奋斗目标进军新征程用“世界语言”讲深讲透，推进融通中外的学术话语创新，提升学术议题设置能力，为中国和世界的发展继续建言献策、贡献力量。

（原刊于《中国社会科学报》2021年11月17日资讯版）

《山东师范大学学报（社会科学版）》大事记

（2011 年 4 月—2022 年 6 月）

学报编辑部

2011 年

4 月，时晓红参加全国高校文科学报研究会在兰州召开的期刊会议。

4 月 18 日，经中共山东师范大学委员会研究决定，李宗刚任文科学报编辑部副主任（主持工作，试用期一年）；李小虎任文科学报编辑部正处级调研员，不再担任文科学报编辑部主任职务（山东师大党干字〔2011〕28 号）。编辑部工作人员由 4 人（李小虎、时晓红、寇金玲和孙昕光）增加到 5 人。

4 月 19 日，山东师范大学根据工作需要，聘任李宗刚为文科学报编辑部副主任（主持工作，试用期一年）；李小虎任文科学报编辑部正处级调研员，不再担任文科学报编辑部主任职务（山东师大校干字〔2011〕16 号）。

6 月，经学报编辑部办公会议研究，学报制定了关于作者审稿、发稿标准规范以及稿费标准方面的规定，拟从 2011 年第 5 期开始实施。

6 月，李宗刚参加山东省高校学报研究会在北戴河召开的年会，并作大会发言。

6 月，李宗刚作为特邀代表参加由全国高校文科学报研究会主办、《文史哲》编辑部承办，在威海举办的全国高校文科学报研究会常务理事会议。在小组讨论中，李宗刚介绍了山师学报的基本情况以及未来发展思路，得到与会专家的肯定。

7 月，学报从第 4 期开始，对版面和栏目进行了调整。

7 月 29 日，学校增补商志晓为文科学报编委会主任。增补王焕斌为文科学报编委会副主任。增补万光侠、李宗刚等 5 位教授为编委会委员。王志民继续担任学报编委会委员，不再担任文科学报编委会主任，改任学报编委会副主任。

9 月，制定《文科学报编辑部关于落实“目标责任制”具体实施细则》。一是转变办刊思路，从注重论文的数量转变为注重论文的质量；二是学报栏目要强化特色，突出有生命力、竞争力的栏目，确保有限的资源最大限度地发挥出应有的效力；三是构建起以稿件质量为主导的编辑绩效量化考核体系；四是强化主编的责任意识；五是实施“四审”制度，以最大限度地发挥编委会的作用。

11 月 14 日，编辑部向学校申请开办广告经营业务的请示后，学校向山东省工商行政管理局提请开办广告经营业务(山东师大校字〔2011〕189 号)。

本年度，学报编辑部搜集、整理了学校文科类学院教师和校外有关专家的电子邮箱（共计 4000 余个），定期推送学报的电子刊。

2012 年

2 月 28 日，李宗刚拜访了学报原主编周国平。周国平向李宗刚展示了中国社科院戈宝权和天津师范学院吴云在 1976 年给院刊组写来的三封信。李宗刚在《山东师院学报》（纪念鲁迅逝世 40 周年专刊，1976 年第 4—5 合刊）以及这三封信的基础上，考察了“文革”后期鲁迅研究的基本情况，并撰写了《“文革”后期鲁迅研究的一个缩影——以〈山东师院学报〉“纪念鲁迅逝世四十周年专刊”为例》的论文。该文发表于《鲁迅研究月刊》2014 年第 10 期。

5 月，制定关于落实《文科学报编辑部关于落实“目标责任制”具体实施细则》补充意见。

6 月 8 日，制定《〈山东师范大学学报（人文社会科学版）〉编委会工作职责》。

7 月 10 日，学报向学校提请《编辑部关于期刊发展瓶颈及其应对策略的请示报告》。

9月，李小虎办理退休手续。根据工作需要，学报编辑部办公会议研究决定，聘任李小虎为学报审读特聘专家，同时受聘的还有学报原副主编翟德耀编审。

11月2日，召开2012年文科学报编辑部编委会会议。会议的中心议题是当前新形势下如何办好文科学报、提高学报社会影响力，从而促使学报走向良性发展的轨道。

2013年

1月10日，召开办公会议，讨论决定聘请校内外审稿专家和审读专家。

3月27日，文科学报编辑部党支部召开党员大会，接收孙昕光加入中国共产党。

4月9日，在2012年度人大复印报刊资料转载学术论文指数排名中，在高校学报全文转载排名中，文科学报的转载率名列第46名。

6月28日，学校在文化楼三层会议室召开了2013年文科学报编委会全体会议。校党委书记、文科学报编委会主任商志晓，副校长、编委会常务副主任张文新作了讲话，文科学报主编李宗刚向编委会作了工作汇报。

2014年

1月23日，文科学报编辑部获山东师范大学2013年度“十佳单位”。

2月28日，华东师范大学钱谷融教授为学报题词“祝山东师大学报愈办愈好”。

3月23日，原文化部部长、著名作家王蒙在阅读学报2013年第5期后，在学报扉页题词：“感谢山东师大学报，发表了高质量的文章。感谢山东师大学报的一贯厚爱，本期杨义、冷川、龙其林诸先生的文章，帮助我自己弄清了许多事情和议论，谢谢！祝福！”

4月8日，在2013年度人大复印报刊资料转载学术论文指数排名中，在“高等院校主办人文社科学报”全文转载排名中，文科学报转载率名列第12名。

5月，上海交通大学夏中义教授为学报题词“自家溪畔有波澜　不羡朱门有金果”。

7 月 17 日，山东师范大学根据工作需要，聘任李宗刚为文科学报编辑部主任（山东师大校干字〔2014〕12 号）。

9 月，南京大学前副校长董健教授为学报题词——“学报是大学的一个学术窗口，希望山师大学报在学术水平上不断提升”。

11 月 22 日，学报获评“全国高校百强社科期刊”。

2015 年

2 月 10 日，《山东师范大学学报（人文社会科学版）》微信平台正式开通。

3 月，学报被评为“RCCSE 中国核心学术期刊（A）”。

3 月，学报入选人大复印报刊资料重要转载来源期刊（2014 年版）。

3 月 12—13 日，李宗刚参加了由《清华大学学报（哲社版）》与“中国高校系列专业期刊”联合编辑部在清华大学共同举办的首届学术期刊文学编辑论坛暨“中国高校系列专业期刊”《文学学报》研讨会。

3 月 16 日，学校向山东省新闻出版广电局提请变更学报出版许可证法定代表人为唐波。

4 月 16 日，学报在 2014 年度人大复印报刊资料转载学术论文指数排名中，转载率列“高等院校主办人文社科学报”系列第 54 名。

6 月 26 日，李宗刚续任文科学报编辑部主任。

7 月，鲁迅博物馆原副馆长陈漱渝先生为学报题词——“学贵得师亦贵得友　贵刊亦师亦友”。

10 月 9 日，学报召开编委会会议。校党委书记、学报编委会主任商志晓，副主任张文新出席会议。编委会顾问朱德发及编委会委员 11 人参加了会议。会议对学报工作进行回顾和展望的同时，进一步规范了编委会的工作职责。

10 月 20 日，学报全体人员参加了由山东省教育厅主办、山东省高校学报研究会和山东师范大学协办的“山东省高等学校学术期刊管理研讨会”。

2015 年度，《山东师范大学学报（人文社会科学版）》启动了过刊数字化工程，把学报自创刊以来的过刊全部扫描成电子刊，共计扫描过刊 286

本（共计 15.2G）。为了便于读者获取过刊和了解学报全貌，编辑部一方面把过刊上传到学报网站，另一方面把过刊电子版拷入 U 盘，并赠送给相关学者。

2016 年

3 月，学报在中国人民大学人文社会科学学术成果评价研究中心公布的 2015 年度人大复印报刊资料最新排名中，转载率位列全国高校学报第 28 名、综合性期刊第 42 名。

6 月，学报编辑部获得山东师范大学“先进基层党组织”称号。

7 月，从 2016 年第 4 期开始，原英文翻译李自修教授因年龄问题，辞去英文翻译一职。李自修教授辞去特聘英文编辑之后，学报编辑部通过办公会议决定授予李自修教授编辑部“终身荣誉编辑”称号，享受编辑部离退休人员待遇。此后，学报特聘李玉麟教授为学报英文编辑。

8 月，学报编委会顾问安作璋教授为学报题词“考前史之得失　为当代之龟镜”。

9 月，李宗刚、寇金玲、孙昕光申报的学报“文艺学研究”栏目获第九届“山东省泰山文艺奖”二等奖。

9 月 14 日，山东师范大学资深教授、学报编委会顾问朱德发为学报题词：“文科学报是山东师大内涵发展的光辉见证。文科学报是山东师大创建一流的人文高地。文科学报是山东师大播扬真理的良性载体。文科学报是山东师大创新争优的学术园地。值此山东师大文科学报创刊 60 周年之际，恭祝贵报文星耀神州，论坛铸丰碑。”

10 月 29 日，李宗刚参加在泰安召开的山东省高校学报研究年会暨“自媒体时代学术期刊的内容生产与传播”专题研讨会。

11 月 6 日，全国高等学校文科学报研究会第八次全国会员代表大会在武汉隆重召开。在此次会议上，学报主编李宗刚当选为全国高等学校文科学报研究会编辑委员会副主任。

11 月 25 日，学报召开办公会议，决定通过学生助理启动 1978—1994 年报刊复印资料转载具体信息的搜集工作。

12 月 12 日，研究讨论济宁学院学报主编王振星来学报交流学习的相关情况。

2017 年

1 月，学报入选 CSSCI（2017—2018）扩展版来源期刊。

2 月 20 日，学报召开办公会议，就聘请校外知名专家对学报的办刊方向、栏目设计等审读事宜进行讨论。

2 月 23 日，学校下发《关于将〈山东师范大学学报〉（人文社会科学版）刊发论文认定为 C 类论文的有关规定》，在校内范围认定学报为 C 类期刊，相当于 CSSCI 来源期刊。

4 月 15 日，学报编辑部承办全国第三届学术期刊文学编辑论坛，就当下学术期刊评价体系与人文社会科学发展、数字化传播与文学栏目建设等热点问题进行研讨。

4 月 16 日，学报开始启用新的网站。学报新网站专门建立了“电子期刊”栏目，该栏目上传了学报历史上的电子期刊。

4 月 18 日，学报在 2016 年度“复印报刊资料”转载学术论文指数排名中，转载率列高校学报系列第 54 名。

5 月 8 日，召开办公会议，决定启动《新世纪以来学术期刊理论资料汇编》一书的编选工作。

6 月 14 日，北京师范大学教授、全国高等学报研究会原理事长龙协涛到学报作专题讲座，并为学报题词“学术天下公器　文章经国大业”。

9 月，学报通过微信公众号对著名文艺理论家钱谷融先生的去世表达了缅怀之情。

9 月 25 日，翟德耀在学报第 5 期发表《新时期以来〈山东师范大学学报（人文社会科学版）学术建设述略〉》一文。

9 月 29 日，召开文科学报编辑部工作推进会暨 2017 年编委工作会议，就文科学报的发展情况进行讨论。时任校党委书记商志晓作了重要讲话。

11 月，学报多位作者入选《中国社会科学》创刊 35 周年论文选。《中国社会科学》创刊 35 周年之际，中国社会科学出版社编辑出版了《中国社会科学》创刊 35 周年论文选（1980—2014）以作纪念。其中“文学 · 语言学”栏目中共选入 18 篇文章，曾在《山东师范大学学报（人文社会科学版）》发表论文的杨义等5位学者的6篇文章包括在内，占该栏目总选文量的三分之一。

12月，李宗刚的《践行“两学一做”，我为文科学报作贡献——文科学报党支部工作案例》在学校第二届“两学一做”支部风采展示活动中，被评为工作案例特色作品。

2018年

1月9日，学报召开办公会议，研究落实《文科学报编辑部关于落实学校C刊工程的有关决定》问题。

1月26日，学报汪晓鸾副编审病逝，享年87岁。

2月22日，学报召开办公会议，决定聘请省内外知名专家对学报的办刊方向、栏目设计等事宜提出整改意见。

3月，学报入选人大复印报刊资料重要转载来源期刊（2017年版）。

4月13日，学报在2017年度人大复印报刊资料转载学术论文指数排名中，转载率列“高等院校主办人文社科学报”系列第51名。

5月3日，学报编辑部就招聘编辑人员问题组织面试。

5月18—22日，李宗刚参加全国高等学校文科学报研究会第八届理事会第三次会议（徐州）和“编缘”征文评审会议。

5月28日，我国第一部社会科学引文索引（CSSCI）设计及研究第一人、南京大学信息管理学院教授、博士生导师、教育部长江学者特聘教授苏新宁来编辑部参观、考察。

6月，李宗刚就《澳门理工学报》出版的《总编视角——〈澳门理工学报〉专栏文萃》一书回函。

6月，李宗刚被评为山东师范大学“优秀共产党员”。

6月15日，召开办公会议，重点讨论了学校《关于对文科学报2015—2017年管理绩效审计的通知》，决定利用这一个机会进行自查，写出审计报告上交学校。

6月29日，王盛辉持调动通知单正式到编辑部报到。

6月29日，寇金玲在学校人事处办理退休手续。根据工作需要，学报决定聘任寇金玲继续承担既有的编务及对外联络等工作。

7 月 11 日，学报召开编务会议。研究讨论解决学报短板、提升学报质量问题，作出两个决定：一是为保证作者认真校对正文、引文、注释、公式和图表中的各项内容，要求作者把所引内容（包括所引图书的版权页）拍成照片发给编辑部；二是要求拟录用文稿作者必须要填写独创声明。

7 月 12 日，《政法论丛》主编孙培福一行来学报编辑部传授办刊经验。

7 月 12 日，学报编委会顾问朱德发去世，学报微信号刊发多篇文章表示悼念。

8 月，学报入选北京大学中文核心期刊目录 2017 年版（第 8 版）。

9 月，李宗刚的文章《难忘的学报七年》在全国高等学校文科学报研究会成立 30 周年“超星杯·编缘”竞赛中荣获金奖。

9 月 10 日，李宗刚获山东师范大学 2018 年度“十佳教师”称号。

9 月 28 日，李宗刚代表学报编辑部授予美国学者小约翰—柯布院士“学报杰出海外学者”称号。

10 月，李宗刚、孙昕光编《新世纪以来学术期刊研究资料》、孙昕光著《大数据时代学术期刊编辑学研究》由山东人民出版社出版。

10 月 23 日，《联合日报》“大家印象”栏目整版报道了李宗刚在学术研究和办刊实践等方面取得的成绩。

11 月，李宗刚撰写的《难忘的学报七年》、王盛辉撰写的《编缘开启：让人生充满神奇》两篇文章被编入《编缘——纪念全国高等学校文科学报研究会成立 30 周年征文集萃》（贵州大学出版社 2018 年版）。

11 月，学报被评为“2018 年度中国人文社会科学期刊 AMI 综合评价”A 刊扩展期刊。

11 月 5 日，学报召开加强和改进作风建设专题会议，就学报发展中存在的突出问题和薄弱环节展开了热烈讨论。

11 月 14 日，根据学校党委组织部《关于开展党的组织生活不规范问题自查自纠的通知》，文科学报党支部召开党支部会议进行讨论并自查。

11 月 15 日，学报召开办公会议，决定向山东各大高校学报编辑部赠送《新世纪以来学术期刊研究资料》一书，本次共计赠送图书近百本。

11 月 27 日，万光侠副校长来到文科学报编辑部视察工作，并与编辑部工作人员座谈。

12 月 7 日，李宗刚参加西南政法大学期刊社在重庆主办的“社科学术期刊提升影响力暨第四届兴刊联谊办刊经验交流会”，并作为特邀专家发言。

2019 年

1 月，孙昕光晋升编审，认定时间为 2018 年 12 月。

1 月 23 日，王盛辉参加全省 2018 年新闻出版统计暨 2019 年印刷复制发行企业年度核验工作会议。

2 月 20 日，学报顾问安作璋教授去世，学报特推出当日微信公众号表达编辑部全体同仁的缅怀之情。2 月 23 日，李宗刚代表学报编辑部全体同仁参加了安作璋教授追悼会。

2 月 22 日，文科学报编辑部获山东师范大学 2018 年度“十佳单位”，这是编辑部继 2013 年度获此殊荣后再次获得该荣誉称号。

3 月，李宗刚、孙昕光、王盛辉到北京参加中国人民大学书报资料中心举办的人文社科成果评价发布会。

3 月 13 日，《山东师大报》在题头刊发了以《洗尽浮华独匠心　梅花香自苦寒来——记文学院博士生导师、〈山东师范大学学报〉（人文社会科学版）主编李宗刚教授》，该文介绍了李宗刚在教书育人方面的事迹。

3 月 25 日，山师学报正式入选 CSSCI（2019—2020）来源期刊。3 月 26 日，山东师范大学网站作为重磅新闻予以报道。

3 月 30 日，学报召开“提升文科学报办刊质量座谈会暨《山东师范大学学报（人文社会科学版）》编委会会议”，时任学校党委书记商志晓对学报入选 CSSCI 来源期刊表示祝贺，并提出了学报争创社科名刊的要求。

4 月 10 日，李宗刚、孙昕光、王盛辉三人驱车近百里，前往学报编委会前顾问朱德发先生墓地扫墓，表达编辑部同仁对先生的无限缅怀之情，以告慰先生对学报晋升“C 刊”的殷殷之情。4 月 17 日，《山东师大报》发表了由王盛辉执笔的《朱德发先生的文科学报情怀》。

4 月 12 日，学报在 2018 年度人大复印报刊资料转载学术论文指数排名中，学报转载率列“高等院校主办人文社科学报”系列第 56 名。

5 月 21 日，复旦大学中国现当代文学专业博士生导师、长江学者郜元宝做客编辑部，并为学报题词“千剑千曲　博观圆照”。

6 月，张登德由历史文化学院副院长改任学报编辑部副主任。时晓红不再担任学报编辑部副主任，转任学校教学科研工作督导，但驻文科学报编辑部专员（兼）。

6 月 21 日，李宗刚作为教师代表在学校举办的 2019 届毕业生毕业典礼暨学位授予仪式上发言。

6 月 26 日，学报党支部在编辑部会议室召开“迎七一，庆祝建党 98 周年”主题党日活动。

7 月，孙秋英由教务处教学资源科科长改任学报编辑部综合办公室主任。

7 月，召开“寇金玲老师荣休暨提升学报办刊质量恳谈会”。

7 月 20 日，召开办公会议，决定利用暑期优化办公条件，把一层书库改为综合科，原书库资料搬运至齐鲁文化研究院地下室。

8 月，李宗刚、张登德、王盛辉到沈阳参加全国高校文科学报研究会组织的培训会议。

8 月 23 日，学报主编李宗刚代表编辑部与学校签订《中层领导班子任期责任书（2019 年 8 月—2023 年 7 月）》。

9 月 9 日，校长曾庆良来学报编辑部调研。校办主任王兴盛、发展规划与学科建设处处长张茂聪陪同。

10 月 23—26 日，李宗刚、孙昕光、孙秋英参加在延安召开的山东省高校学报研究会年会。

10 月 29 日，按照《中共山东师范大学委员会关于做好基层党组织换届选举工作的通知》要求，文科学报编辑部党支部和理科学报编辑部党支部联合召开换届会议，组建了新的“学报编辑部党支部”，下辖文科学报编辑部党小组和理科学报编辑部党小组，选举产生了新一届学报编辑部党支部委员会。其中，张登德任党支部书记，王盛辉任组织委员。

11 月，学报通过微信公众号，推送了深切缅怀学报原作者陆有铨教授的微信。

11 月 7 日，学报召开办公会议，讨论学报文粹书系工程。张登德编《文化视域下的历史书写与研究》、孙秋英著《学术期刊编辑学新论》两书列入学报文粹书系。

11 月 26 日，“双一流”建设背景下高校学术期刊的责任与使命学术研讨会暨全国高校文科学报研究会第八届理事会第五次会议在广东肇庆召开。在此次会议上，学报荣获“全国高校社科名刊”称号。李宗刚被评为“全国高校社科期刊优秀主编”，孙昕光的专著《大数据时代学术期刊编辑学研究》被评为“全国高校社科期刊优秀编辑学论文”。李宗刚作为全国高校社科期刊优秀主编作了大会主旨发言。

11 月，李宗刚编《〈山东师范大学学报（人文社会科学版）〉目录摘要汇编（1978—2018）》由贵州人民出版社出版。该书分上下两册，共计 98 万字，系《山东师范大学学报（人文社会科学版）》文粹书系之一。

11 月，李宗刚编《多维视阈下的中国现当代文学》由山东人民出版社出版。

11 月，寇金玲编《马克思主义与中国社会运行》由山东人民出版社出版。

11 月，孙昕光编《文艺学的探索与建构》由山东人民出版社出版。

11 月，时晓红编《教育学心理学新论》由山东人民出版社出版。

11 月 22 日，关于山师学报办刊经验的报告被中国社科院评价研究院编入《中国人文社会科学期刊特色化发展案例选编（2019）》。

11 月 26 日，学报微信公众号推送翟德耀的《“为人作嫁”苦也甘——汪晓莺副编审与学报 20 年》一文，追思学报原副编审汪晓莺。

11 月 27 日，《山东师大报》刊发《凝心聚力干事业　锐意革新求发展》一文，报道了学报的发展历程。

12 月 7 日，学报通过微信公众号，推送了深切缅怀本刊资深作者吴开晋先生的微信。

12 月 17 日，李宗刚应邀参加在山东潍坊召开的《薪火文传：刘献彪与学界大师交往纪事》新书出版座谈会及学术研讨会。

2020 年

1 月，李宗刚获中共山东省委、省政府授予的“攻坚克难”奖，他是全省高校系统中唯一获奖者。

1 月，《山东师范大学学报（人文社会科学版）》更名为《山东师范大学学报（社会科学版）》。

4 月，中国人民大学人文社会科学学术成果评价研究中心和书报资料中心正式公布 2019 年度复印报刊资料转载指数排名，《山东师范大学学报(人文社会科学版)》在“高等院校主办人文社科学报”全文转载排名中转载率位列第 53 名。

5 月 11 日，李宗刚参加学校召开的学校学术期刊工作专题会议。

6 月，王盛辉获“2018—2020 年度山东师范大学优秀共产党员”称号。

6 月 11 日，召开办公会议研究决定，启动李小虎著《编辑学、逻辑学与文学》、翟德耀编著《文学编辑书简——学人与学报》、李宗刚等编《穿越时空的鲁迅研究——“山师学报”（1957—1999）鲁迅研究论文选》和时晓红著《期刊编辑视域下的学术与教学研究》的出版工作。

7 月，学报编辑部向图书馆“朱德发藏书室”捐赠刊有朱德发先生论文的期刊。

7 月，徐道春从河南师范大学调入山东师范大学，担任文科学报编辑部编辑。

7 月 10 日，山东师范大学在庆祝建校 70 周年系列活动之“山师 70 年”新闻报道中，以《文科学报：坚持学术至上，打造高校社科名刊》为题，专题报道了山师学报成长为具有全国影响的“高校社科名刊”的跋涉之路。山东省教育厅网站以《山东师范大学打造高校社科名刊》为题作了转载。

7 月 20 日，学报更换公章。由“山东师范大学学报（人文社会科学版）编辑部”更换为“山东师范大学学报（社会科学版）编辑部”。

8 月，孙秋英著《新时代学术期刊编辑学》由山东人民出版社出版。

9 月 14 日，学报召开办公会议，决定启动《新时代学术期刊研究资料》一书的编选工作。

10 月，李宗刚等著《〈山东师范大学学报（人文社会科学版）〉发展纪略》由山东人民出版社出版。

10 月，李宗刚编《山师学人与山师学报：教育学心理学研究卷》由山东大学出版社出版。

10 月 22 日，学报举办提升办刊质量恳谈会暨建构中国特色学术期刊评价体系研讨会。

11 月，在学校迎来建校 70 周年之际，李宗刚代表编辑部看望了学报原英文翻译特聘编辑李自修教授，并赠送了校庆纪念品。

11 月 11 日，《山东师大报》刊发翟德耀的文章《追忆著名书法家欧阳中石先生与山师学报的一段情缘》。

11 月 26 日，直属单位党委党支部和学报编辑部党支部联合开展主题党日活动，赴“红色大厂”中车山东机车车辆有限公司参观学习。

12 月，孙秋英晋升为编审。

12 月 7 日，学报通过微信公众号，推送了编辑部全体同仁悼念资深作者孙良明先生的微信。

2021 年

3 月，中国人民大学人文社会科学学术成果评价研究中心和书报资料中心正式公布 2020 年度复印报刊资料转载指数排名。学报位居人大复印报刊资料全国高校文科学报转载率第 46 名，位居人大复印报刊资料全国高校文科学报转载率第 65 名。

3 月 15 日，学报社科处处长高景海代表学校来学报进行调研。

4 月 24 日，李宗刚参加《文史哲》创刊 70 周年纪念会暨“共和国人文学术历程的回顾与展望”学术研讨会。

4 月 28 日，学报党支部与《山东大学学报》党支部在山东大学知新楼 2006 室联合开展主题党日活动。山东师范大学文学院教授李掖平作了《红色历史的影像丰碑》的报告。

5 月，学报入选 CSSCI（2021—2022）来源期刊。这是学报继 2019 年顺利回归 CSSCI 来源期刊之后再次成功入选。

5 月，学报入选《中文核心期刊要目总览》2020 年版。

5 月 17 日，学报编辑部全体成员参加学校组织的深入学习贯彻习近平总书记给《文史哲》编辑部回信精神座谈会。

5 月 29 日，李宗刚参加全国高校文科学报研究会在上海主办的“新文科 · 新平台 · 新学术”学术研讨会暨第六届学术期刊文学编辑论坛。

5 月 30 日，李宗刚、孙昕光、孙秋英、徐道春到杭州参加“百年中共思想史研究的学术展望”研讨会，李宗刚作了大会主旨发言。

6 月，张登德、孙昕光被评为“建校 70 周年工作先进个人”。

6 月，李宗刚编《新时代学术期刊评价体系的建构与实践》由山东大学出版社出版。

6 月 7 日，《西南大学学报》韩云波在线上就山师学报提高办刊质量进行了有针对性的指导。

6 月 9 日，学校党委书记唐洲雁来学报调研。同时召开了文科学报、理科学报、山东外语教学、中国人口、资源与环境编辑部座谈会。李宗刚、张登德参加座谈。李宗刚代表编辑部作了学报工作情况汇报。

6 月 10 日，王盛辉代表编辑部给山东鲁润职业培训学校赠送学报。

6 月 10 日，首都师范大学文学院张志忠教授来学报进行学术交流。

6 月 18—19 日，学报举办“新文科背景下学术期刊的使命与担当暨学习习近平总书记回信精神学术研讨会”。

6 月 30 日，学报编辑部邀请全国文科学报研究会原理事长龙协涛作了“编辑的导向意识、学术眼光、工匠精神和职业境界”的报告。

6 月 30 日，翟德耀获“光荣在党 50 年”纪念章，李宗刚、孙昕光和孙秋英代表直属机关党委授予其“光荣在党 50 年”纪念章。

7 月 13 日，张登德、王盛辉参加在烟台举办的“坚守初心，引领创新——山东省高校学报研究会学习习近平总书记给《文史哲》编辑部重要回信精神专题交流会”。

7 月 31 日，《四川大学学报》主编原祖杰来学报交流办刊历程，并就山师学报发展提出了有针对性的建议。

8 月，王盛辉著《学术期刊的使命与担当——〈山东师范大学学报〉创刊 65 周年的回顾与展望》由山东人民出版社出版。

8 月，李宗刚、孙昕光、孙秋英到兰州参加全国文科学报协会组织的会议，在济南东站上车后，因郑州水灾，铁路不通，未能参会。

9 月，李宗刚被聘为文学院二级教授。

9 月，张登德被聘为历史文化学院三级教授。

9 月 15—16 日，学报举办创刊 65 周年系列活动之一 ——学报近十年编校清样展。

9 月 23 日，张登德在学校文化楼三层会议室为直属单位党委委员以“近代中国历史主题和中国共产党人初心使命”为题作辅导报告。

9月29日，《山东师大报》刊发李宗刚撰写的《编辑部来了个青年人——序〈学术期刊的使命与担当〉》一文。

10月10日，孙秋英到威海参加山东省委组织部和宣传部组织的全省哲学社会科学教学科研骨干研修培训活动。

10月11日，学报党支部集体学习《习近平总书记在纪念辛亥革命110周年大会上的讲话》。

10月13日，《河南大学学报》主编李伟昉来学报交流办刊经验，并对山师学报发展提出了许多建设性意见。

10月21日，学报在教学三楼文学院会议室召开了学报纪念创刊65周年暨编委会会议。会上决定时晓红不再担任学报副主编（仍为学报编委会委员），由张登德担任学报副主编暨学报编委会委员。

11月17日，《中国社会科学报》发表文章《向史而新　奋进新时代——社科期刊界深入学习宣传贯彻党的十九届六中全会精神》，其中报道了学报主编李宗刚的发言。

11月20日，李宗刚、王盛辉参加在青岛举办的“青岛哲学季”启动仪式暨社会认知前沿研讨会。

12月，李宗刚、王沛良编《穿越时空的鲁迅研究——“山师学报”（1957—1999）鲁迅研究论文选》由山东人民出版社出版。

12月，王盛辉晋升为编审。

12月，孙秋英编《山师学者视阈下的马克思主义——“山师学报”优秀论文选》由山东人民出版社出版。

12月2日，李宗刚参加山东省教育厅召开的省属高校期刊高质量发展推进会并作主题发言。

12月10日，《山东理工大学学报》编辑部主编韩德信等一行5人前来学报编辑部交流办刊经验。

12月18日，李宗刚参加山东省委召开的全省经济工作会议。

2022年

1月，学报获得学校2021年度“最佳进步奖”。

1月，学报编辑部获学校2021年度宣传思想工作先进单位。

1月6日，文科学报编辑部原主任、学报原主编覃正林因病去世。1月8日，分管学报工作的万光侠副校长，编辑部的翟德耀、李宗刚、张登德、孙秋英、王盛辉等人员参加了遗体告别仪式。

3月，李宗刚编《山师学人视阈下的中国现当代文学——“山师学报”论文选：1959—2009》，由山东大学出版社出版。

3月，《济南时报》以《翟德耀：学术至上》为题，整版推介了山师学报原副主编翟德耀的学术人生。

3月，在中国人民大学书报资料中心发布的2021年度人大复印资料排行榜上，学报的转载率列高校学报第65名。

3月2日、9日，李宗刚撰写的《在历史资料的爬梳中传承山师学人精神》分上下两部分，发表于《山东师大报》3月2日和3月9日。该文为李宗刚编的《山师学人视阈下的中国古代文学：“山师学报”论文选》的后记。该论文选收录了文学院教师在不同历史时期发表于学报的论文。

4月30日，李宗刚撰写的《莫让峥嵘成往昔　扬帆复兴看今朝——山东师范大学学报（社会科学版）改革发展侧记》，发表在《山东领导科学》2022年4月30日。全文近9000字，人民网推出了该文，摘编5000余字。学校网站在重要新闻栏目转发了这一消息。

5月，由《文史哲》杂志与《中华读书报》联袂开展的2021年度“中国人文学术十大热点”评选活动结果公布。学报2021年第6期刊发的马永庆的《马克思主义基本原理与中华优秀传统文化相结合的逻辑生成》一文被列入“十大热点”代表性成果之一。

5月17日，李宗刚参加山东省委宣传部组织的哲学社会科学座谈会。

6月，李小虎著《编辑学逻辑学与文学文集》由山东大学出版社出版。

6月，张登德编《文化视阈下的历史书写与研究》由山东人民出版社出版。该书收录的论文主要为学校历史文化学院教师发表在学报不同时期的论文。

6月，时晓红著《期刊编辑视域下的学术与教学研究》由山东人民出版社出版。

截至本月，学报编辑部在过去11年的时间里，通过电子邮件推送的学报电子刊共26.4万期。

9月，李宗刚被评为山东师范大学“十佳教师”。

《山东师范大学学报（社会科学版）》图片剪影

2011 年 11 月，学报召开编委会会议（右一为编委会主任商志晓）

2012 年 2 月 28 日，李宗刚（右）拜访学报原主编周国平（左）

2014 年 4 月，编辑部同志合影 1（从左到右分别为李宗刚、时晓红、寇金玲、孙昕光）

2014 年 4 月，编辑部同志合影 2（从左至右分别为寇金玲、时晓红、孙昕光、李小虎、翟德耀、李宗刚）

2015 年 10 月，李宗刚在山东高校期刊研讨会上发言（从左至右分别为刘京希、李宗刚、魏建）

2015 年 10 月，学报召开编委会会议（前排从左至右分别为魏建、张文新、商志晓、朱德发、王玮、李掖平，后排从左至右分别为李宗刚、毛锐、高峰强、徐继存、杨存昌、夏同水、王卓、时晓红）

2017 年 4 月，学报编辑部承办第三届学术期刊文学编辑论坛会议

2017 年 9 月，学报召开文科学报编辑部工作推进会暨编委工作会议

2018 年 10 月，李宗刚（右）代表学报编辑部授予小约翰－柯布教授（左）“山师学报杰出作者”荣誉称号

2019 年 3 月，学报进入 CSSCI（2019—2020）来源期刊后，召开提升文科学报办刊质量座谈会暨编委会会议（前排从左至右分别为王卓、李海鸥、王宏、时晓红、曾庆良、商志晓、寇金玲、万光侠、李宗刚、孙昕光，后排从左至右分别为王盛辉、孙书文、张玉平、王兴盛、葛书林、毛锐、张宗斌、徐继存、李掖平、高峰强）

2019 年 5 月，李宗刚（第三排右五）参加第五届学术期刊文学编辑论坛

2019 年 6 月，李宗刚（第二排左六）参加大数据时代与学术期刊的命运学术研讨会

整理分类中

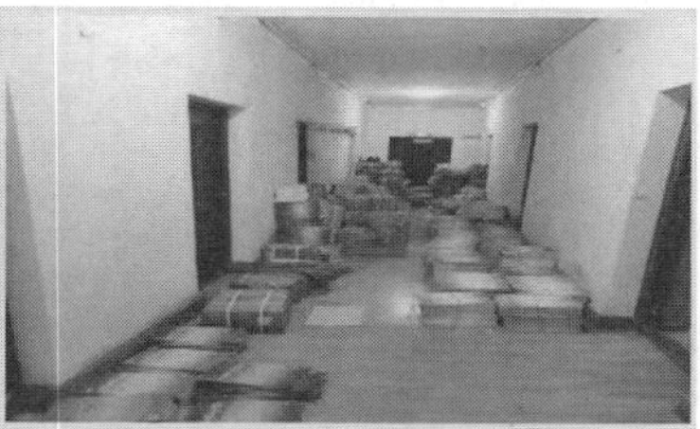

样刊按期次打好包

书库变成办公室

宽敞明亮的办公室

改造地下室

样刊入驻新家

2019 年 7 月，学报编辑部利用暑期优化办公环境留影

2019 年 7 月，学报召开“寇金玲老师荣休暨提升学报办刊质量恳谈会”（前排从左至右分别为寇金玲、覃正林、翟德耀，后排从左至右分别为王盛辉、李宗刚、胡桂香、时晓红、张登德、孙昕光）

2019年9月9日，山东师范大学校长曾庆良（右三）、副校长万光侠（左一）来学报调研

2019年9月9日，山东师范大学校长曾庆良来学报调研并与编辑部同志交流（从左到右：曾庆良、张茂聪、侯洁、王兴盛、李宗刚）

2019年10月29日，新一届学报编辑部党支部成立（从左至右分别为王剑、孙秋英、刘凯、李宗刚、张登德、马合成、孙昕光、王盛辉）

2020年5月，山东师范大学党委代表山东省委、山东省人民政府授予李宗刚“攻坚克难”奖（从左至右分别为魏学江、房增福、万光侠、商志晓、李宗刚、毕研强、王兴盛）

2020 年 10 月 22 日，学报举办提升办刊质量恳谈会暨建构中国特色学术期刊评价体系研讨会（前排从左至右分别为曹振华、谭建、刘要停、张士闪、魏建、唐洲雁、刘京希、王波、吴岩、万光侠、陆晓芳，后排从左至右分别为李宗刚、李尚信、张登德、郑智航、李增刚、曲顺兰、高景海、崔桂田、刘呈庆、徐道春、孙昕光、孙秋英、王盛辉）

2021 年 3 月，李宗刚（第一排左三）参加“南京师范大学文学院学报”百期论坛暨新形势下学术期刊发展研讨会

2021 年 4 月，学报到《山东大学学报》编辑部进行学术交流

2022 年 6 月，学报主编李宗刚向中国社会科学院哲学研究所党委书记、副院长王立胜赠送保存有近 400 本山师学报电子刊的优盘

2021 年 6 月，山东师范大学党委书记唐洲雁来学报调研并与编辑部成员合影（从左至右分别为孙秋英、孙昕光、李宗刚、唐洲雁、张登德、徐道春、王盛辉）

2021 年 6 月，学报举办新文科背景下学术期刊的使命与担当暨学习习近平总书记回信精神学术研讨会（前排从左至右分别为高景海、李宗刚、万光侠、田敬诚、刘京希、刘凯、王晓华，后排从左至右分别为徐道春、刘呈庆、张登德、孙昕光、王盛辉、孙秋英）

2021 年 6 月，翟德耀同志获“光荣在党五十年”纪念章（前排为翟德耀，后排从左至右分别为孙秋英、李宗刚、孙昕光）

2021 年 6 月 30 日，北京师范大学教授、全国高校文科学报研究会原理事长龙协涛到学报作专题讲座（从左至右分别为孙昕光、徐道春、李宗刚、龙协涛、张登德、孙秋英、王盛辉）

2021 年 10 月 21 日，学报召开纪念文科学报创刊 65 周年暨编委会会议（前排从左至右分别为任建兰、魏建、程奇立、王志民、李掖平、高继文、万光侠，后排从左至右分别为孙秋英、孙昕光、时晓红、李宗刚、张登德）

2022 年 9 月，李宗刚（前排左起第四）被评为山东师范大学“十佳教师”

后　记

我在2011年5月到编辑部的情景，就像发生在昨天，转眼之间，竟然已经过了12个年头。在这12个年头的日日夜夜里，我的编辑生涯的大幕便在学报编辑部那间简朴的办公室里依次展开：编辑了近70本学报，装订好的清样近400本，摞在一起将近三层楼高。在日常的编辑工作之外，我又带领编辑部一班人编选了《山东师范大学学报》（人文社会科学版）文粹书系，已经出版了近20本。为了能够更好地回顾我们走过的历史，我便在原来的文粹书系之外，又把本书作为一个系统工程启动了起来，目的在于把学报的历史留住，以便让人清晰地感知到，在21世纪的第二个十年，我们这一批办刊人是怎样为了学报的发展而忘我地奉献着。

本书所收录的第一编内容是我在这一时期没有收录到学报其他书系中的一些文章，其中有关于学术期刊评价体系的思考，有对学术期刊编辑面临困境的反思，有我编选的文粹书系的诸多后记，还有我给编辑部同仁的著作所写的序等。所有这些文字，都成为我在这一时期编辑生活的重要组成部分。本书的第二编是我们编选的学报文粹书系的书影、版权页和目录的影印件，还有书系的评论性文章以及近五年学报刊发论文转载情况的汇总。这样，我们基本上对接了《〈山东师范大学学报（人文社会科学版）〉发展纪略》一书，由此构成了完整的学报发展历史，在书名中使用了“新时代”的时间限定也是基于这种考虑。本书的第三编是部分作者在学报刊发论文的个人感受（按照最初刊发论文的先后排序）。这些作者在百忙之中，把自己在学报发表论文的真实感受通过纪实的手法记录下来，其中不乏一些溢美之词。这既是对学报编辑部和责任编辑的认可，也是我们进一步做好本职工作的动力。这些洋溢着真情实感的文字真实地再现了编辑与作者之间一种纯真的互动关系。

本书最后的附录部分是两篇有关学报编辑参与历史活动的简要报道和《〈山东师范大学学报（社会科学版）〉大事记》。将前者选录进来，其目的在于展现学报之所以能够有所进步的时代与社会背景；而选录后者，其目的则在于为学报近十年的办刊历史作一概要性的实录。

本书的出版得到了山东师范大学马克思主义学院“双一流”学科建设经费的资助，得到了王增福院长以及学院诸多老师的鼎力支持，还得到了学报编辑部诸位同仁的全力帮助。在此，一并表示感谢。

李宗刚

2022 年 4 月 21 日